ÉTUDE

SUR

L'ALLIANCE DE LA FRANCE

ET DE

LA CASTILLE

AU XIVe ET AU XVe SIÈCLES

PAR

GEORGES DAUMET

ANCIEN MEMBRE DE L'ÉCOLE FRANÇAISE DE ROME
ARCHIVISTE AUX ARCHIVES NATIONALES

PARIS
LIBRAIRIE ÉMILE BOUILLON, ÉDITEUR
67, RUE RICHELIEU, AU PREMIER

1898

Forme le 118e fascicule de la Bibliothèque de l'École des Hautes-Études.

EN VENTE A LA MÊME LIBRAIRIE

LES PASSIONS ALLEMANDES DU RHIN
DANS LEUR RAPPORT AVEC L'ANCIEN THÉATRE FRANÇAIS
Par M. WILLMOTTE, professeur à l'Université de Liège

Un volume in-8. — Prix . . . . 3 fr.

ESSAIS DE PHILOLOGIE FRANÇAISE
Par ANTOINE THOMAS
Chargé de Cours à l'Université de Paris et à l'École pratique des Hautes Études

Un volume in-8. — Prix . . . . 7 fr.

LES VIEUX CHANTS POPULAIRES SCANDINAVES
ÉTUDE DE LITTÉRATURE COMPARÉE
Par L. PINEAU, agrégé de l'Université

TOME Ier : Époque Sauvage, les Chants de Magie

Un volume grand in-8. — Prix . . . . . . 10 fr.

Ouvrage couronné par l'Académie française (prix Montyon)

PASSIONS DES SAINTS
ÉCATÉRINE ET PIERRE D'ALEXANDRIE, BARBARA ET ANYSIA
publiées d'après les manuscrits grecs de Paris et de Rome
AVEC UN CHOIX DE VARIANTES ET UNE TRADUCTION LATINE
Par l'abbé J. VITEAU

Un volume grand in-8. — Prix . . . . . . 7 fr.

BIBLIOTHÈQUE LITTÉRAIRE DE LA RENAISSANCE
Dirigée par P. DE NOLHAC et L. DOREZ

TOME PREMIER
LA CHRONOLOGIE DU CANZONIERE DE PÉTRARQUE
Par HENRY COCHIN

Un volume petit in-8. — Prix . . . . . . 4 fr.

LE MUSÉE DE LA CONVERSATION
RÉPERTOIRE DE CITATIONS FRANÇAISES,
DICTONS MODERNES, CURIOSITÉS LITTÉRAIRES, HISTORIQUES ET ANECDOTIQUES
Avec une indication précise des sources
Par ROGER ALEXANDRE

3e ÉDITION, REVUE ET AUGMENTÉE DE NOMBREUX ARTICLES

Un fort volume in-8. — Prix . . . . . . 7 fr.

LES PLANTES DANS L'ANTIQUITÉ ET LE MOYEN AGE
HISTOIRE, USAGES ET SYMBOLISME
Par C. JORET
Professeur à la Faculté des lettres d'Aix, Correspondant de l'Institut

PREMIÈRE PARTIE
LES PLANTES DE L'ORIENT CLASSIQUE
TOME Ier : Égypte, Chaldée, Assyrie, Judée, Phénicie

Un volume in-8. — Prix . . . . . . 8 fr.

BIBLIOTHÈQUE

DE L'ÉCOLE

DES HAUTES ÉTUDES

PUBLIÉE SOUS LES AUSPICES

DU MINISTÈRE DE L'INSTRUCTION PUBLIQUE

SCIENCES PHILOLOGIQUES ET HISTORIQUES

CENT-DIX-HUITIÈME FASCICULE

ÉTUDE SUR L'ALLIANCE DE LA FRANCE ET DE LA CASTILLE
AU XIVᵉ ET AU XVᵉ SIÈCLES
PAR GEORGES DAUMET

PARIS
LIBRAIRIE ÉMILE BOUILLON, ÉDITEUR
67, RUE DE RICHELIEU, AU PREMIER

1898

Tous droits réservés.

A MONSIEUR A. MOREL-FATIO

Hommage respectueux

Sur l'avis de M. Morel-Fatio, directeur adjoint des conférences de philologie romane, et de MM. Charles Bémont et Arthur Giry, commissaires responsables, le présent mémoire a valu à M. Georges Daumet le titre d'*élève diplômé de la section d'histoire et de philologie de l'École pratique des Hautes Études*.

Paris, le 27 juin 1897.

Le Directeur de la conférence,
Signé: Alf. Morel-Fatio.

Les Commissaires responsables,
Signé: C. Bémont, A. Giry.

Le Président de la Section,
Signé: G. Monod.

INTRODUCTION

On a souvent parlé de l'alliance qui unit la France et la Castille au xiv⁰ et au xv⁰ siècles, mais il ne semble pas qu'on en ait suffisamment montré la continuité, ni qu'on ait pris soin de rassembler les documents qui la prouvent. C'est là le seul but que nous nous sommes proposé. Nous n'avons point eu la prétention de faire l'histoire des expéditions maritimes où les flottes des deux pays ont lutté en commun, ni le récit des guerres où leurs soldats ont combattu côte à côte : nous ne les avons mentionnées que pour éclairer notre sujet et indiquer les effets produits par l'accord des princes.

Un grand nombre des éléments que nous avons utilisés sont déjà connus et signalés, ceux notamment qui sont conservés à la Bibliothèque Nationale dans un manuscrit du fonds Baluze, et dont le récent historien de Charles VII a fait usage. Aux Archives Nationales, nous avons dépouillé dans le trésor des chartes les cartons de Castille ; nous avons également tiré des grands recueils de Rymer et de Dumont les textes se rapportant à l'alliance franco-castillane. De nombreux renseignements ont été puisés dans les chroniques des rois de Castille, tandis que les historiens français des xiv⁰ et xv⁰ siècles nous ont fourni beaucoup moins de mentions dignes d'intérêt. Tel qu'il est, notre travail offre bien des lacunes : plusieurs années s'écoulent souvent sans que nous ayons trouvé trace de relations entre les deux cours, et, faute de documents, nous avons été maintes fois obligé de laisser dans l'ombre des points qu'il aurait été intéressant d'élucider. Il n'est pas douteux que des pièces d'archives, qui pourront être découvertes soit en France, soit en Espagne, ne viennent compléter heureusement les renseignements que nous avons recueillis. Il nous a paru cependant que s'ils ne formaient pas un tout complet, ils suffiraient du moins à montrer qu'une alliance étroite lia la France et la Castille depuis le règne d'Alphonse XI (1312-1350) jusqu'à l'avènement d'Isabelle (1474).

Cette période n'a pas été choisie arbitrairement : on constate en effet qu'elle est marquée par une union particulièrement intime entre les deux couronnes. Sans doute, à une époque antérieure, des traités avaient été conclus, des mariages avaient rapproché les maisons royales. Mais c'est seulement depuis le second tiers du XIV° siècle qu'il y a une alliance, au vrai sens du mot ; elle devient bientôt une tradition de la politique des princes ; on prend soin de la renouveler à chaque changement de règne, pendant plus de cent trente années avec une régularité dont on ne trouverait ailleurs que de rares exemples.

L'accord franco-castillan doit sa naissance, croyons-nous, à la guerre de Cent Ans. Il paraît évident que Philippe de Valois, prévoyant le conflit qui allait le mettre aux prises avec un ennemi redoutable, rechercha l'appui d'Alphonse XI. Celui-ci était maître de la majeure partie de la péninsule ibérique et il possédait une marine considérable ; de plus, ses états touchaient aux domaines anglais de la Gascogne. Il pouvait pour ces deux raisons avoir sur l'issue de la lutte une grande influence. Édouard III, de son côté, avait mesuré les avantages qu'il ne manquerait pas de retirer d'une entente avec la Castille. Nous assistons donc d'abord à une sorte de combat diplomatique où chacun des deux rivaux s'efforce de gagner l'amitié d'Alphonse. Il semble que ce prince ait évité de se prononcer bien franchement : si le roi de France obtint de lui successivement deux traités, dont le second est très clairement dirigé contre l'Angleterre, le roi de Castille consentit cependant à fiancer son fils unique à une des filles du souverain anglais. On ne sait ce qui serait advenu si le mariage projeté se fût accompli : peut-être alors la Castille aurait elle été comptée parmi les puissances ennemies de la France. Mais la princesse destinée à l'infant D. Pedro mourut prématurément, Alphonse XI succomba à son tour, et le roi de France ressaisit l'avantage qui avait paru un moment devoir lui échapper. Appuyé par le Saint-Siège, Jean II le Bon, poursuivant le même but que son père, réussit au commencement du règne de Pierre Ier, non seulement à faire renouveler les traités conclus précédemment, mais encore à donner pour épouse au jeune roi une de ses parentes. Ce mariage, qui avait semblé propre à consolider l'alliance, faillit, au contraire, en amener la ruine complète, car la manière indigne dont Blanche de Bourbon fut traitée contribua, il n'en faut pas douter, à décider Charles V à soutenir les prétentions du comte de Trastamara au trône de Castille. Cette nouvelle politique, après un premier succès, subit un grave échec : Pierre, combattu par les Français, se jeta du côté de l'Angleterre et reconquit son royaume. Mais il commit l'imprudence de mécontenter ses alliés et grâce à un nouvel effort de son frère, appuyé par Charles V, il perdit cette fois la couronne avec la vie.

La nouvelle dynastie était déjà attachée à la France par la reconnaissance : un danger qui la menaça bientôt eut pour effet de resserrer ces liens. Édouard III ayant pris fait et cause pour son fils le duc de Lancastre, qui avait épousé une des filles du prince détrôné et revendiquait les droits de sa femme, l'Anglais fut dès lors, pour la maison de Castille, comme pour la maison de Valois, l'ennemi commun. C'est ce qui explique le nombre et l'importance des secours maritimes fournis à la fin du xiv° siècle à Charles V et à Charles VI dans leur lutte contre l'Angleterre. Les règnes de Henri II, de Jean Ier et de Henri III, qui correspondent à cette période, marquent certainement l'époque pendant laquelle les deux couronnes furent le plus étroitement unies, l'aide mutuellement donnée plus fréquente et plus efficace. Sous Jean II, qui gouverna durant de longues années, les rapports se continuent, mais la Castille, constamment troublée par les rebellions des membres de la famille royale et des Grands, par des guerres contre la Navarre et l'Aragon, est incapable de prêter un concours actif aux rois de France pour chasser les envahisseurs. On remarque même vers le milieu du xv° siècle une sorte de désaffection entre les souverains, des réclamations sont présentées de part et d'autre, des récriminations un peu aigres sont échangées. Avec l'avènement de Louis XI, on put croire que l'alliance franco-castillane allait être dissoute : la politique de ce prince en Aragon lui aliéna les sympathies de Henri IV qui se lia avec le roi d'Angleterre et entama des négociations avec Charles le Téméraire. Le roi de France, inquiet, fit tous ses efforts pour renouer avec la Castille et il y réussit ; mais son allié était si faible dans ses propres états que, de son amitié, on ne pouvait espérer aucun profit. Dès l'avènement d'Isabelle en 1474, les sentiments d'hostilité se manifestèrent : Louis XI prêta en effet son appui au souverain de Portugal qui disputait aux Rois Catholiques la succession de Henri IV. L'union de la Castille et de l'Aragon était incompatible avec la continuation du bon accord avec la France. La possession de la Cerdagne et du Roussillon, la rivalité des deux couronnes en Italie devaient déchaîner une longue suite de luttes.

Le fait qui nous a paru digne de remarque, pendant la période dont nous nous sommes occupé, c'est le soin qui a été pris de part et d'autre, pour conserver l'alliance, de renouveler les actes qui la constataient. De ces traités, le premier en date est de 1336, le second de 1345 sous le règne d'Alphonse XI. Ce prince et Philippe de Valois moururent à peu d'intervalle ; Pierre Ier et Jean II Le Bon, à l'exemple de leurs pères, se lièrent en 1352. Puis, l'accord sembla oublié, et on ne chercha pas à le faire revivre à l'avènement de Charles V : celui-ci aida même le comte de Trastamara à renverser son frère et contracta avec l'usurpateur en 1368 une étroite union, que confirmèrent en 1381 Charles VI et Jean Ier et plus tard Henri III en 1391. Au début du règne de Jean II en 1408, un instrument nouveau fut rédigé. Charles VII monta sur le trône en 1422, et continua les relations avec l'allié de ses prédécesseurs, mais, par une dérogation aux usages, c'est seulement en 1435 qu'il fit faire un traité : l'alliance des deux royaumes était une tradition si bien établie que cette formalité n'avait point paru indispensable. Henri IV en 1455 et Louis XI en 1462, quand ils montèrent sur le trône, procédèrent au renouvellement des actes dressés antérieurement.

Lorsqu'un des deux rois venait à mourir, son successeur s'empressait de pourvoir au maintien de l'amitié, en demandant que les traités qui réglaient les obligations respectives des parties fussent consignés par écrit. Un certain laps de temps s'écoulait parfois entre l'avènement du prince et la conclusion d'un nouvel accord, mais c'est là un fait qui n'avait aucune importance, car chacun des contractants s'engageait non seulement pour lui-même, mais encore pour son héritier : il n'y avait par conséquent, en droit, aucune interruption dans les rapports établis. Plusieurs personnages étaient désignés pour aller en ambassade auprès du souverain ami. A la tête de la mission, on plaçait généralement un ecclésiastique d'un rang élevé, un archevêque ou un évêque, qui était accompagné de chevaliers ou de clercs au nombre de deux ou trois, et d'un secrétaire. Les délégués étaient munis de pleins pouvoirs pour dresser un nouvel acte et pour en jurer l'observation au nom de leur maître. Arrivés à la cour, ils tenaient des conférences avec les plénipotentiaires choisis par l'autre roi, ils discutaient la question de savoir si des modifications devaient être faites au texte du précédent traité. Quand l'accord était établi, ils procédaient à la rédaction de l'instrument et prêtaient serment pour leurs souverains. Celui des deux princes auprès duquel cette confirmation avait lieu jurait sur les évangiles et le crucifix de maintenir tout ce que contenaient ces articles. Le texte était envoyé ensuite à l'autre souverain, qui accomplissait la même cérémonie devant les représentants de son allié, à qui il remettait une copie du traité scellée de son sceau. Chacun d'eux conservait dans ses archives un exemplaire approuvé par son confédéré.

Nous nous abstenons de parler ici de la teneur même des alliances : au cours du récit, nous en indiquons les principales dispositions et on en trouvera le texte aux pièces justificatives. Cinq instruments différents furent rédigés pendant la période que nous étudions : trois sous Alphonse XI, un sous Henri II, un sous Jean II. Les autres souverains, c'est-à-dire Pierre Ier, Jean Ier, Henri III et Henri IV renouvelèrent purement et simplement les traités dans une forme identique à celle que leurs prédécesseurs avaient adoptée.

ERRATA

Page 1, titre, ligne 6, au lieu de : *au XIVe et XVe siècle*, lisez *au XIVe et au XVe siècles*.

Page 15, ligne 30, au lieu de : *D. Alfonso*, lisez *Alphonse XI*.

Page 33, ligne 11, au lieu de : *Pierre de Portugal*, lisez *Ferdinand de Portugal*.

Page 139, ligne 22, au lieu de : *Villeneuve-les-Avignon*, lisez *Avignon*.

Page 194, ligne 9, au lieu de : *Petro comite*, lisez *Petro comite de Trastamara*.

Page 194, ligne 25, au lieu de : *J 604 n° 70*, lisez *J 604 n° 72*.

Page 246, dernière ligne, au lieu de : *dirian y requiririan*, lisez *dirian e requiririan*.

ÉTUDE
SUR
L'ALLIANCE DE LA FRANCE
ET
DE LA CASTILLE
AU XIVe ET XVe SIÈCLE

CHAPITRE PREMIER

ALPHONSE XI
(1312-1350)

On peut reconnaître à la fin du xiiie et dans les premières années du xive siècle l'existence d'un accord entre la France et la Castille. Mais c'est seulement vers le milieu du règne d'Alphonse XI que nous voyons une alliance véritable, constatée par des traités, réglant les droits et les obligations de chacune des parties, unir les deux couronnes.

Notons qu'on avait déjà, durant la minorité de ce prince, formé un projet qui devait rapprocher les deux maisons royales.

Les régents de Castille, les infants D. Juan et D. Pedro, oncles du jeune souverain, et son aïeule Marie, veuve de Sanche IV, envoyèrent à Paris l'évêque de Burgos, Gonzalo de Hinojosa[1]. Ce prélat était chargé de conclure le mariage d'Alphonse XI avec une princesse de la maison de France. Il fut abouché avec Guillaume Durand évêque de

---

1. Gonzalo de Hinojosa fut évêque de Burgos de 1317 à 1327. On lui attribue une chronique latine racontant les événements depuis l'origine du monde jusqu'au règne d'Alphonse XI. Une traduction française de cet ouvrage, faite par Jehan Goulain, figure dans l'inventaire de la bibliothèque de Charles V dressé en 1373. La Bibliothèque de Besançon possède un exemplaire de cette traduction, ou plus exactement la deuxième partie qui commence au règne de Constantin. Ce ms. a fait l'objet d'une notice d'Aug. Castan, insérée dans la *Bibliothèque de l'École des Chartes*, t. 44, p. 265 et suiv.

Mende, Henri sire de Sully, bouteiller et Pierre Bertrand, professeur de droit civil et canonique. Le 8 novembre 1317[1], à Paris, un acte était rédigé, où l'on stipulait qu'une amitié sincère unirait les souverains de France et de Castille, que les pactes et les confédérations faits par leurs prédécesseurs seraient renouvelés. Pour resserrer ces liens, on décidait que le roi d'Espagne, dès qu'il aurait atteint l'âge nubile, épouserait Isabelle, troisième fille de Philippe V et de Jeanne de Bourgogne ; on ajoutait que si les fiançailles de Jeanne, fille aînée du roi de France, avec le duc de Bourgogne venaient à être rompues, c'est avec cette princesse qu'Alphonse XI contracterait mariage.

On sait que ce projet fut oublié et que le roi épousa Marie de Portugal. Il semble même que toutes relations aient cessé entre la Castille et la France pendant un assez grand nombre d'années. Du moins, les documents de nos archives ni les chroniques ne nous en ont-ils conservé aucune trace. Il faut, croyons-nous, attribuer à Philippe VI de Valois l'initiative d'un rapprochement avec l'Espagne, et il est permis de penser que la guerre de Cent ans fut la cause qui le détermina à se tourner du côté d'Alphonse XI.

Depuis longtemps déjà, en effet, les rois de France et d'Angleterre étaient en constante rivalité : sur tous les points des difficultés s'élevaient entre eux et si, jusqu'alors, la lutte avait été évitée, il était possible de prévoir qu'un jour prochain viendrait où les hostilités éclateraient. Les deux adversaires le sentaient et chacun cherchait à se ménager des alliances. Les états d'Alphonse XI, qui occupaient environ les deux tiers de la péninsule ibérique, touchaient aux possessions anglaises du midi. On comprend donc qu'Édouard III ait attaché beaucoup de prix à se concilier l'amitié de son voisin. Philippe VI avait un intérêt plus grand encore à s'assurer le concours de la Castille : cette puissance était capable, en effet, de lui fournir les vaisseaux qui lui manquaient, et de plus, en raison de la situation géographique, les armées espagnoles pouvaient au moment opportun marcher contre les domaines anglais, menacer Bayonne et amener de ce côté une utile diversion ; elle jouerait au sud un rôle analogue à celui qui était réservé au nord à d'autres amis de la France,

---

1. Archives nationales, J. 601, n° 29.

les Écossais. Les avantages que l'alliance castillane était susceptible de procurer à celui des deux rivaux qui saurait l'obtenir n'échappèrent ni au roi d'Angleterre, ni au roi de France, et nous verrons que chacun d'eux s'efforça d'attirer Alphonse dans son parti.

Ce fut Édouard III qui le premier fit des ouvertures au souverain castillan: le 4 juin 1335, à York, il chargea Bernard-Ezi. II, seigneur d'Albret, William Fitz-Waryn et maître Gérard du Puy de se rendre en Espagne, de rappeler l'amitié qui unissait depuis longtemps les rois d'Angleterre et de Castille, et d'exprimer son désir de voir ces bons rapports devenir plus intimes. Il proposait, en outre, que l'infant D. Pedro fût fiancé à Isabelle, sa fille aînée[1]. La chronique nous apprend que ces ambassadeurs reçurent à Palenzuela[2], où se trouvait alors le roi, le meilleur accueil, mais qu'ils obtinrent seulement une réponse évasive: Alphonse déclarait que son fils était trop jeune encore pour qu'on pût songer à le marier; il n'oubliait pas les relations amicales entretenues par ses prédécesseurs avec l'Angleterre; pour sa part, il se disait prêt à rendre ses bons offices à Édouard III, de même qu'il comptait sur l'appui de ce prince, le cas échéant[3]. En somme aucun accord ne fut conclu, le roi promettait seulement d'envoyer des délégués auprès du souverain anglais. Celui-ci, par lettre datée de Westminster le 3 mars 1336, remercia Alphonse, et le pressa de poursuivre ces négociations[4].

Le roi de France apprit-il la tentative d'Édouard III? Le chroniqueur espagnol l'affirme[5]. En tous cas, il résolut de disputer à son rival l'appui de la Castille. En 1336, Alphonse tenait assiégé dans Lerma le rebelle Juan Nuñez[6], lors-

1. Rymer, *Fœdera, conventiones, litteræ*, édition de La Haye, 1739-1745, t. II, part. III, p. 128.
2. Palenzuela, prov. de Palencia, district. judic. de Baltañas.
3. *Cronica de D. Alfonso el onceno*, imprimée dans les *Cronicas de los Reyes de Castilla*, Bibl. Rivadeneyra, Madrid 1875, t. I, p. 284, col. 2.
4. Rymer, édit. cit., t. II, part. III, p. 143. Edouard prie Ferrand Sanchez de Valladolid d'insister auprès de son maître pour l'envoi d'ambassadeurs castillans.
5. *Cronica de Alfonso XI*, éd. cit., p. 284, col. 2.
6. D. Juan Nuñez de Lara était fils de l'infant D. Fernando II de la Cerda, et arrière petit-fils d'Alphonse le Savant: il appartenait donc à la maison royale. Sa femme lui avait apporté en dot la seigneurie de Biscaye. Il prit part à la révolte des grands contre Alphonse XI, fut vaincu et dès lors servit fidèlement son roi.

que l'archevêque de Reims, Jean de Vienne, arriva à son camp. Au nom de son maître, ce personnage sollicita l'amitié du roi, et lui offrit un secours pour terminer la guerre présente, ainsi qu'une alliance offensive et défensive pour l'avenir. Le prélat plaida habilement la cause qu'on lui avait confiée ; il rappela sans doute les anciens traités qui avaient uni les deux pays et il emporta une réponse favorable : le souverain castillan adhérait en principe à la proposition de Philippe de Valois et promettait d'envoyer en France un plénipotentiaire chargé de régler les conditions de l'accord.

Le 15 septembre, en effet, du camp sous Lerma, Alphonse désigna Ferrand Sanchez, chevalier et « notario-mayor » de Castille, pour rédiger un traité d'alliance ; il lui donnait plein pouvoir pour jurer en son nom d'observer les conventions et pour recevoir du roi de France le même serment ; il promettait enfin de ratifier tout ce que son procureur arrêterait [1]. Ferrand Sanchez vint à la cour de Philippe de Valois, et le 13 décembre, ce prince chargea Robert Bertrand chevalier, maréchal de France, de le représenter dans ces négociations [2]. Les deux plénipotentiaires tombèrent vite d'accord, et le 27 du même mois un instrument fut dressé à Louvres près Paris, en présence du roi, de Jean de Vienne archevêque de Reims, de Guy Baudet évêque de Langres, chancelier, de Jean duc de Normandie, de Charles II comte d'Alençon, de Raoul de Brienne, connétable, de Miles sire des Noyers, bouteiller, de Mathieu de Trie maréchal de France, d'Ancel sire de Joinville, de Jean de Châtillon, de Geoffroi de Beaumont, chambellan, de Guillaume Flote sire de Revel, et de Hugues Quiéret, amiral de France, conseillers de Philippe. Pour le souverain de Castille, les témoins étaient Alfonso Martinez et Hugo de Alcana, chevaliers. Voici les dispositions principales insérées dans le traité : les deux princes promettent en leur nom et au nom de leurs successeurs d'être toujours bons et fidèles amis ; ils se prêteront réciproquement assistance par de loyaux conseils, de tout leur pouvoir et en conscience ; l'un ne devra jamais directement ni indirectement, en cachette ni à découvert, se mettre en opposition avec l'autre ; ils s'interdisent d'aider ou de se-

---

1. Archives nationales, J. 601, n° 33.
2. *Ibidem*, J. 601, n° 34.

courir en aucune manière leurs adversaires respectifs ; si l'un d'eux a ou est sur le point d'avoir une guerre à soutenir, il pourra requérir son allié de lui fournir des gens d'armes, des nefs ou des galées aux frais du requérant, de manière toutefois qu'il soit pourvu à la sûreté du royaume de celui des princes qui donnera ces secours.

Tel est le premier traité d'alliance entre la France et la Castille. Renouvelé maintes fois, son texte fut développé, les cas précisés, mais les conditions posées en 1336 demeurèrent à peu de chose près les mêmes pendant cent quarante années. Tous les souverains sans exception dans les deux pays le renouvelèrent à chaque changement de règne.

Au mois de février 1337, Philippe de Valois approuva pour lui et ses héritiers tous les articles arrêtés entre son délégué et celui d'Alphonse XI, et il jura solennellement de les observer[1]. En vertu de ses pouvoirs, le « notario-mayor » de Castille avait prêté au nom de son maître le même serment. Pour donner plus de solennité à un acte si important, on décida que deux ambassadeurs français iraient porter au roi de Castille le traité ratifié par le roi de France : on choisit pour cette mission deux des principaux négociateurs de l'alliance, l'archevêque de Reims, qui reçut à cette occasion une permission spéciale du pape Benoît XII de quitter son diocèse[2], et Robert Bertrand, seigneur de Briquebec, maréchal de France. Le 18 août, à Séville, ils remirent à Alphonse le texte du traité approuvé par Philippe, scellé du grand sceau en cire verte sur lacs de soie[3].

Tandis que Robert Bertrand rentrait en France, Jean de Vienne demeurait en Espagne, car il était chargé par son maître d'essayer d'amener un accord entre les rois de Castille et de Portugal. Il joignit ses efforts à ceux du légat pontifical Bernard d'Albi, évêque de Rodez, pour prier Alphonse de conclure la paix. Ce prince, après quelque résistance, consentit à ce que les deux prélats se rendissent auprès de son adversaire pour le disposer à entrer en accommodement[4]. Vers Noël de la même année (1337), ils revinrent de leur mission

1. Archives nationales, J. 601, n° 35, pièce just. n° 1.
2. Archives du Vatican, registre Vatican 124, lettre commune n° LXII, pièce just. n° 2.
3. Archives nationales, J. 601, n° 37, pièce just. n° 3.
4. *Cronica*, édit. cit., p. 290, col. 2.

et trouvèrent le roi de Castille à Merida ; ils racontèrent le long et pénible voyage qu'ils venaient d'accomplir, et dirent qu'ils avaient obtenu du roi de Portugal une trêve d'un an : en considération de leurs peines, ils prièrent Alphonse de consentir à une suspension d'armes de même durée. Par respect pour le Saint-Siège et par amitié pour son allié, le roi se rendit à la demande de Bernard et de Jean de Vienne [1].

Suivant le chroniqueur espagnol, l'archevêque de Reims n'aurait pas prolongé son séjour dans la péninsule seulement pour faire cesser les hostilités avec les Portugais : il y serait resté surtout afin de savoir s'il ne se traitait rien avec l'Angleterre qui pût nuire à l'alliance avec la France [2]. Il est, en effet, très vraisemblable que le prélat, qui n'ignorait point les précédentes démarches d'Édouard III, fit tous ses efforts pour empêcher Alphonse d'envoyer des ambassadeurs à ce prince, ainsi qu'il l'avait promis et qu'il avait été sollicité de nouveau à ce sujet par une lettre datée de Westminster le 18 mars 1337 [3]. Jean de Vienne réussit, et le roi de Castille se borna à se faire excuser auprès du roi d'Angleterre : s'il ne donnait pour le moment aucune suite aux négociations engagées, c'était que les guerres qu'il avait à soutenir ne lui en laissaient pas le loisir. Nous constatons qu'Édouard, le 8 janvier 1338, réitéra ses instances : il offrit de nouveau son appui à Alphonse et le pria de lui conserver son amitié [4] ; il agissait également auprès de la reine Marie [5]. De plus, pour se concilier une faveur qu'il jugeait si précieuse, il ordonnait de restituer à un Espagnol, nommé Juan Gomez, l'argent et les marchandises dont il avait été dépouillé par des Anglais [6], et promettait que les négociants castillans dont les intérêts auraient pu être lésés en Flandre obtiendraient bonne justice [7].

S'il faut en croire les chroniques de Castille, qui seules nous renseignent sur ce point, Philippe VI aurait dès 1338

---

1. *Cronica*, édit. cit., p. 292, col. 1 et 2.
2. *Ibidem*, p. 295, col. 1 et 2.
3. Rymer, édit. cit., t. II, part. III, p. 161. Edouard III s'adressait à la même date à plusieurs conseillers d'Alphonse, dont les noms sont étrangement défigurés. *Ibidem*.
4. *Ibidem*, t. II, part. III, p. 200.
5. *Ibidem*, p. 201.
6. *Ibidem*, p. 199.
7. *Ibidem*, p. 200.

reçu d'Espagne un secours de navires ; les villes maritimes de la côte nord lui auraient fourni des vaisseaux moyennant une solde[1] : l'effet produit aurait été si grand que les Anglais n'osaient plus naviguer. Et lorsque Édouard III passa en Flandre pour soutenir la révolte de Jacques Artewelde, il traversa la mer, à la dérobée pour ainsi dire, disséminant ses forces afin d'éviter une rencontre navale, dont il redoutait l'issue, avec les flottes de Castille et de Gênes qui étaient du parti français[2]. Mais en 1339, Philippe de Valois, à court d'argent sans doute, ne voulut plus garder à sa solde le contingent espagnol, disant que ses gens suffisaient, et les Castillans s'en retournèrent chez eux[3]. Le roi d'Angleterre, apprenant que son ennemi venait ainsi de se priver d'une partie de ses auxiliaires, vint attaquer les Français unis seulement aux Génois et les défit complètement au combat de l'Écluse (22 juin 1340). Malgré ce succès, Édouard ne put s'emparer de Tournai ; d'autre part, les Écossais se révoltèrent. C'est pourquoi, sur les instances du pape Benoît XII, il consentit à signer, le 23 septembre 1340, la trêve d'Espléchin. Informé des événements, le roi de Castille avait aussi envoyé des messagers aux belligérants pour les engager à conclure une suspension d'armes au cours de laquelle on pourrait traiter de la paix définitive : les ambassadeurs castillans étaient Diego Ramirez de Guzman, qui fut depuis évêque de Léon, et D. Juan Hurtado de Mendoza, chevalier[4]. Au moment où ces personnages vinrent en France, un grand danger menaçait l'Espagne : les Maures du Maroc se préparaient, en effet, à passer le détroit de Gibraltar et à attaquer les royaumes chrétiens[5]. Le roi de Castille s'adressa donc à son allié afin d'en obtenir des secours contre les infidèles. On sait que ceux-ci essuyèrent une déroute complète à Rio-Salado, le 30 octobre 1340. Mais il importait de profiter de cette victoire et Alphonse voulait poursuivre énergiquement la lutte avec l'aide du roi de France : ses envoyés offrirent donc à Philippe de Valois de s'entremettre pour qu'une paix durable fût conclue avec l'Angleterre, ou tout au moins pour que les

---

1. *Cronica,* édit. cit., p. 285, col. 1.
2. *Ibidem,* p. 285, col. 2.
3. *Ibidem,* p. 286, col. 2.
4. *Ibidem,* p. 286, col. 1.
5. *Ibidem,* p. 292, col. 2 et 295, col. 1.

trêves fussent prolongées. On accueillit leur proposition et on leur remit des lettres patentes où plein pouvoir leur était confié pour arriver à ce résultat. Le 26 mai 1341, le roi de France en informait le pape Benoît XII et exprimait le regret qu'il éprouvait de n'être point en état de secourir immédiatement le souverain de Castille[1]. Diego Ramirez de Guzman et son compagnon se rendirent auprès d'Édouard III qui consentit à ce que la trêve fût prorogée jusqu'à la prochaine fête de la décollation de saint Jean-Baptiste (29 août). Il accepta aussi que des conférences fussent tenues près de Tournai à la fête de saint Pierre-aux-Liens (1er août) pour négocier un traité définitif, et que les ambassadeurs castillans y prissent part en qualité de médiateurs[2].

Il convient de dire ici quelques mots d'un incident qui s'éleva peu après entre le souverain pontife et Philippe de Valois. Celui-ci avait cru savoir que le pape désapprouvait l'accord franco-castillan et qu'il avait même écrit à Alphonse et à quelques-uns de ses conseillers pour leur persuader de rompre tout engagement avec la France. Ému par ces nouvelles, le roi écrivit à Benoît XII pour lui faire part de l'étonnement qu'il éprouvait d'une si singulière conduite. Le 21 septembre[3], le Saint-Père affirma qu'il n'avait jamais par aucun moyen tenté de détruire cette alliance. Il ajoutait qu'il avait fait rechercher avec soin dans les registres où sa correspondance était transcrite afin de voir si l'on y trouverait rien qui justifiât les soupçons de Philippe, et cette recherche avait prouvé qu'il n'avait jamais parlé à Alphonse dans le sens qu'on lui attribuait. Il protestait au contraire que toutes les amitiés que la France pourrait se concilier lui seraient agréables et qu'il les favoriserait de tout son pouvoir. Dans toutes ces insinuations il ne fallait voir que des calomnies inventées par des ennemis.

Le roi d'Angleterre cependant ne perdait pas de vue l'intérêt qu'il pourrait retirer d'une alliance avec la Castille, et nous constatons qu'il fit preuve pour arriver à son but d'une persévérante ténacité. Il ne cesse, en effet, d'insister auprès

---

1. Archives du Vatican, Reg. Vat. 136, n° CCXLIIII, fol. 101 v°.
2. Lettre du 12 juin 1341 adressée par Édouard III à Alphonse. (Rymer, éd. cit., t. II, part. IV, p. 102.)
3. Arch. du Vatican, Reg. Vat. 136, n° CCXLVII, fol. 103 v°.

d'Alphonse XI pour obtenir un traité et pour marier l'héritier du trône avec une princesse anglaise. Nous savons qu'il envoya des ambassadeurs pour continuer les négociations ébauchées en 1341[1] et en 1342[2]; les deux années suivantes, il cherche à pacifier les différends qui s'étaient élevés entre les habitants de la côte de Biscaye et les Bayonnais[3], et qui pouvaient compromettre le bon accord des deux royaumes. Il ne laisse échapper aucune occasion d'entretenir des relations courtoises avec le souverain castillan et, le 30 mai 1344, il lui écrit pour le féliciter de la prise d'Algeziras[4]; un peu plus tard il lui exprime ses regrets de n'avoir pu combattre les infidèles à ses côtés[5]. Il semble que les avances d'Édouard III, d'abord assez froidement accueillies, reçurent quelque encouragement dans le courant de 1344 : Alphonse ne repoussait pas en principe la pensée d'un traité amical avec le roi d'Angleterre. Celui-ci se hâta de profiter de cette bonne volonté d'autant qu'il n'ignorait point que Philippe de Valois agissait de son côté[6], et il annonça qu'à la Toussaint de 1344 ses messagers, William Trussel et William Stury, seraient à Bayonne et y attendraient les ordres du roi de Castille[7]. Ces personnages reçurent le 10 septembre des instructions pour renouveler l'alliance conclue jadis entre Henry III et Alphonse X « et monstreront sou mein publike des lettres dudit Roi de Castelle sealleez d'or »; ils devaient également régler toutes les questions relatives au mariage de l'infant D. Pedro et de Jeanne d'Angleterre; ils étaient autorisés à offrir comme dot jusqu'à 20,000 livres sterling[8]. Ces ambassadeurs ne purent remplir leur mission; nous savons que dans un naufrage ils perdirent leurs lettres de créance et leurs instructions[9]. Édouard III les fit rédiger à nouveau et, le 20 janvier 1345, il annonçait à Alphonse la prochaine

---

1. Rymer, éd. cit., t. II, part. IV, p. 93.
2. *Ibidem*, p. 132.
3. *Ibidem*, p. 151 et 161.
4. *Ibidem*, p. 163.
5. *Ibidem*, p. 165.
6. Nous avons la preuve que Philippe de Valois agissait auprès d'Alphonse par un passage de la lettre d'Édouard III citée dans la note précédente.
7. Rymer, éd. cit., t. II, part. IV, p. 167.
8. *Ibidem*, p. 168.
9. *Ibidem*, p. 170.

arrivée de William Trussel et de John, prieur de Rochester [1].

Presque en même temps, Philippe de Valois, à qui les démarches de son rival n'avaient point échappé, résolut de mettre tout en œuvre pour s'assurer d'une manière définitive l'amitié du roi de Castille. Il lui parut que le meilleur moyen d'y parvenir était de conclure un mariage qui créerait entre les deux maisons des liens de famille. Le 3 février 1345 (n. st.), il désigna les plénipotentiaires destinés à se rendre en Espagne [2] : Jean de Vienne archevêque de Reims, le négociateur du premier traité, Jean II abbé de Colombs (diocèse de Chartres) [3], Savari de Vivonne sire de Thors, et Renaud de Vienne trésorier de Reims, frère de l'archevêque. Ces personnages devaient demander que l'alliance fût rendue plus étroite et plus intime, négocier « confederaciones et amicicias largiores et ampliores absque eo quod jam facte in aliqua sua parte aliqualiter infringantur sed potius augmententur ». Philippe chargeait aussi ses ambassadeurs d'offrir à D. Pedro, héritier de la couronne, la main de Marie, fille du duc de Normandie. Mais en raison de l'âge de l'infant et de celui de la princesse, l'union ne pourrait être célébrée que dans un délai assez éloigné ; on prévoyait alors le cas où Marie décéderait avant le mariage, et les envoyés français devraient proposer que, si ce malheur arrivait, D. Pedro épousât la deuxième fille du duc, nommée Jeanne. Le roi de France confiait aux personnages que nous avons nommés plus haut, les pouvoirs nécessaires pour conclure, d'une part, un traité plus détaillé que celui de 1336, d'autre part, pour dresser le contrat de mariage [4] ; il promettait de ratifier leur œuvre.

Clément VI connaissait l'objet de ces négociations et il crut devoir mettre son influence au service de la France, en recommandant d'une façon particulière par une lettre datée de Villeneuve-lez-Avignon, le 14 mars 1345 [5], le chef de l'am-

1. Rymer, édit. cit., t. II, part. IV, p. 171.
2. Archives nationales, J. 602, n° 41, pièce just. n° 4.
3. Le 7 mars 1345 (n. st.) Jean abbé de Colombs reconnaît avoir reçu de Robert Darcy la somme de 300 livres tournois pour son voyage en Espagne (Bibl. nat., ms. fr. 20977, pièce n° 217).
4. Notons qu'entre ces ambassadeurs le roi de France établit des différences : les conventions ne seront valables que si elles sont passées par deux d'entre eux et il faudra nécessairement que l'un de ceux-ci soit l'archevêque ou l'abbé. (Arch. nat., J. 602, n° 41.)
5. Reg. Vat. 138, n°s DCCCLXXVII, DCCCLXXVIII, DCCCLXXIX, DCCCLXXX, pièce just. n° 5.

bassade Jean de Vienne à Alphonse, à la reine Marie, à Gil de Albornoz archevêque de Tolède, et à Ferrand Sanchez de Valladolid « notario mayor ». Philippe VI ignorait cette démarche du pontife et il envoya à la cour de Rome, au mois d'avril ou au début de mai, Pierre évêque de Clermont, Louis de Poitiers, maître Firmin Coquerelle doyen de l'église de Paris et maître Pierre de Verberie, ses conseillers, afin de solliciter le Saint-Père d'agir en faveur des intérêts français. Le 12 mai[1], Clément VI répondit au roi qu'il avait prévenu son désir, mais que, conformément à sa demande, il venait d'écrire à nouveau au roi et à la reine de Castille, à l'archevêque de Tolède ainsi qu'à D. Pedro. Il remit même une copie de ces missives aux ambassadeurs français afin que leur maître pût en prendre connaissance. Les registres du Vatican nous en ont conservé le texte : dans celle qui est destinée à Alphonse[2], le pape rappelle qu'avant son élévation au trône pontifical, alors qu'il était au nombre des conseillers de Philippe de Valois, il avait éprouvé une grande joie en apprenant les alliances conclues entre les deux princes. Or, pour resserrer ces liens, on a songé à donner pour femme à D. Pedro une des petites-filles du roi de France. Le Saint-Père invite Alphonse à songer à tous les avantages d'un pareil mariage. A l'objection qui peut être tirée de l'extrême jeunesse des princesses de la maison de Valois, Clément VI répond d'avance et propose de leur substituer Blanche, fille du feu roi de Navarre, Philippe d'Évreux. De toute manière le choix d'une fiancée française sera favorable à l'affermissement de l'alliance et par cela même agréable au Saint-Siège. Dans des termes à peu près semblables la reine fut sollicitée[3], ainsi que l'infant de Castille : dans l'intérêt du royaume, le pape conseillait à ce dernier d'accepter pour épouse, avec le consentement de son père, une des parentes de Philippe VI[4]. Ces lettres furent expédiées à l'archevêque de Reims ; en même temps, le pontife lui mandait de sonder les dispositions de Gil de Albornoz relativement à ce projet de mariage ; si ce prélat semblait favorable, et si cela paraissait opportun, c'est ce conseiller influent de la couronne qui présenterait les

1. Reg. Vat. 138, n° MLVI, pièce just. n° 10.
2. *Ibidem*, n° MXXXVII, pièce just. n° 6.
3. *Ibidem*, n° MXXXVIII.
4. *Ibidem*, n° MXXXIX, pièce just. n° 7.

missives pontificales à leurs destinataires; dans le cas contraire, Jean de Vienne se chargerait de ce soin[1]. Clément VI, écrivant en même temps à l'archevêque de Tolède, le priait de remettre ces lettres à la famille royale et d'user de tout son crédit pour que les négociations fussent menées à bonne fin[2].

Le terrain étant ainsi préparé par l'intervention du Souverain Pontife, les ambassadeurs français arrivèrent en Castille. Alphonse chargea Gonzalo, évêque de Sigüenza, et Ferrand Sanchez de Valladolid de le représenter dans les négociations. Le 1er juillet 1345, on était d'accord et trois actes distincts furent rédigés.

Le premier[3], conçu dans des termes généraux, avait pour but de renouveler les alliances précédemment conclues. Les deux princes promettent de se défendre mutuellement, eux et leurs successeurs, contre tout ennemi quel qu'il soit; lorsque l'un d'eux aura à soutenir une guerre ou sera menacé, il pourra réclamer l'aide de son confédéré, sur terre et sur mer,

---

1. Reg. Vat. 138, n° MXLI, pièce just. n° 8.
2. *Ibidem*, n° MXL, pièce just. n° 9. Le fameux cardinal D. Gil Alvarez Carrillo de Albornoz naquit en 1310 à Cuenca : son père, D. Garcia, descendait d'Alphonse V, roi de Leon, et sa mère, Dª Teresa de Luna, tirait son origine de la famille royale d'Aragon. Il étudia à l'Université de Toulouse ; rentré en Castille il fut fait archidiacre de Calatrava, sut se concilier la faveur d'Alphonse XI, et, en 1339, l'archevêché de Tolède étant devenu vacant, il l'obtint. Il accompagna le roi dans ses expéditions contre les Maures, et resta un de ses conseillers les plus écoutés. Après l'avènement de Pierre Ier, il ne fut pas, comme on l'a répété, persécuté et chassé par le jeune prince qui aurait trouvé en lui un censeur incommode de ses amours avec la Padilla. Il est très probable qu'il fut enveloppé dans la disgrâce qui frappa au début du nouveau règne tous les amis de la favorite du feu roi Dª Leonor de Guzman. Dès 1350, Albornoz s'était établi à la cour pontificale d'Avignon ; le 17 décembre, Clément VI le créa cardinal-prêtre du titre de Saint-Clément; en 1351, il résigna son archevêché de Tolède. Innocent VI à peine monté sur le trône pontifical en 1353 le chargea de faire rentrer dans l'obéissance tous les vassaux de l'Eglise romaine en Italie et le promut en 1355 évêque de Sabine. D. Gil de Albornoz, dans sa mission à la fois diplomatique et militaire, déploya une indomptable énergie et une grande habileté. Il obtint un plein succès, et lorsqu'il mourut à Viterbe le 24 août 1367, le patrimoine du Saint-Siège était reconstitué. On l'enterra d'abord à Assise ; plus tard Henri II fit transporter ses cendres dans la cathédrale de Tolède. On doit au cardinal la fondation du collège espagnol de Bologne, lequel existe encore.
3. Arch. nat., J. 602, n° 41, publié par Dumont, *Corps universel diplomatique du droit des gens*. Amsterdam, 1726-1731, 8 vol. in fol., t. I, part. II, p. 231 et infra, pièce just. n° 12.

pourvu que celui-ci soit alors en paix ou n'ait à combattre que des ennemis peu redoutables ; ils s'engagent à ne porter aucun secours à leurs adversaires réciproques ni directement ni indirectement ; s'il arrive qu'un sujet de l'un ou de l'autre roi fasse quelque acte contraire à la teneur des traités, il sera puni, mais l'alliance n'en subsistera pas moins dans son intégrité ; aucun des deux princes ne pourra conclure trêve, suspension d'armes ou paix définitive sans y faire comprendre son allié. Les archevêques, évêques, dix des principaux seigneurs, dix des communautés des plus grandes villes dans chaque royaume devront jurer d'observer le présent traité. Enfin, cet instrument contenait une clause d'un caractère particulier : les donations faites par le roi Alphonse XI à D^a Leonor de Guzman et aux fils de celle-ci devraient conserver leur valeur à perpétuité ; s'il y était porté atteinte, le traité deviendrait nul de plein droit. Il semble que le roi de Castille ait ainsi voulu mettre sous la sauvegarde de son allié les largesses qu'il avait prodiguées à sa maîtresse et à ses enfants naturels, et assurer leur validité pour l'avenir en les énonçant dans un acte solennel et international.

Un autre traité, rédigé également le 1er juillet, prévoyait les cas particuliers qui pouvaient se présenter [1]. Si le roi de Bellmarin (on désignait ainsi les Beni-Merin de Fez) ou de Maroc vient attaquer la Castille, Alphonse XI préviendra Philippe et ce dernier fournira des secours moyennant une indemnité. Toutefois il est stipulé que pour la première fois, le roi de France fera les dépenses de l'expédition, pour le service de Dieu, l'accroissement de la chrétienté et en considération des sommes que le roi de Castille a déboursées déjà pour des guerres contre les infidèles. En retour, si le roi d'Angleterre passe en France, Alphonse informé par un message prêtera son aide à Philippe VI, après avoir pourvu à la sûreté de son propre royaume. On répète encore que ces conventions auront leur effet durant la vie des souverains actuellement vivants et celle de leurs héritiers. En outre, si des Français veulent venir servir le roi de Castille, ou des Espagnols se mettre à la solde du roi de France, il n'y sera point fait obstacle.

1. Archives nationales, J. 602, n° 42, publié par Dumont, *op. cit.*, t. I, part. II, p. 233, pièce just. n° 13.

Enfin, le troisième acte dressé à la même date était un contrat de mariage[1]. Les ambassadeurs de Philippe de Valois avaient, suivant la teneur de leurs instructions, proposé pour femme à D. Pedro la fille aînée du duc de Normandie. Une objection fondée sur l'âge de cette princesse fut faite aussitôt, ainsi que le pape l'avait prévu : après une assez longue délibération, la cour de Castille préféra, suivant l'idée suggérée par Clément VI, fiancer D. Pedro à Blanche de Navarre et les négociateurs français y consentirent. On décida que la cérémonie du mariage s'accomplirait dès que l'infant aurait atteint l'âge de quinze ans, et jusqu'à ce moment Alphonse promettait en son nom et au nom de son fils de ne rechercher aucune autre union. La dot de la fiancée était fixée à 300,000 florins écus, dont 200,000 seraient versés à Pampelune lorsque Blanche viendrait en Castille et contracterait avec D. Pedro fiançailles par paroles de présent. Les 100,000 écus restants seraient payés dans l'année qui suivrait. S'il arrivait que pour une raison ou pour une autre, l'union ne fût pas consommée, le roi s'engageait à restituer ce qu'il aurait déjà touché à Philippe et à la reine de Navarre, sous hypothèque de ses biens et de ceux des négociants de son royaume dont les marchandises pourraient être saisies en France. Alphonse et son fils promettaient de donner à Blanche comme « donatio propter nuptias » la moitié de la somme que la reine régnante Marie avait reçue lors de son mariage.

L'évêque de Sigüenza qui était, comme nous l'avons vu, un des négociateurs des alliances, sachant l'intérêt que le pape prenait à toute cette affaire, l'informa de l'union projetée entre l'héritier de Castille et Blanche de Navarre, et Clément VI s'empressa de communiquer cette nouvelle au roi et à la reine de France, le 27 juillet 1345[2]. Satisfait du succès de sa politique, le Souverain Pontife exprima le 12 août à Alphonse la joie qu'il éprouvait et lui dit les vœux qu'il formait pour que le bon accord des deux souverains, raffermi de la sorte, pût produire tous les fruits qu'on en attendait[3]. Il félicita également la reine Marie[4], et l'infant D. Pedro[5],

---

1. Arch. nat., J. 602, n° 43.
2. Reg. Vat. 139, n°s CLXIV et CLXV, pièce just. n° 11.
3. *Ibidem*, 139, n° CCLXXV, pièce just. n° 14.
4. *Ibidem*, n° CCLXXVI.
5. *Ibidem*, n° CCLXXVII, pièce just. n° 15.

les remerciant d'avoir tenu compte de ses avis. L'archevêque de Reims reçut lui aussi les congratulations pontificales pour le zèle qu'il avait montré [1].

Les trois actes rédigés à Léon le 1er juillet furent portés en France et soumis à l'approbation du roi; le 11 septembre il donna pleins pouvoirs à ses ambassadeurs qui étaient demeurés en Castille pour jurer les alliances en son nom. [2] D'autre part, Alphonse XI, pressé par le pape [3] de ratifier définitivement les trois traités, chargea, le 10 décembre, Gil de Albornoz, archevêque de Tolède, Alfonso Fernandez Coronel et Ferrand Sanchez de Valladolid d'accomplir pour lui les dernières formalités [4]. Le 23 décembre, les délégués des deux princes se réunirent et prêtèrent les serments d'usage [5]. Le 2 janvier 1346, à Madrid, le roi de Castille les confirma en personne [6].

Enfin, le 10 juillet [7], à Toro, en présence d'Alphonse, l'infant D. Pedro, l'archevêque de Tolède, D. Blas évêque de Palencia, D. Barnabas évêque d'Osma, D. Juan fils de l'infant D. Manuel, D. Juan Nuñez seigneur de Lara et D. Juan Alfonso de Alburquerque jurèrent d'observer les alliances conclues avec la France, après en avoir entendu la lecture en langue espagnole. Les barons prêtèrent ce serment en touchant les saints évangiles et les prélats, suivant l'usage ecclésiastique, en plaçant les deux mains sur la poitrine. Le 17 juillet [8], le roi déclarait solennellement qu'il avait par sa volonté souveraine donné à son fils, inhabile à cause de son âge, la capacité nécessaire pour jurer les confédérations; et à la même date, D. Barnabas évêque d'Osma, D. Juan Martinez de Leyva, D. Martin Ferrandez et Ferrand Sanchez de Valladolid affirmaient que D. Alfonso avait prêté le même serment [9].

En outre le roi de Castille ordonnait, dans le courant du mois d'août, à divers personnages de son royaume, notam-

---

1. Reg. Vat. 139, n° CCLXXIIII, pièce just. n° 16.
2. Arch. nat., J. 602, n° 45⁵.
3. Reg Vat. 139, n° DXVI, pièce just. n° 17.
4. Arch. nat. J. 602, n° 45³, pièce just. n° 18.
5. *Ibidem*, J. 602, n° 45³.
6. *Ibidem*, J. 602, n° 45⁴.
7. *Ibidem*, J. 602. n° 49, pièce just. n° 22.
8. *Ibidem*, J. 602, n° 48, pièce just. n° 23.
9. *Ibidem*, J. 602, n° 50, pièce just. n° 24.

ment à l'évêque de Burgos[1] et à l'archevêque de Compostelle[2] de promettre l'observation des traités conclus avec la France ; il enjoignait au maître de Calatrava de les faire publier et respecter dans tous les domaines de l'Ordre[3]. Il exigeait également le serment des conseils des cités, des alcades, alguazils, gens de justice et autres officiers[4].

Nous n'avons pas voulu interrompre le récit des négociations poursuivies entre la France et la Castille pendant les années 1345 et 1346. Mais il est un fait qu'il importe de mettre en lumière : tandis qu'Alphonse XI concluait une alliance dirigée particulièrement contre l'Angleterre, il restait en relations avec Édouard III et se décidait à marier l'infant D. Pedro à une Anglaise. Nous ne savons quelles raisons le poussèrent à agir ainsi, ni comment il fut amené à rompre une promesse solennelle, mais il est certain que le projet d'union de l'héritier de Castille avec Blanche de Navarre fut abandonné par lui aussitôt après qu'il eut été consigné dans un traité. Pourquoi préférait-il une fille du souverain anglais à une princesse de la maison de France, et comment pouvait-il suivre à la fois deux lignes politiques si différentes, c'est ce que nous serions bien en peine d'expliquer. Toujours est-il qu'Édouard III envoya des ambassadeurs en Espagne dans le courant de 1345, et que le chiffre de la dot de la future épouse de D. Pedro fut discuté. Pour assurer une union à laquelle il attachait un grand prix, le roi d'Angleterre consentait un sacrifice d'argent considérable[5] ; il ne négligeait rien non plus pour se concilier l'appui de la reine Marie et celui, plus précieux encore, de Dª Leonor de Guzman, la toute puissante favorite d'Alphonse[6]. Ce prince délégua en Angleterre un chevalier, D. Juan Hurtado de Mendoza, et le mariage fut décidé en principe[7]. Le contrat rédigé fut approuvé par le roi de Castille à

---

1. Arch. Nat., J. 915, n° 3.
2. *Ibidem*, J. 916, n° 8.
3. *Ibidem*, J. 916, n° 6.
4. *Ibidem*, n° 10. Voir aux Archives nationales l'acte constatant que le serment a été prêté par les autorités de Tolède le 2 avril 1347. (J. 915, n° 4).
5. Rymer, éd. cit., t. II, part. IV, p. 180.
6. *Ibidem*, p. 181.
7. *Ibidem*, p. 186.

Madrid, le 6 janvier 1346, et Edouard désigna, le 17 mars, les personnages qui devaient le ratifier en son nom[1].

Le pape Clément VI qui, nous l'avons vu, avait fait tous ses efforts pour qu'une princesse française épousât l'infant, apprit que son œuvre était menacée. Il croyait voir en tout cela la main de certains conseillers d'Alphonse. Le 27 février 1346 il lui écrivit afin de combattre ces influences et l'engager à ne point prêter l'oreille à des avis malveillants et intéressés. Il ajoutait que la fiancée de D. Pedro était une femme accomplie.[2] Marie, son fils, l'archevêque de Tolède, Ferrand Sanchez de Valladolid, D. Alfonso Fernandez Coronel et D. Juan de Alburquerque étaient également sollicités en faveur du mariage français.[3] Ces conseils du Pontife n'eurent aucun effet : le roi de Castille persista à vouloir comme bru une Anglaise, et le 1er janvier 1348, Edouard III lui annonçait le prochain départ de sa fille Jeanne pour la Gascogne, d'où elle se rendrait en Espagne[4]. Cette union ne s'accomplit pas, car la princesse mourut inopinément à Bordeaux : le roi d'Angleterre apprenait cette triste nouvelle à Alphonse, le 15 septembre de la même année, et il sollicitait une alliance en bonne forme[5].

Il est curieux de remarquer, en effet, que le roi de Castille n'avait conclu aucun traité avec le prince anglais, et que bien loin de là, il fournissait des vaisseaux à Philippe de Valois[6]. La guerre avait repris entre les deux adversaires : la France était envahie, et les ennemis, après avoir battu l'armée royale à Crécy, cherchaient à se rendre maîtres de Calais, cette place qui devait assurer leurs communications avec l'Angleterre. Pour débloquer la ville assiégée par terre et par mer, une flotte était indispensable : on s'adressa pour l'obtenir à Alphonse. Celui-ci envoya en France Egidio

---

1. Rymer, éd. cit., t. II, part. IV, p. 194.
2. Archives du Vatican, Reg. Vat. 139, n° DCCCL, pièce just. n° 19.
3. *Ibidem*, n°s DCCCLI et DCCCLVI, pièces just. n°s 20 et 21.
4. Rymer, éd. cit., t. III, part. I, p. 25. V. également p. 26, lettres d'Edouard III à la reine Marie, à D^a Leonor de Guzman, à l'Infant et à divers conseillers d'Alphonse.
5. Rymer, éd. cit., t. III, part. I, p. 39.
6. Cependant Edouard III affectait de considérer Alphonse XI comme son allié ; il lui annonçait, le 20 octobre 1347, qu'il l'avait fait comprendre en cette qualité dans la trêve qu'il venait de signer avec la France. (V. Rymer, éd. cit., t. III, part. II, p. 23.)

Boccanera, son amiral, génois d'origine, qui fut gratifié d'une rente viagère de 100 florins par acte daté de Vincennes le 11 janvier 1347, et qui prêta serment de servir Philippe VI contre tous à l'exception du roi d'Espagne, son maître, et de la république de Gênes, sa patrie[1]. L'amiral était chargé de déterminer l'importance du secours et d'en débattre les conditions. Il fut abouché avec des commissaires français et on procéda, le 25 janvier[2], à la rédaction d'un contrat. Boccanera se tiendrait à la disposition du roi de France ; sur son ordre il lui amènerait le nombre de vaisseaux demandé de 50 à 200, chacun d'eux monté par 100 hommes d'armes et 25 arbalétriers, moyennant 100 florins d'or par mois et par navire. Tous les détails étaient minutieusement réglés dans cet instrument.

Mais la flotte ne fut pas prête à temps pour venir en aide aux défenseurs de Calais. On songea alors à l'utiliser dans les premiers mois de 1348, puis on y renonça : les navires espagnols ne servirent point. Le roi de France dut seulement payer une somme considérable (40,000 florins de Florence) à Alphonse et aux patrons de ces vaisseaux afin de les indemniser des dépenses faites pour leur armement, ainsi que cela avait été stipulé[3].

---

1. Archives nationales, J. 602, n° 46.
2. *Ibidem*, n° 47.
3. Nous savons que 20,000 florins furent payés en juillet 1349, et 20,000 en février 1350. (L. Viard, *Les journaux du trésor de Philippe VI de Valois*, nos 1981 et 4239). Notons que le roi de France avait attribué à D. Tello, fils naturel du roi de Castille, une pension viagère de 1,000 florins. (*Ibidem*, n° 1755). Nous devons ces renseignements à notre confrère et ami M. L. Viard qui a bien voulu nous communiquer les épreuves du travail qu'il prépare et qui doit paraître dans la *Collection des Documents inédits*.

CHAPITRE II

PIERRE Ier
(1350-1369)

Lorsqu'Alphonse XI mourut de la peste au siège de Gibraltar, il ne laissait qu'un seul fils légitime, qui fut aussitôt reconnu roi sous le nom de Pierre Ier, mais il avait eu de Dª Leonor de Guzman dix enfants naturels. La lutte des princes bâtards contre leur frère allait, pendant dix-huit ans, troubler la Castille : elle ne devait se terminer que par la mort violente du souverain légitime [1]. Le roi de France se trouva amené à prendre, par deux fois, une part active et directe dans les guerres civiles. Mais le récit des expéditions françaises au delà des Pyrénées ne rentre pas dans notre sujet ; nous les mentionnerons seulement ; nous n'en parlerons qu'autant qu'il sera nécessaire pour l'intelligence des relations entre les deux pays.

Il a été dit dans le chapitre précédent que Pierre avait été fiancé, en 1345, à une princesse du sang de France, mais à cette époque il n'avait pas atteint l'âge légal et on avait dû se borner à des projets pour l'avenir ; d'ailleurs, son père rompant ses engagements, lui avait destiné une des filles d'Edouard III, Jeanne, qui était morte avant d'arriver en Castille.

A son avènement, le jeune roi était donc absolument libre. La question de savoir avec qui il se marierait ne semblait point indifférente : l'orientation de la politique extérieure du

---

1. Pour l'histoire du règne de Pierre, consulter : Mérimée, *Histoire de D. Pèdre Ier, roi de Castille* (Paris, 1865); et le livre plus récent de D. Juan Catalina Garcia : *Castilla y Leon durante los reinados de D. Pedro I, D. Enrique II, D. Juan I y Enrique III* (Tomo I, Madrid, 1892), volume qui fait partie de la *Historia general de España escrita por individuos de número de la Real Academia de la Historia bajo la direccion del Excmo Sr D. Antonio Cánovas del Castillo*.

règne qui s'ouvrait, en dépendait, croyait-on. La France n'avait point encore retiré de son alliance avec la Castille tous les avantages sur lesquels on avait compté : aux prises avec l'Angleterre dans une lutte qui jusqu'alors ne lui avait pas été favorable, il lui importait plus que jamais de s'assurer le concours dévoué d'une puissance amie.

Le pape Clément VI, nous l'avons constaté, n'avait rien négligé pour favoriser un mariage qui, en unissant les deux maisons, affermirait leur accord : il avait échoué. Mais lorsque Pierre devint roi, il crut que le moment était favorable pour faire une nouvelle tentative. Moins de trois mois après la mort d'Alphonse, il s'adresse au jeune souverain le 13 juin 1350[1] et lui rappelle les alliances qui ont été conclues par son père avec Philippe de Valois, lui conseille de les renouveler et de rendre le rapprochement plus intime en épousant une princesse de la maison de France ; il ajoute que le Saint-Siège est très favorable à un tel mariage et il promet d'accorder toutes les dispenses qui seraient nécessaires. En même temps, le Pontife engage la reine-mère Marie à pousser son fils dans la voie qu'il lui indique[2] ; il écrit aussi aux principaux conseillers du jeune roi : à Gil de Albornoz, archevêque de Tolède, aux évêques de Palencia et de Sigüenza, à D. Juan Alfonso de Alburquerque et à D. Fernando d'Aragon, marquis de Tortosa[3].

Un peu plus tard, le 5 juillet, Clément VI revient sur les projets de mariage qu'il forme pour Pierre et les précise : il nomme cette fois la fiancée à laquelle il songe pour lui, c'est Jeanne, dernier enfant de Philippe d'Évreux et sœur du roi de Navarre, Charles le Mauvais[4]. Il fait la même proposition à la reine et la presse de conserver les alliances avec la France[5].

---

1. Reg. Vat. 144, fol. xxix v°, pièce just. n° 25.
2. *Ibidem*, fol. xxix r°, pièce just. n° 26.
3. *Ibidem*, 144, fol. xxix v° et r°. D. Fernando d'Aragon, marquis de Tortosa, était cousin germain de Pierre Ier: il était fils d'Alphonse IV, roi d'Aragon, et de D^a Leonor de Castille, seconde femme de ce prince et sœur d'Alphonse XI. Suspect à Pierre IV, roi d'Aragon, il s'était retiré en Castille avec sa mère et un frère du même lit nommé D. Juan. (V. Mérimée, *op. cit.*, pp. 44 et 45 et Bofarull, *Condes de Barcelona*, II, 266.)
4. Reg. Vat. 144, fol. xl v°, pièce just. n° 27.
5. *Ibidem*, 144, fol. xli r°. L'idée de cette union semblait avoir été suggérée au Pape par le roi de Navarre, ainsi que le prouve une lettre

Il est très probable que le Pape agissait ainsi à la prière du roi de France. Jean II attachait une grande importance à faire revivre l'accord avec la Castille : aussi se résolut-il à envoyer une ambassade afin de proposer le renouvellement des traités conclus sous les règnes précédents et d'insister pour que le jeune roi choisît pour femme une princesse de sa famille. Ces délégués étaient : Guy de la Chaume évêque d'Autun, Guillaume de Barrière et Guillaume d'Ambrane, chevaliers. Le Saint-Père en fut informé, et par trois lettres du 5 janvier 1351 il recommanda ces personnages à la bienveillance de Pierre, de la reine-mère et de l'infant d'Aragon, D. Fernando [1]. Ceux qui gouvernaient alors le royaume au nom de Pierre étaient favorables à l'alliance française : les propositions des ambassadeurs furent donc acceptées en principe. D. Juan Alfonso de Alburquerque et D. Vasco, évêque de Palencia, d'accord avec Marie, décidèrent que l'on enverrait en France, pour conclure le mariage du roi avec une des filles du duc de Bourbon et renouveler les traités d'amitié entre les deux pays, D. Juan Sanchez de las Roëlas, évêque élu de Ségovie, et D. Alvar Garcia de Albornoz [2]. Ces personnages reçurent leurs pouvoirs à Burgos le 10 juin 1351 ; il leur était prescrit de faire effacer du nouvel instrument la clause relative à Leonor de Guzman [3]. Le Pape, continuant à s'intéresser à ces négociations commencées pour ainsi dire sous son inspiration, annonce, le 20 septembre, les deux Castillans à Jean le Bon, lui conseille de les bien accueillir et de donner une prompte solution à toute cette affaire, afin que l'union des deux couronnes soit définitivement scellée [4]. Il les recommande, à la même date, à Pierre de la Foret évêque de Paris, chancelier de France, à Guy de la Chaume évêque d'Autun, à Hugues d'Arci évêque de Laon, à Guillaume Flote et à Robert de Lorri, chambellan du roi [5]. Les pourparlers durèrent assez longtemps ; nous n'en connaissons pas le

---

adressée à ce prince le 9 juillet de la même année. (Reg. Vat. 144, fol. XLIII r°.)
  1. Reg. Vat. 144, fol. CLXXXXVI v° et CXCVII r°, pièce just. n° 28.
  2. *Crónica de D. Pedro I*, bibl. Rivadeneyra, dans *Crónicas de los Reyes de Castilla* (t. I, p. 418, col. 2).
  3. Archives nationales, J. 603, n° 51.
  4. Reg. Vat. 145, fol. LXXXIV v°, pièce just. n° 29.
  5. Reg. Vat. 145, fol. LXXXIV v° et LXXXV r°, pièce just. n° 30.

détail. Les instructions données à Burgos à D. Juan Sanchez de las Roëlas et à D. Alvar Garcia de Albornoz faisaient mention d'une des filles du duc de Bourbon ; nous savons cependant qu'il fut question d'un mariage entre Pierre et Blanche de Navarre, cette même princesse à qui il avait été fiancé en 1345 et qui, devenue femme de Philippe de Valois, était veuve en 1351. Celle-ci refusa de se remarier : une lettre du Pape adressée à Jeanne d'Auvergne, femme de Jean II, nous l'apprend. Clément VI, le 12 mars 1352, prie la reine de France d'user de son influence pour vaincre les répugnances de Blanche à épouser le roi de Castille[1]. On en revint alors au premier projet, et tout fut décidé pour l'union de Pierre avec Blanche, fille de Pierre Ier duc de Bourbon. A Conflans le 13 juin 1352[2], le roi de France avait chargé Pierre de la Forêt archevêque de Rouen, Renaud évêque de Châlon-sur-Saône et Guillaume Flote sire de Revel, de le représenter dans les conférences qui devaient être tenues avec les ambassadeurs espagnols au sujet du mariage et du renouvellement des alliances. Les deux négociations se poursuivirent en même temps et aboutirent au commencement de juillet. Le 2 de ce mois, un traité scellant le bon accord des deux souverains et de leurs héritiers, stipulant le secours qu'ils devaient se prêter mutuellement, tout semblable à celui qui avait été fait en 1345, fut rédigé à Paris dans la salle capitulaire du couvent des Frères prêcheurs[3]. Un seul article avait été effacé à la demande des Castillans, celui qui mettait en quelque sorte sous la garantie du roi de France les biens de D{a} Leonor de Guzman et de ses fils, car il n'avait plus raison d'être : la maîtresse d'Alphonse XI était morte et Pierre Ier voulait avoir à l'égard de ses frères naturels une liberté d'action absolue. Le 2 juillet, le contrat de mariage du roi de Castille et de Blanche de Bourbon fut dressé[4]. Jean II, étant à l'abbaye de Prully (dioc. de Sens), dans le courant de juillet, donna son approbation au traité d'alliance[5] et, le 7, il ratifia le

---

1. Reg. Vat. 145, fol. CCXXIII r°.
2. Archives nationales, J. 603, n° 51.
3. *Ibidem*, J. 603, n° 51.
4. Il a été publié par Hay du Chastelet ; *Histoire de Bertrand Du Guesclin*, preuves p. 309.
5. Archives nationales, J. 603, n° 53.

contrat[1]. Le texte de ces deux instruments fut envoyé aussitôt en Espagne : le 4 novembre 1352[2], le roi de Castille les confirma en son propre nom et jura pour ses hoirs de les observer fidèlement. Il ordonna que sa fiancée vînt le rejoindre et la jeune princesse se mit en route sans que personne pût prévoir les cruelles épreuves qui lui étaient réservées. En France, on avait lieu de se féliciter du résultat acquis : Jean II et Pierre étaient alliés, et de leur union rendue plus intime on espérait tirer de grands avantages.

On sait que ces espérances furent trompées : au moment même où on décidait son mariage, le roi de Castille se laissait charmer par Dª Maria de Padilla que son vieux ministre, D. Juan Alfonso de Alburquerque, avait jetée dans ses bras par un calcul d'ambition qui tourna d'ailleurs bientôt à sa confusion. Tout entier livré à sa passion, Pierre oublia ses engagements : tandis qu'il passait joyeusement son temps à Torrijos près de Tolède à donner des tournois et des fêtes en l'honneur de sa maîtresse, Blanche de Bourbon arrivait à Valladolid le 25 février 1353, et ne trouvait pour la recevoir que la reine-mère Marie et Dª Leonor d'Aragon, sœur de D. Alfonso XI. Le roi se fit attendre trois mois : il ne se décida à se rendre dans cette ville que sur les pressantes sollicitations d'Alburquerque[3] qui lui représenta

---

1. Archives nationales, J. 603, n° 55 (V. *Titres de la Maison ducale de Bourbon*, par Huillard-Bréholles, Paris, 1867, in-4°, t. I, p. 455 et infra).
2. Archives nationales, J. 603, nos 54 et 56.
3. *Crónica de D. Pedro I*, p. 429, col. 1. D. Juan Alfonso de Alburquerque dont nous avons déjà cité plusieurs fois le nom était apparenté à la maison régnante de Portugal. Il passa au service d'Alphonse XI au moment où ce prince travaillait à faire rentrer dans le devoir les Grands révoltés contre son autorité. Les conseils et les services d'Alburquerque lui furent alors très précieux : il les récompensa en gratifiant ce personnage de domaines considérables, en le nommant grand-chancelier, et en le chargeant de l'éducation de l'infant D. Pedro. D. Juan Alfonso s'abstint « de prendre parti ouvertement entre la reine et la favorite. Malgré ses ménagements, il était considéré par Leonor comme un adversaire dangereux, mais en déclinant d'entrer avec elle dans une lutte que l'affection du roi eût rendue trop inégale, il avait su se faire respecter et, sans se compromettre, il jouait le rôle d'un protecteur auprès de la reine délaissée qui lui accordait toute sa confiance » (Mérimée, *op. cit.*, p. 42). A l'avènement de Pierre Ier, il fut le chef de la réaction contre la favorite et il gouverna réellement au nom du jeune roi. Pour mieux dominer le prince, il lui choisit pour maîtresse Dª Maria de Padilla. Son calcul fut trompé, car la Padilla et ses parents poussèrent Pierre à se débarrasser de la tutelle impor-

le sanglant outrage qu'il infligerait à la maison de France en tardant davantage. Il vint enfin et la cérémonie du mariage fut célébrée le 3 juin en l'église de Santa-Maria-la-Nueva. Mais Pierre ne prit même pas la peine de dissimuler l'aversion que lui inspirait sa jeune femme, il s'échappa deux jours après et alla rejoindre la Padilla à la Puebla de Montalvan [1]. Un peu plus tard cependant, par crainte du scandale, il passa deux jours à Valladolid avec sa mère et Blanche, puis il s'éloigna de nouveau et jamais plus il ne revit son épouse. Indignés de cette conduite, le vicomte de Narbonne et les autres chevaliers qui avaient accompagné en Castille la princesse française, partirent sans prendre congé du roi [2].

Non content d'abandonner sa femme et de la laisser dans un état complet de dénûment [3], Pierre prétendit se délivrer de tous liens, afin de pouvoir épouser une veuve, Dª Juana de Castro, dont il était devenu amoureux à Séville en 1354. Il n'hésita pas à déclarer que son mariage était nul attendu que son consentement avait été violenté ; il invoqua une soi-disant protestation qu'il aurait faite au moment de ses noces et certains aveux furent arrachés à Blanche. Sans plus attendre il fit célébrer une nouvelle union. Le Saint-Siège intervint alors, et nous savons qu'Innocent VI ne négligea rien pour soutenir les droits méconnus de la reine. Jean II ne pouvait rester indifférent à l'injure faite à sa parente. D'accord avec le Pape, il résolut de protester et d'adresser au roi des représentations. Raymond Saquet évêque de Thérouanne, Regnaud Méchin abbé de Saint-Jean de Falaise, et Guillaume sire de Barrière chevalier, furent désignés pour se rendre en Castille. Le Pontife, par une lettre du 24 août 1354, annonçait leur venue à Pierre [4] ; il les recommandait également à D. Enrique, comte Trastamara, à D. Tello, à Dª Leonor

---

tune du vieux ministre. Voyant, après le mariage du roi avec Blanche de Bourbon son autorité annihilée, Alburquerque se retira dans ses terres sur la frontière de Portugal. Jaloux de recouvrer le pouvoir, il se ligua avec les fils bâtards d'Alphonse XI, ses anciens ennemis, et entra en révolte ouverte contre le souverain, mais il mourut bientôt au cours de la guerre civile, à Medina del Campo en 1354.

1. Puebla de Montalvan, prov. de Tolède, district jud. de Torrijos.
2. *Crónica*, p. 436, col. 2.
3. V. notamment à ce sujet les lettres d'Innocent VI à l'archevêque de Tolède (Reg. Vat. 236, fol. CI v° et CXXX v°).
4. Reg. Vat. 236, fol. CLII v°.

d'Aragon, au marquis de Tortosa, à D. Juan Alfonso de Alburquerque, aux archevêques de Tolède, de Compostelle et de Séville, aux évêques de Léon, de Sigüenza, de Zamora, de Cordoue et de Carthagène[1] ; à son légat en Espagne, l'évêque de Sénez, il enjoignait de diriger les ambassadeurs français et de joindre ses efforts aux leurs pour obtenir que Blanche de Bourbon fût traitée suivant son rang[2]. Nous ne possédons aucun renseignement sur la manière dont l'évêque de Thérouanne et ses compagnons s'acquittèrent de leur mission : la chronique du règne de Pierre ne la mentionne même pas. Mais on peut affirmer que l'intervention du roi de France, pas plus que celle d'Innocent VI, n'amena de résultat. Un peu plus tard, à deux reprises, le 28 avril et le 1er juin 1356, le Pape fait encore appel à Jean II, il lui envoie même diverses personnes pour le mettre au courant de la malheureuse situation où sa parente est réduite. Le duc de Bourbon est sollicité également de faire une tentative en faveur de sa fille[3]. Avant de procéder contre le roi de Castille rebelle aux avertissements répétés des légats, le 18 juin le Pontife consulte le roi de France et le duc de Bourbon, car il craint que Pierre, irrité par les sentences prononcées contre lui, ne redouble les mauvais traitements dont Blanche était déjà la victime[4]. Nous ignorons quelles réponses obtint Innocent VI. En tous cas, Jean II, tout absorbé par la guerre avec l'Angleterre, ne put agir. Lui-même ne tarda pas à être fait prisonnier, le 19 septembre, à la bataille de Poitiers où le duc de Bourbon trouva la mort.

Les relations officielles semblent avoir dès lors absolument cessé entre la Castille et la France. Le traité de juillet 1352 resta lettre morte ; nous ne voyons pas une seule fois Jean II ni son fils le régent recourir aux bons offices de son allié dans sa guerre contre Édouard III. Et d'ailleurs Pierre, toujours en lutte contre les siens ou en hostilité contre ses voisins, n'aurait pu prêter aucune aide. Si on ajoute à cette circonstance l'injure faite à Blanche de Bourbon, et la manière indigne dont son époux la traitait, on comprendra que les

---

1. Reg. Vat. 236, fol. CLII v°, CLIII r°, CCII r° et v°.
2. *Ibidem*, fol. CLIII v°.
3. *Ibidem*, 238, fol. LIII v°, LXXXIII r° et v°.
4. *Ibidem*, fol. XCVII r° et v°.

liens qui unissaient les deux pays se soient peu à peu relâchés. Mais l'amitié franco-castillane n'était pas morte ; elle ne tarda pas à revivre sous une autre forme : le dauphin Charles opposa en effet à Pierre un prétendant, réussit à le faire triompher, et l'alliance fut rétablie plus solide qu'auparavant.

D. Enrique, comte de Trastamara, fils naturel d'Alphonse XI et de Dª Leonor de Guzman s'était à plusieurs reprises révolté contre Pierre. Il avait quitté son pays, s'était mis ainsi que son frère D. Sancho au service du roi d'Aragon en guerre avec la Castille. Après la conclusion de la paix entre les deux états, au mois de juin 1361, il tentait de pénétrer avec une bande de ses partisans dans la sénéchaussée de Carcassonne et on ne paraissait pas disposé à lui faire accueil [1]. Réduit à une situation très précaire, il acceptait en février 1362 de défendre avec ses compagnons la province de Languedoc contre les routiers qui l'infestaient. Pour se débarrasser des grandes compagnies restées sans emploi depuis le traité de Brétigny, on songea à les envoyer en Espagne au service du comte de Trastamara qui brûlait de recommencer la lutte contre son frère. Le 23 juillet 1362 [2], ce prince, d'accord avec Arnoul d'Audrehem, maréchal de France, fit avec les chefs des compagnies un traité : il les prenait à sa solde pour l'expédition qu'il méditait. Il vint lui-même à Paris, et, le 13 août suivant [3], promettait au régent d'entrainer ces bandes en Castille sans jamais les ramener. Lui, son frère D. Sancho et ses compagnons prêtaient foi et hommage au roi, juraient d'exécuter fidèlement ses ordres et de le servir loyalement contre tous. En retour, le dauphin concédait aux réfugiés espagnols pour leur entretien certaines terres dont ils percevraient les revenus jusqu'à concurrence de 10,000 livres ; si ces terres ne produisaient pas une telle somme, la différence leur serait assignée sur les fonds de la trésorerie de Toulouse. Le régent de France s'engageait en

---

1. Cf. Aug. et Em. Molinier, édition de la *Chronique normande du XIVᵉ siècle*, p. 341, note III. Sur le premier séjour du comte de Trastamara en France, cf. *Histoire du Languedoc*, nouvelle édition, t. IX, pp. 774 et infra.
2. Hay du Chastelet, *op. cit.* (preuves, p. 313). V. Em. Molinier, *Étude sur la vie d'Arnoul d'Audrehem, maréchal de France* (*Mémoires présentés par divers savants à l'Académie des Inscriptions*, 2ᵉ série, t. VI, 1883), pp. 105 et suiv.
3. H. du Chastelet, *op. cit.* (preuves, p. 315).

outre, au cas où l'expédition échouerait, à recevoir les vaincus et à leur donner de quoi subsister honorablement, ou bien à les autoriser à se pourvoir ailleurs. Le comte de Trastamara fit en personne le serment à Charles ; ses compagnons, qui étaient restés dans le midi jurèrent en présence d'Audrehem. La convention fut exécutée le 3 février 1363[1] : le roi désigna les domaines qu'il attribuait à D. Enrique, qui en prit possession le 21 mars suivant. Presque en même temps, le prétendant s'assurait le concours du roi d'Aragon, Pierre IV le Cérémonieux, et consentait à lui abandonner la sixième partie des conquêtes qu'il ferait en Castille[2].

Les bandes de routiers, composées de Français, d'Anglais et de Bretons, entrèrent bientôt en Espagne sous la conduite de Bertrand Duguesclin, d'Arnoul d'Audrehem et de Le Besgue de Villaines[3] ; le roi d'Aragon traita les chefs avec honneur, mais les soldats indisciplinés se livraient à un pillage effréné, et les autorités furent obligées de prendre toutes sortes de précautions contre de si redoutables alliés[4] : les compagnies passèrent en Castille. Pierre était venu à Burgos pour tenir tête aux envahisseurs, mais il ne tarda pas à se replier sur Tolède. Pendant ce temps, D. Enrique, repoussé d'abord d'Alfaro[5], avait réussi à s'emparer de Calahorra, et, sur le conseil des Français qui l'accompagnaient, se faisait proclamer roi de Castille vers le milieu de mars 1363[6]. Les habitants de Burgos lui envoyèrent leur soumission et le supplièrent de venir recevoir la couronne dans leur cité : la cérémonie eut lieu dans le monastère de las Huelgas[7]. De là, le nouveau souverain continua sa marche vers le centre et le sud de la péninsule ; c'était plutôt un voyage qu'une conquête. Tandis que son rival entrait à Tolède, Pierre s'était réfugié à Séville ; peu confiant dans la fidélité des habitants, il mit sur des navires ses enfants et ses trésors et, renonçant à se défendre, il prit le chemin du Portugal. On lui refusa asile,

---

1. H. du Chastelet, *op. cit.*(preuves, pp. 317 et 319).
2. Convention de Monzon (texte dans Mérimée, *op. cit.*, appendice, p. 545).
3. Sur Pierre Le Besgue de Villaines, voy. Quicherat, *Rodrigue de Villandrando*. Paris, 1879, in-8°, p. 5.
4. Zurita. *Anales de Aragon*, t. II, p. 342 r°.
5. Alfaro, prov. de Logroño.
6. *Crónica de D. Pedro I*, éd. cit., p. 538.
7. *Ibidem*, pp. 540, 541 et infra.

et il passa alors en Galice, s'arrêta à Santiago ; avant de mettre à la voile pour Bayonne, avant de chercher un refuge auprès du Prince Noir, il laissa à l'Espagne un adieu sanglant : D. Suero Gomez de Toledo, archevêque de Compostelle, fut égorgé par son ordre devant le maître-autel de la cathédrale.

Henri, par la fuite de son frère, se trouvait le maître presque incontesté de la Castille : son premier soin fut de licencier les routiers qu'il payait cher, et dont les pillages pouvaient exciter les mécontentements et rendre sa cause impopulaire. On leur compta leur solde et on les renvoya tous très satisfaits « é fueron todos muy contentos », selon le témoignage d'Ayala[1]. Néanmoins, le roi garda auprès de lui les chefs, Duguesclin et les chevaliers français et bretons qui l'avaient accompagné. Le comte de la Marche et le sire de Beaujeu, parents de la malheureuse Blanche de Bourbon, qui avaient fait partie de l'expédition, réclamèrent qu'on leur livrât un certain Juan Perez, natif de Jerez, qui passait pour avoir été le bourreau de la reine. Ils le firent pendre[2].

Le repos du nouveau roi de Castille fut bientôt troublé : il eut d'abord à combattre des seigneurs galiciens révoltés, et il ne tarda pas à avoir connaissance de la ligue dangereuse qui se formait contre lui au nord des Pyrénées. Pierre avait, en effet, trouvé un asile sur le territoire anglais, à Bayonne ; de là, il s'était rendu à Bordeaux et avait persuadé au Prince Noir de l'aider à reconquérir sa couronne ; il avait cherché en même temps l'appui de Charles le Mauvais, roi de Navarre. Ces négociations aboutirent le 23 septembre 1366, à un traité signé à Libourne[3]. Le prince exilé assurait à ses nouveaux alliés des accroissements de territoire, s'ils réussissaient à le replacer sur son trône.

D'autre part, des différends s'étaient élevés entre Henri et le roi d'Aragon qui réclamait l'exécution des promesses qu'on lui avait faites. Pendant ce temps, les compagnies qui avaient assuré le succès du comte de Trastamara,

---

1. *Crónica de D. Pedro I*, éd. cit., p. 545.
2. *Ibidem*, p. 546.
3. Rymer. *Fœdera*, éd. cit., t. III. part. II, p. 116-119. Notons que dès l'année 1362, Pierre avait conclu un traité d'alliance avec le roi d'Angleterre ; ce traité n'était pas, il est vrai, dirigé contre la France. (*Ibidem*, t. III, part. II, pp. 60, 73 et 91).

une fois licenciées et sorties d'Espagne, se trouvant de nouveau sans emploi, s'étaient mises au service du Prince Noir et de Pierre contre leur ancien maître. Les forces alliées franchirent les Pyrénées à Ronceveaux et traversèrent la Navarre : Henri n'était pas en état de résister. La journée de Najera (3 avril 1367) fut une déroute pour son parti ; ses meilleurs lieutenants et les chevaliers français, parmi lesquels Duguesclin, furent faits prisonniers ; lui-même put à grand'peine s'enfuir en Aragon, d'où il passa en France. Établi à Pierre Pertuse[1], il ne cessait de faire des incursions sur les terres anglaises. Or, à ce moment, la France et l'Angleterre étaient en paix : Charles V, auprès de qui des réclamations furent portées, pria le roi de Castille de cesser les hostilités. On ne voulait à aucun prix d'une rupture avec Édouard III : Duguesclin était captif et rien n'était prêt pour recommencer la lutte[2]. Cependant Louis I, duc d'Anjou, lieutenant de son frère en Languedoc, eut une entrevue secrète avec Henri dans une tour située à une des extrémités du pont d'Avignon. Le duc proposa d'envoyer des messagers au roi de France pour lui exposer la situation et lui montrer l'avantage qu'il y aurait à rétablir le comte de Trastamara, à empêcher les Anglais de prendre de l'influence en Espagne, à les combattre et à les vaincre, si on pouvait, sur ce nouveau terrain. Charles V fournit au prétendant les moyens de recommencer la lutte : il lui racheta le comté de Cessenon, avec les villes de Servian et de Thézan, et il lui fit compter cinquante mille francs d'or ; Henri reçut du duc d'Anjou une somme égale, et ayant appelé en France sa femme Dª Juana[3] et ses enfants qui étaient restés en Aragon, il prépara une nouvelle expédition en Castille, acheta à Avignon les armes, les chevaux et tout l'attirail de guerre nécessaire.

L'occasion allait se présenter à lui très favorable, car les malheurs n'avaient point instruit Pierre : ce prince était

---

1. Pierre-Pertuse, Aude, arrondissement de Carcassonne, commune de Rouffiac-des-Corbières.
2. H. du Chastelet, *op. cit.*, pp. 133 et 134.
3. *Crónica de D. Pedro I*, éd. cit., p. 574 et infra. Sur le séjour de Henri en France, cf. *Hist. du Languedoc*, nouvelle édition, t. IX, pp. 787, 788 et 789. Dª Juana, fille de l'infant Juan Manuel et de Dª Blanca de la Cerda y Lara, avait épousé en 1350 le comte de Trastamara. (Cf. Florez, *Reynas catholicas*, II, pp. 667 et infra.)

rentré dans son royaume plein d'idées de vengeance, et sans écouter les sages conseils du prince de Galles, il terrifiait l'Espagne par ses exécutions. Beaucoup de Grands, menacés, vinrent en France grossir la petite armée du prétendant. En outre, le roi ne se pressait pas de remplir les engagements qu'il avait pris envers le fils d'Édouard III : celui-ci, mécontent, avait repassé les Pyrénées. Le 13 août 1367, le duc d'Anjou eut avec le comte de Trastamara une entrevue à Aiguesmortes : un traité d'alliance offensive et défensive fut conclu contre Pierre, les Anglais et Charles le Mauvais[1]. Malgré l'opposition du roi d'Aragon, Henri traversa le territoire de Ribagorza ; le 28 septembre, il était à Calahorra, où il rassembla ses partisans ; puis il prit possession de Burgos et alla assiéger Tolède, tandis que son frère, abandonné des Anglais et de beaucoup des siens, allait rechercher l'alliance des Musulmans de Grenade[2].

C'est pendant qu'il essayait de prendre Tolède, qui résista longtemps, que le prétendant se lia étroitement avec le roi de France : en reconnaissance de l'appui efficace qu'il en avait reçu, il se mettait entièrement à sa dévotion. Charles V avait délégué en Espagne, le 19 juillet 1368, Francisco de Perellos, Jean de Rye et maître Thibaut Hocie[3]. Ces personnages obtinrent du roi de Castille un traité qui fut rédigé au camp devant Tolède, le 20 novembre suivant[4], et dans lequel celui-ci, tant en son nom personnel qu'au nom de son héritier, jurait au souverain français une amitié sincère, promettait de ne jamais prêter aide à ses ennemis, s'engageait à considérer comme siennes les guerres de son allié et à le secourir quand il en serait requis ; il ne pouvait conclure un traité ou une trêve sans son consentement. Au cas où, l'année suivante, Charles V reprendrait les hostilités contre les Anglais et armerait dix galées, le roi de Castille s'engageait à équiper vingt nefs. Les amiraux des deux nations jureront d'agir au mieux des intérêts des princes ; quand ils navigueront de conserve, les prises seront partagées en deux parts. S'il

---

1. Archives nationales, J. 1036, n° 26 et *Crónica*, p. 576.
2. *Crónica*, pp. 577 et infra.
3. L. Delisle, *Mandements de Charles V*, n°s 457 et 458, p. 229 ; Archives nationales, J. 603, n° 59.
4. Dumont, *op. cit.*, t. II, part. I, p. 68.

arrive que Pierre ou un prince du sang soit fait prisonnier, son sort sera déterminé par un accord spécial à intervenir entre les deux rois. Quand les flottes vogueront séparément, chacunes d'elles conservera ses prises, mais toutes les villes et châteaux forts enlevés aux Anglais appartiendront au roi de France. Le 6 avril 1369, Charles V approuva le traité élaboré par ses mandataires, jura de l'observer sous peine de 100,000 marcs d'or[1]. Le 20 novembre 1368, Henri remettait à l'arbitrage de son allié la décision des différends qui s'étaient élevés entre lui et le roi d'Aragon[2].

Pendant ces négociations, Charles V intervenait plus efficacement encore en renvoyant en Espagne son connétable à peine sorti de captivité. Le 14 mars 1369, Pierre Ier, vaincu, s'enfermait au château de Montiel. Il en sortait quelques jours après, et ayant rencontré son frère, il trouva la mort dans un combat corps à corps. Le comte de Trastamara était désormais seul roi de Castille.

1. Archives nationales, J. 603, n° 59 *bis*, pièce just. n° 31.
2. Dumont, *op. cit.*, t. II, part. I, p. 67.

CHAPITRE III

HENRI II
(1369-1379)

La victoire du comte de Trastamara était un succès pour la France : Charles V ne s'était pas borné à donner un asile au prince exilé, il lui avait fourni les moyens de préparer les expéditions à la suite desquelles il était devenu roi, et il lui avait prêté ses meilleurs hommes de guerre. Il avait ainsi combattu les Anglais sur un nouveau terrain et les avait vaincus. En effet, comme nous l'avons dit, l'amitié franco-castillane renouvelée au début du règne de Pierre Ier, après être tombée dans l'oubli, avait fait place à une hostilité déclarée. A deux reprises, le prétendant avait été soutenu par la France, tandis que le souverain légitime s'appuyait sur l'Angleterre. Pierre ayant disparu, il était naturel que Charles V recueillît les fruits de sa politique et que la France reprît la première place dans les alliances de la Castille. C'est ce qui arriva : Henri, une fois roi, n'oublia pas les services rendus à sa cause, et on peut dire qu'il ne négligea point de les payer de retour. C'est sous son règne que les bénéfices de l'accord furent le plus abondants pour la France, surtout à cause des secours maritimes prêtés dans la guerre contre Édouard III, et grâce auxquels il fut possible de lutter victorieusement contre ce redoutable adversaire.

Nous avons vu, dans le chapitre précédent, que le traité signé devant Tolède, avant même que Henri fût le maître incontesté, unissait étroitement les deux souverains ; nous allons constater que leur bonne entente dura jusqu'à la mort. Et d'abord, il importait que les obligations des deux alliés fussent exactement définies : or, l'instrument rédigé le 20 novembre 1368 contenait quelques articles obscurs ou insuffisamment précis. Le 8 juin 1369, sur la demande de deux envoyés français [1], on publia une addition au traité primitif, où les points douteux étaient éclaircis. Il était stipulé, entre autres choses, que toute guerre annoncée officiellement au roi de Castille serait publiée dans ses états dans un délai de dix jours ; de plus, les galées ou les nefs que ce prince fournirait à Charles V feraient campagne aussi longtemps que les vaisseaux français, et Henri II en supporterait les frais.

Peu de temps après la mort de Pierre, le nouveau souverain apprit que le roi Pierre de Portugal, revendiquant la possession de la Castille, en qualité d'arrière-petit-fils de Sanche IV [2], était entré en armes sur le territoire galicien. Henri, accompagné de Bertrand Duguesclin et des autres Bretons qui étaient à son service, marcha contre son adversaire qui, sans l'attendre, se rembarqua à La Corogne et retourna dans ses états. Le roi de Castille pénétra à son tour sur les terres portugaises, et après une guerre qui dura toute l'année 1370, deux légats du Pape réussirent, dans le courant de 1371, à rétablir la paix [3]. Le roi de France ne fut pas oublié dans ce traité : Henri II envoya D. Juan, évêque de Badajoz, son grand chancelier, D. Juan Fernandez, « camarero » de son fils, et son amiral Boccanera informer le Saint-Père que la paix était faite. Les ambassadeurs se rendirent ensuite auprès de Charles V: Grégoire XI les lui recommanda, le 13 juin 1371 [4], et ajouta que Henri n'avait consenti à traiter qu'à la condition que le roi de France fût compris dans l'alliance qu'il nouait avec le Portugal... « et eciam qualiter idem rex Castelle domum tuam Francie a Domino benedictam sicut se ipsum in pace et concordia hujusmodi inclusit et cum rege Portugalie confederavit, nolens aliter concordiam facere.... » Nous ne possédons

---

1. Dumont, *op. cit.*, t. II, part. I, p. 74. L'un des envoyés français, Jean de Berguettes, capitaine du château de Vatteville, est un personnage connu (V. Delisle, *Mandements de Charles V*), l'autre était Jean de Kaeranbarz « hostiarius armorum ». (Arch. nat. J. 603, n° 61.)
2. *Crónica de D. Enrique Segundo* dans *Crónicas de los Reyes de Castilla*, éd. cit., t. II, p. 3, col. 1. Pierre I, roi de Portugal, avait pour mère Dª Beatriz, fille de Sanche IV de Castille.
3. *Ibidem*, p. 10.
4. Reg. Vat. 263, fol. LXI r°, pièce just. n° 32.

pas le texte de ce traité, et nous ne pouvons dire quels étaient les articles qui concernaient la France. La guerre recommença, d'ailleurs, bientôt après entre la Castille et le Portugal, mais, en 1373, la concorde fut rétablie, et, dans le nouvel instrument, Henri fit insérer une clause importante en faveur de notre pays : le roi Ferdinand s'engageait à joindre cinq galères à la flotte castillane, toutes les fois que le roi d'Espagne enverrait ses vaisseaux au secours de Charles V[1].

Cependant un danger nouveau menaça la nouvelle dynastie et contribua encore à rendre plus intime son alliance avec la France. Pierre Ier avait eu de son union avec la Padilla deux filles qu'il avait emmenées avec lui, lorsqu'en 1366 il cherchait un refuge sur les terres anglaises ; depuis cette époque, ces princesses étaient demeurées à la cour d'Angleterre. On apprit, en 1372, que l'une d'elles, D[a] Constanza, épousait Jean de Gand, duc de Lancastre, et que la cadette était fiancée à Edmond, comte de Cambridge. Le premier semblait disposé à revendiquer les droits de sa femme au trône de Castille ; Édouard III appuyait ouvertement ses prétentions et lui donnait dans les actes publics le titre de roi de Castille et de Léon[2]. Henri II vit aussitôt le péril : il résolut, après avoir délibéré, d'informer son allié Charles V de l'orage qui se préparait, et de demander de nouveau l'assurance qu'il serait soutenu, le cas échéant. Il envoya donc en France « sages hommes et les plus autentis de son royaume. » Ceux-ci furent très bien accueillis par le roi et tinrent avec ses conseillers de nombreuses conférences. Les alliances qui unissaient les deux princes furent confirmées « et jura adont li rois de France solennellement en parole de Roy que il aideroit et conforteroit le Roy de Castille en tous besoings et ne feroit pais ne acord aucunement au Roy d'Engleterre qu'il ne fust mis dedens[3] ». Froissart nous apprend que Duguesclin « qui moult amoit le roi Henri » contribua beaucoup à ce résultat. Les envoyés de Castille se retirèrent et trouvèrent leur maître à Léon ; ils lui rendirent compte de leur mission et lui rapportèrent les promesses formelles de Charles V. Le roi « fu moult liés de leur revenue et de

---

1. *Crónica*, éd. cit., p. 16, col. 2.
2. Rymer, éd. cit., t. III, part. II, pp. 198, 199, 201.
3. Froissart, éd. Luce, t. VIII, pp. 30 et 31.

ce qu'il avoient si bien exploitié. Et se tint parmi ses aliances plus asségurés et confortés que devant »[1].

Nous avons signalé plus haut, à propos de la paix avec le Portugal, la venue en France d'ambassadeurs castillans au nombre desquels était l'amiral Boccanera. D'autre part, nous savons qu'un chevalier, Macé de Fresnes, délégué par Charles V, le 10 août 1371, se rendit en Espagne[2], et il est permis de supposer que ces négociations se rattachent à une demande de secours maritimes contre l'Angleterre. Henri II, fidèle à sa promesse, et d'ailleurs menacé lui-même par le duc de Lancastre, mit au service de son allié dix grosses nefs et treize barges bien équipées sous le commandement de son amiral, de Cabeza de Vaca et de Ruy Diaz de Rojas[3]. Cette force navale était destinée à empêcher le comte de Pembroke de débarquer à La Rochelle. Un furieux combat s'engagea entre les Anglais et les Espagnols, la veille de la saint Jean-Baptiste (23 juin 1372). Après une lutte de deux jours, la flotte anglaise fut presque entièrement détruite ; beaucoup de seigneurs, parmi lesquels le comte de Pembroke, furent faits prisonniers. C'était pour la cause française une victoire considérable qui allait hâter la reprise de La Rochelle. Le roi de Castille était à Burgos, quand il apprit cette bonne nouvelle qui lui causa une grande satisfaction[4]. Charles V, encouragé par le succès, voulut profiter de cet avantage et tourner tous ses efforts sur la Saintonge et le Poitou : il chargea un Gallois entré à son service, Owen de Galles, d'aller immédiatement solliciter Henri de continuer à l'appuyer sur mer, afin d'achever l'œuvre commencée[5]. Owen débarqua à Santander et attendit dans ce port l'arrivée de la flotte victorieuse qui, retenue par des vents contraires, n'avait point encore rallié les côtes de Biscaye. Elle arriva enfin, amenant captifs soixante chevaliers aux éperons d'or et un butin considérable. Le roi, accueillant favorablement la demande de son allié, ordonna à Ruy Diaz de Rojas de partir de nouveau avec quarante grosses nefs, huit galées et treize barges

---

1. Froissart, éd. cit., t. VIII, p. 31.
2. L. Delisle, *Mandements de Charles V*, p. 411, n° 803.
3. Froissart, éd. cit., t. VIII, p. 37.
4. *Crónica*, éd. cit., p. 12, col. 2.
5. Froissart, éd. cit., t. VIII, p. 46 et 47.

« toutes frettées et appareilliés et cargiés de gens d'armes »,
et d'aller avec Owen de Galles seconder les opérations militaires du roi de France.

Le captal de Buch fut fait prisonnier, et la ville de La Rochelle, que les Anglais ne purent secourir à temps, tomba aux mains des Français : tels furent les résultats de cette nouvelle campagne. L'amiral de Castille, après avoir reçu les gages qui lui étaient dus, fit voile pour l'Espagne[1]. Le 27 septembre, Henri II, dans une lettre adressée aux habitants de la ville de Murcie, leur annonçait les succès que les armes françaises et castillanes venaient de remporter : « asi que, loado Dio, todos los fechos de aquellas partidas han sucedido bien conforme podiamos desear nos é el Rey de Francia nuestro hermano[2] ».

Il était bien naturel que le roi d'Angleterre cherchât à rompre l'alliance qui venait de lui causer de si graves préjudices. Il se servit pour cela de l'intermédiaire du roi de Navarre : dans le courant de 1373, Charles le Mauvais vint à Madrid, chargé de propositions d'Edouard III et du prince de Galles. On offrait à Henri l'amitié de l'Angleterre, on promettait de n'aider en aucune façon les filles de Pierre Ier, le duc de Lancastre renoncerait à ses prétentions, mais on posait cette condition que l'alliance française serait abandonnée et que la Castille cesserait de fournir des vaisseaux à Charles V. Le roi ne voulut point manquer à sa parole, et il refusa nettement de se séparer du prince qui l'avait autrefois secouru ; il répondit que «... en ninguna manera del mundo non se partiria de la liga de Francia[3] ...» Et en effet, nous constatons que, dans cette même année, aussitôt après la conclusion de la paix avec le Portugal, Henri envoya son amiral Ferrand Sanchez de Tovar avec quinze galères pour secourir son allié[4]. Signalons encore en 1374 l'envoi d'une flotte considérable commandée par cet amiral[5].

---

1. *Crónica*, éd. cit., pp. 13 et 14, et Froissart, éd. cit., t. VIII, p. 64 et infra.
2. Lettre citée dans la *Crónica* (éd. cit., p. 13, note 3), d'après Cascales : *Discursos historicos de la muy noble y muy real ciudad de Murcia*. Murcie, 1642, in-fol.
3. *Crónica*, éd. cit., p. 18, col. 1.
4. *Ibidem*, p. 21, col. 2.
5. *Ibidem*, p. 24, col. 1 et 25, col. 2.

Le duc de Lancastre, vers la fin de juillet 1373, avait débarqué à Calais avec une armée importante ; il avait traversé une grande partie de la France, l'Artois, la Champagne, la Bourgogne, le Forez, l'Auvergne, et s'était dirigé sur Bordeaux. Charles V, fidèle à une tactique qui avait déjà réussi, s'était tenu partout sur la défensive ; ses troupes, évitant d'engager le combat, s'étaient bornées à harceler un ennemi que la désertion et les maladies avaient d'ailleurs décimé à tel point que six mille chevaux à peine arrivèrent en Guyenne. Cependant, le roi de Castile ne voyait pas sans inquiétude son compétiteur se rapprocher de l'Espagne. Aussi, au début de 1374, quittant l'Andalousie, avait-il rassemblé à Bañares cinq mille lances, douze cents cavaliers armés à la légère et cinq mille fantassins. Il apprit bientôt le désastre de l'expédition anglaise, et il reçut en même temps des messagers du duc d'Anjou, lieutenant de Charles V en Languedoc, l'invitant à profiter de l'occasion pour prendre l'offensive.[1] Il lui proposait de porter l'effort commun contre Bayonne. Henri II accéda d'autant plus volontiers à la demande de Louis d'Anjou, que les habitants de cette ville, sujets de l'Angleterre, causaient le plus grand dommage aux gens de Biscaye et de Guipuzcoa. Les troupes castillanes s'acheminèrent aussitôt vers le nord sous le commandement du roi. Mais, dans le pays difficile et montagneux qu'elle devait traverser, l'armée eut beaucoup à souffrir : les hommes et les bêtes perdant pied, roulaient dans les précipices ; les vivres manquaient, car la route suivie par les convois était fréquemment coupée par les inondations. Enfin, après bien des pertes, on arriva près de Bayonne ; huit galées venues de Séville parurent devant le port afin de le bloquer. Les forces espagnoles étaient alors si réduites qu'on ne pouvait engager les opérations du siège sans le secours du duc d'Anjou, et ce prince ne venait pas. Impatient, Henri envoya à Toulouse, résidence de Louis, son « camarero mayor », D. Pero Ferrandez de Velasco, et un de ses conseillers, D. Juan Ramirez de Arellano, chevalier. Ces personnages informèrent le frère de Charles V que leur maître était arrivé devant Bayonne à l'époque convenue ; ils lui exposèrent les difficultés que

---

1. *Crónica*, éd. cit., p. 22 et 23. Bañares, prov. Logroño, dist. jud. de S. Domingo de la Calzada.

l'armée avait eues à surmonter, et la situation précaire où elle se trouvait par suite du manque de vivres ; ils lui demandèrent enfin quels étaient ses projets. Le duc s'excusa beaucoup de n'être pas venu au rendez-vous assigné, mais il assiégeait la ville de Montauban, et on disait que les Anglais se disposaient à secourir la place ; il ne pouvait donc s'éloigner. Quand les messagers eurent rapporté cette réponse qui enlevait toute espérance de recevoir les renforts promis, Henri II, voyant que, réduit à ses seules forces, il n'obtiendrait aucun résultat, leva aussitôt le siège de Bayonne, ramena son armée en Castille et la licencia[1].

Si l'expédition contre Bayonne avait échoué, les Français avaient en revanche remporté dans la Guyenne des succès nombreux et les Anglais étaient disposés à accepter une suspension d'armes.

En 1375, Henri se trouvait à Séville, lorsqu'il reçut une lettre de Charles V l'informant que des trêves avec l'Angleterre allaient être négociées à Bruges, et l'invitant à se faire représenter aux conférences qui devaient y être tenues. D. Pero Ferrandez de Velasco, « camarero mayor », et D. Alfonso Barrosa, évêque de Salamanque, furent désignés comme commissaires. Ils s'embarquèrent au port de Bermeo en Biscaye avec l'intention d'aborder à La Rochelle, sur une flottille composée de trois nefs armées[2]. A l'embouchure de la Gironde, ils aperçurent deux navires qui se dirigeaient de leur côté. Pensant qu'on se disposait à les attaquer, les Espagnols prirent brusquement l'offensive et se lancèrent sur les vaisseaux ennemis qui étaient sous les ordres du sire de Lesparre : celui-ci, voyant le mouvement des Castillans, leur fit crier qu'il y avait trêve entre la France, ses alliés et l'Angleterre, et qu'il n'avait à leur égard aucune intention hostile. D. Pero Ferrandez persistait à croire que les Anglais avaient voulu engager le combat, et, sans plus discuter, il s'empara des nefs du sire de Lesparre. Fiers de leur capture, les ambassadeurs ajournèrent l'accomplissement de leur

---

1. *Crónica*, éd. cit., p. 23, col. 1 et 2. L'Histoire du Languedoc ne mentionne pas le siège de Montauban, mais seulement une expédition entre août et octobre, qui fut marquée par la prise de La Réole. Cf. *Histoire générale du Languedoc*, nouvelle édition, t. IX, pp. 842-844.
2. *Crónica*, éd. cit., p. 28, col. 2. Bermeo, prov. Biscaye, dist. jud. de Guernica.

mission et revinrent en Espagne avec leurs prisonniers. C'est seulement deux mois après[1], que le « camarero mayor » et l'évêque de Salamanque quittèrent de nouveau la Castille sur l'ordre de leur maître et se rendirent en France, prenant cette fois la voie de terre et traversant l'Aragon. Arrivés à Paris, ils y trouvèrent les ducs d'Anjou et de Bourgogne déjà revenus de Flandre, après avoir conclu, le 27 juin 1375[2] une trêve d'un an avec l'Angleterre. Venus trop tard pour participer aux conférences, les envoyés de Castille se bornèrent sans doute à prendre connaissance du traité et à le contresigner en vertu de leurs pouvoirs.

Nous devons ajouter que, de part et d'autre, les trêves étaient mal observées : des vaisseaux castillans furent attaqués et pillés par des Anglais. Les Espagnols, pour se venger, réunirent quatre-vingts navires qui, en août 1375, trouvèrent quatre-vingt-quatre nefs ennemies se dirigeant vers la « baée au sel de Poitou. » Ils se jetèrent sur leurs adversaires, en tuèrent un grand nombre et s'emparèrent de leur flotte. « Les Anglais crioient : nous avons trevez ; et les Espaignols leur disoient : vous avez pillié et desrobé noz gens en trevez, vous les avez enfraintes »[3].

Dans le courant de 1375, le duc Louis de Bourbon vint en Castille ; ce voyage, qui n'eut d'ailleurs aucune importance politique, est raconté avec un grand luxe de détails pittoresques par Cabaret d'Orville[4]. D'après ce chroniqueur, le prince aurait été appelé par Henri II, afin de l'aider dans une

1. *Crónica*, éd. cit., p. 29, col. 1.
2. Dumont, *op. cit.*, t. II, part. I, p. 104.
3. *Chronique des quatre premiers Valois*, éd. Luce, p. 255. Les communes d'Angleterre se plaignirent de cette infraction à la trêve, au Parlement tenu à Westminster, le lundi après la fête de Saint-Georges 1376 : « ... par vertu de quels trieves, les meistres desditz niefs ovesques lour niefs passeront al Bay pur ceyl illoeques chargere pur le roialme viteller. Et esteants meismes les niefs al Bay desceivez de prendre lour charge, vindront les gayles de Spayn le disme jour d'august suisdit et mesmes les suisditz niefs pristeront et ascuns niefs arderont et les meistres de les ditz niefs et maryners occieront : issint que les suisditz niefs ovesqes ses biens et chateux sont pris et arcez et destrutz, dont mesmes ligez sount tres grandement endamagez et defaitz s'il ne soit par eide de Vostre tres graciouse poier real... — Le Roi ad fait et encores il ferra au mieltz q'il poet pur restitution et redressement avoir ». (*Rolls of Parliament*, II, p. 346 b.)
4. *Chronique du bon Duc Loys de Bourbon*, éd. Chazaud, 1876, pp. 105-112.

expédition qu'il méditait contre les Sarrasins de Grenade. Le duc serait parti, malgré l'opposition de Charles V, aurait traversé l'Aragon et assisté aux noces de l'infant D. Martin avec la comtesse de Luna. Le roi de Castille l'aurait reçu avec les plus grands honneurs et, après lui avoir offert dans les environs de Ségovie les plaisirs d'une chasse à l'ours, il lui aurait montré dans le château, les enfants de Pierre le Cruel, enfermés dans une cage. « Et dict le roi Henri au duc de Bourbon : Véez là les enfants de celluy qui fist mourir votre seur, et si vous les volez faire mourir, je vous les deslivrerai. — A ceste parolle respondit le duc de Bourbon tout court : je ne seroie voulentiers consentant de leur mort, car de la male voulenté de leur père, ils n'en peuvent mais »[1]. Les deux princes seraient revenus à Burgos, et on aurait appris à ce moment que le roi de Portugal déclarait la guerre à la Castille : l'expédition contre les Maures étant par le fait même ajournée, le duc, malgré les instances de son hôte, aurait repris le chemin de son pays, après avoir accompli un pèlerinage au tombeau de saint Jacques de Compostelle. Il est impossible d'accepter tout le récit de Cabaret d'Orville, et, si nous le rapprochons de la chronique de Henri II, nous ne trouvons aucune mention d'un projet contre le royaume de Grenade, ni traces d'hostilités de la part du roi de Portugal[2]. Il est permis de penser que le voyage de Louis de Bourbon n'avait d'autre but que la visite du sanctuaire, si vénéré au moyen âge, du patron de l'Espagne ; en sa qualité de parent du roi de France, il fut bien accueilli par le prince castillan qui lui prodigua de riches cadeaux, « or, argent, vaissellement », mais il n'accepta, dit le chroniqueur, que des chiens nommés « allans », des cuirs ornés de figures, des tapis « vellutés » et six beaux genets ; chacun des chevaliers qui l'avaient accompagné fut gratifié d'un genet et décoré de l'ordre de la Bande. Le duc promit à son hôte d'user de son influence pour amener un accord entre Charles V et le roi de Navarre qui venait d'épouser la sœur du souverain espagnol.

La trêve conclue pour un an, en 1375, avait été renouvelée

---

1. *Chronique du bon duc Loys de Bourbon*, éd. cit., p. 110.
2. *Crónica*, éd. cit., p. 29, col. 1.

pour un temps égal : elle expirait en 1377. Charles V voulut sans doute se concerter avec son allié afin de reprendre la lutte, et c'est probablement pour cette raison qu'il envoya des messagers au roi de Castille, à une époque qui n'est pas fixée avec précision par la chronique, et que Henri II à son tour délégua des ambassadeurs auprès du roi de France[1]. Et, en effet, le 24 juin, trois jours seulement après la mort d'Edouard III, une flotte, commandée par Jean de Vienne et D. Ferrand Sanchez de Tovar, partit et dévasta pendant plus de deux mois les côtes anglaises, ravageant notamment l'île de Wight[2].

Charles V découvrait cependant une trame ourdie par le roi de Navarre pour livrer à l'Angleterre la place de Cherbourg. Sans perdre de temps, il fit saisir les possessions normandes de ce prince ; en 1378, il informa le roi de Castille des menées de Charles le Mauvais et le pria de l'aider dans la guerre qu'il entreprenait. Henri II, fidèle à son alliance avec la France, et ayant appris d'ailleurs que le roi de Navarre avait voulu lui enlever la ville de Logroño, prescrivit à l'infant D. Juan, son fils, de marcher contre l'ennemi commun[3] ; une première campagne eut lieu en 1378[4]. Les opérations militaires, interrompues pendant l'hiver, allaient recommencer au printemps suivant, lorsque le Navarrais demanda la paix au roi de Castille. Celui-ci consentit à une réconciliation, mais réserva expressément l'intégrité de son alliance avec la France. La concorde fut rétablie et les deux souverains eurent une entrevue à Santo Domingo de la Calzada[5]. C'est dans cette ville que Henri mourut peu de temps après, le 29 mai 1379, à l'âge de 46 ans[6].

Il n'avait cessé, comme on a pu le voir par les quelques pages qui précèdent, d'être pour le roi de France un allié dévoué, et on peut dire qu'il avait acquitté largement sa

---

1. *Crónica*, éd. cit., p. 32, col. 1.
2. Terrier de Loray, *Jean de Vienne, amiral de France*, (Paris, 1877, in-8°, ch. v, pp. 102-117). — *Ibidem*, pp. 125-127, le récit d'une victoire des flottes alliées sur les Anglais, en 1378.
3. *Crónica*, éd. cit., p. 33, col. 1 et 2.
4. *Ibidem*, p. 34, col. 1.
5. *Ibidem*, p. 36, col. 1 et 2, 37, col. 1 et 2. Santo Domingo de la Calzada, prov. de Logroño.
6. *Ibidem*, p. 37, col. 2.

dette envers Charles V. C'est sous son règne que l'action de la Castille se fit le plus fortement sentir dans la guerre contre l'Angleterre. C'est pendant qu'il vécut que les relations furent les plus suivies et les plus cordiales entre les deux couronnes : d'une part, les services rendus par la France au comte de Trastamara étaient encore bien présents à sa mémoire, et, d'autre part, un danger commun qu'avaient fait naître les prétentions du duc de Lancastre au trône de Castille avaient contribué à resserrer cette union.

CHAPITRE IV

JEAN Ier

(1379-1390)

Le chroniqueur D. Pedro Lopez de Ayala, contemporain des faits qu'il rapporte, nous apprend que Henri II, à son lit de mort, pria D. Juan Garcia Manrique, évêque de Sigüenza, grand chancelier, et ceux qui l'entouraient de recommander à son fils Jean qui allait lui succéder : en premier lieu, de se conduire avec prudence dans la question du schisme qui déchirait l'Église, en second lieu, de rester toujours l'ami de la maison de France dont lui-même avait reçu tant de secours[1]. Déjà, dans son testament, rédigé à Burgos, le 29 mai 1374, il avait fait au jeune prince la même prescription en ce qui concernait l'alliance française : « Otrosi mandamos al dicho Infante que guarde é tenga firmemente la paz é el buen amor que es puesto entre nos é el Rey de Francia é el Duque Dangeos su hermano; é esto mismo que la guarda a su fijo heredero de la Casa de Francia bien y verdaderamente, segund que mejor é mas complidamente se contiene en los tratos é posturas que en ·uno avemos[2] ». Le nouveau roi n'eut garde d'abandonner une politique qui avait été si fructueuse pour les deux couronnes du vivant de son père, et il donna sans tarder une preuve manifeste de l'intention où il était de marcher d'accord avec la France. Il envoya en effet à Charles V des messagers chargés d'annoncer la mort de Henri II et de renouveler les traités qui scellaient l'amitié franco-castillane[3]. Avant le décès du roi, une flotte composée

---

1. *Crónica de D. Enrique II*, éd. cit., p. 37, col. 2.
2. Testamento de D. Enrique Segundo, imprimé dans les *Crónicas de los Reyes de Castilla*, éd. cit., t. II, p. 42, col. 1 et 2.
3. *Crónica de D. Juan primero* (*Crónicas de los Reyes de Castilla*), éd. cit., t. II, p. 67, col. 2.

de huit galées à laquelle cinq galées portugaises s'étaient jointes en exécution des conventions faites avec Ferdinand en 1373 (voir plus haut), était armée dans le port de Santander, et n'attendait qu'un ordre pour se porter au secours de la France. A l'annonce de la mort de Henri II, le roi de Portugal crut l'occasion favorable pour se soustraire à l'obligation qui lui avait été imposée de fournir un contingent de vaisseaux contre l'Angleterre, et il rappela ses galées. L'amiral qui commandait la flotte prévint aussitôt Jean Ier qui lui prescrivit de partir quand même avec les vaisseaux espagnols. L'expédition avait pour but, cette fois, d'agir contre la Bretagne dont le duc, Jean de Montfort, était l'allié des Anglais[1].

En vertu d'un pouvoir donné par le roi, le 26 octobre 1379, à Burgos, deux ambassadeurs castillans, Pedro Lopez de Ayala[2] et Juan Alfonso, docteur ès lois, vinrent à Paris : abouchés avec un certain nombre de conseillers de Charles V, ils rédigèrent, le 4 février 1380, une convention destinée à préparer une nouvelle expédition contre les Anglais[3]. On décidait que vingt galées d'Espagne se rendraient le plus tôt possible à La Rochelle : là, des gens du roi de France donneraient des ordres précis sur ce qui devrait être fait. On projetait de porter dommage à l'Angleterre par tous les moyens possibles, et en particulier d'attaquer les îles de Jersey et Guernesey. Le roi de Castille se chargeait d'équiper convenablement ces navires montés chacun par dix hommes

---

1. V. Terrier de Loray, *op. cit.*, pp. 134 et 135.
2. D. Pedro Lopez de Ayala était fils de Fernan Perez de Ayala, adelantado de Murcie, client de D. Juan Alfonso de Alburquerque. Pedro Lopez fut d'abord page de Pierre Ier qu'il servit jusqu'en 1366. Il s'attacha ensuite à la fortune du comte de Trastamara et de ses successeurs. Il fut fait prisonnier deux fois à Najera et à Aljubarrota, devint, sous Jean Ier, alferez mayor, sous Henri III, grand chancelier de Castille ; il remplit en France diverses missions diplomatiques comme on le verra dans les pages qui suivent. C'était un des hommes les plus instruits de l'Espagne au XIVe siècle : il traduisit divers auteurs latins et composa un traité de chasse. Il écrivit en outre, et c'est la partie la plus intéressante et la plus considérable de son œuvre, la chronique des règnes de Pierre Ier, de Henri II, de Jean Ier et peut-être de Henri III. Il mourut à Calahorra en 1407 à l'âge de 75 ans. (Cf. Fernan Perez de Guzman, *Generaciones y semblanzas*, imprimée dans les Crónicas de los Reyes de Castilla, éd. cit., t. II, p. 703 ; et Mérimée, *op. cit.*, pp. 2 et 3).
3. Arch. nat., P. 2295, p. 625, imprimé par Terrier de Loray, *op. cit.*, pièce just. n° 67, p. LIII.

d'armes, trente arbalétriers, cent quatre-vingts marins, trois « comistres », six noguiers et un patron. La solde était fixée à douze cents francs par mois pour chaque galée, les frais étant partagés par moitié entre les deux souverains. Au 1ᵉʳ mars, un délégué recevrait le montant de la quote-part afférente au roi de France, c'est-à-dire vingt-quatre mille francs pour deux mois. Le service devait être compté à partir du jour où la flotte quitterait la Castille ; le prix des deux mois suivants serait payé à Harfleur. D'après l'habitude consacrée, on diviserait les prises par moitié. Dans cet accord les détails matériels n'étaient pas oubliés : on préparera « bannières, pannons et autres enseignemens de guerre, desquels sera la moityé des armes du Roy de France et l'autre moityé des armes du Roy de Castille, par telle manière qu'es dix des dites galées seront les bannières du Roy de France en pouppe et celles du Roy de Castille en proue, et es autres dix galées seront les bannières, pannons et enseignemens du Roy de Castille en pouppe, et celles du Roy de France en proue ».

Jean Iᵉʳ, après avoir rendu à son père les derniers honneurs dans la cathédrale de Tolède, alla à Séville dans le courant de l'année 1380[1], et surveilla lui-même l'armement de la flotte dont Ferrand Sanchez de Tovar devait prendre le commandement. C'est cette expédition maritime qui, ravageant sur son passage Winchelsea, Portsmouth et Hastings, pénétra dans la Tamise, incendia Gravesend et porta la terreur jusqu'à Londres[2].

Cette année même, des messagers vinrent de la part de Charles V, auprès de Jean Iᵉʳ, apportant sans doute le texte des alliances renouvelées, comme nous l'avons dit plus haut, dès le début du règne. Ils étaient accompagnés de prélats et de docteurs chargés de conférer, au sujet du schisme qui déchirait l'Église, avec le roi de Castille, qui déclara son intention de ne point se séparer sur ce point de son allié et de reconnaître Clément VII comme pape légitime[3]. Bientôt on

---

1. *Crónica*, éd. cit., p. 68.
2. Terrier de Loray, *op. cit.*, pp. 150 et 151.
3. *Crónica*, éd. cit., p. 68, col. 1. Il y avait eu déjà des négociations engagées entre Charles V et Henri II à propos du schisme (V. *Crónica de D. Enrique II*, éd. cit., pp. 35 et 36). Nous nous sommes abstenu d'en parler, et nous ne les mentionnerons pas dans la suite

apprit que le roi de France était mort le 20 septembre 1380, et que son fils Charles VI lui avait succédé[1]. Le décès d'un prince qui avait été pour la Castille, et en particulier pour la dynastie régnante un allié constant, causa à Jean Ier un vif chagrin ; il se rendit à Medina del Campo et y fit célébrer un service funèbre pour le repos de l'âme du défunt en présence de toute sa cour, des prélats et théologiens français qui se trouvaient alors dans son royaume.

Il fallait maintenant, suivant l'usage, procéder avec le jeune souverain à un renouvellement du traité d'amitié et de confédération qui unissait les deux pays. De Medina del Campo, le 18 décembre 1380, Jean désigna deux plénipotentiaires chargés de se rendre à Paris : c'étaient D. Pedro Lopez de Ayala, « alferez » du roi, et D. Alfonso de Algana, docteur ès lois, doyen de l'église de Burgos. Arrivés en France, ces deux personnages furent abouchés par Charles VI ou plutôt par le conseil de régence qui gouvernait en son nom, avec Jean, sire de Foleville, maître Robert Cordelier et maître Thibaut Hocie, secrétaire. Le 22 avril 1381, à Vincennes, les plénipotentiaires français et castillans rédigèrent un instrument où les alliances entre les deux rois et leurs successeurs étaient renouvelées dans une forme identique à celles qui unissaient, depuis 1368, Henri II et Charles V. On s'était borné à modifier le texte pour le mettre d'accord avec la situation actuelle : c'est ainsi que l'article, qui prévoyait le cas où Pierre le Cruel serait fait prisonnier, était biffé et remplacé par un autre où il était question du duc de Lancastre « qui nunc se regem Castelle nominat » ; s'il était pris, il serait mis à la merci de Jean Ier. La confirmation du roi de Castille et le serment qu'il prêta à Ségovie d'observer les clauses de l'alliance sont seulement du 23 novembre 1386[2]. Il y eut, comme on peut le voir, entre la mission de Pedro Lopez de Ayala et l'acceptation définitive du traité par son maître, un délai assez long qui eut sans doute pour cause les événements de Portugal, mais pendant lequel la bonne harmonie qui régnait entre les deux couronnes ne fut en rien troublée.

---

de ce travail, car l'action du roi de France sur son allié a été mise en pleine lumière dans l'ouvrage de M. Noël Valois, *La France et le grand schisme d'Occident*, 2 vol. in-8°, Paris, 1896.

1. *Crónica*, p. 69, col. 1.
2. Arch. nat., J. 603, n° 62 bis.

En effet, nous constatons qu'en 1382, la flotte castillane prêta son concours contre l'Angleterre. Les ennemis occupaient une île voisine de La Rochelle : bloqués par les Espagnols, la famine les força à capituler. La garnison eut la vie sauve et la liberté : on lui imposa comme seule condition de s'abstenir pendant trois ans de porter les armes contre la France. Le Religieux de Saint-Denis qui rapporte cet épisode s'indigne de la mansuétude du roi de Castille : parmi ces Anglais, dit-il, étaient les plus nobles du royaume, et s'ils eussent été gardés prisonniers, on se fût trouvé dans des conditions beaucoup plus avantageuses pour traiter avec l'Angleterre d'une paix définitive[1].

En 1385, deux chevaliers et un docteur dont les noms ne nous sont point parvenus, vinrent à Séville de la part de Charles VI auprès de Jean Ier. Ils l'informèrent qu'une importante expédition se préparait contre l'Angleterre, et le prièrent au nom de leur maître d'y prendre part en fournissant un secours maritime[2]. Mais le moment était peu favorable, car le roi de Castille qui, en 1383, avait épousé en secondes noces D^a Beatriz, fille de Ferdinand, faisait valoir après la mort de son beau-père les droits de sa femme, et avait pris déjà le titre de roi de Portugal. Son compétiteur était D. Juan, grand-maître de l'Ordre d'Avis, fils naturel de Pierre Ier. Le souverain castillan s'excusa de ne pouvoir agir en faveur de son allié, mais il ajouta qu'il avait foi en Dieu que la conquête du Portugal serait rapide, et qu'alors il viendrait bien volontiers en aide à Charles VI. Les ambassadeurs français le remercièrent au nom de leur maître de ses intentions pour l'avenir. Jean Ier entra en effet, peu de temps après, dans le royaume dont il convoitait la possession; mais il essuya, en 1385, une défaite complète à Aljubarrota. Le chroniqueur raconte[3] qu'un vieux chevalier français, messire Jean de Rye, l'accompagnait dans cette expédition. Les dispositions de la noblesse espagnole se préparant à attaquer les Portugais lui rappelèrent la présomption des Français avant Crécy et Poitiers. Citant au roi ces malheureux exem-

---

1. *Chronique du Religieux de Saint-Denis*, Coll. des documents inédits, t. I, p. 180.
2. *Crónica*, éd. cit., p. 93, col. 2.
3. *Ibidem*, pp. 103, col. 2 et 104, col. 1.

ples, il lui donna le conseil de ranger ses troupes avec méthode et de forcer ses chevaliers à combattre en bon ordre. Jean Ier reconnut la sagesse de ces avis, mais la plupart de ceux qui l'entouraient s'en moquèrent, et les Espagnols, qualifiant cette prudence de couardise, se précipitèrent sur leurs ennemis pêle-mêle et au hasard. On sait quel fut le désastreux résultat de cette journée : non seulement le Portugal était définitivement perdu, mais encore la Castille allait être envahie par le maître d'Avis, soutenu par les Anglais et en particulier par le duc de Lancastre, qui crut l'occasion bonne pour revendiquer de nouveau les droits de sa femme, l'infante D{a} Constanza, fille de Pierre le Cruel.

Dans ce péril, Jean fit appel à son allié le roi de France[1] : il lui envoya aussitôt des messagers chargés de lui apprendre sa défaite et de lui faire connaître que le maître d'Avis, qui se disait roi de Portugal, recherchait l'appui de l'Angleterre. Charles VI avertit les ambassadeurs qu'il allait tenir conseil sur ce qu'il convenait de faire avec ses oncles les ducs de Berry et de Bourgogne, et qu'il leur donnerait réponse sous peu. Il leur exprima toute la peine que lui causait l'échec subi par son allié ; il engageait celui-ci à reprendre courage, à considérer que le sort des batailles était entre les mains de Dieu, que beaucoup de grands princes avaient été vaincus sans être déshonorés pour cela, et que plus tard la victoire leur était revenue. Charles VI promettait d'envoyer des secours en Castille, deux mille lances et cent mille francs d'or. Les messagers de Jean Ier remercièrent le roi de France et revinrent auprès de leur maître.

On désigna, en effet, pour se rendre en Espagne avec mille combattants, Pierre de Villaines et Olivier Duguesclin[2]. L'arrivée de ce renfort causa une grande joie au roi de Castille qui établit ces hommes d'armes dans diverses villes fortifiées. Les nouvelles qu'on recevait de Portugal étaient inquiétantes : on annonçait que le maître d'Avis et le duc de Lancastre allaient envahir la Galice. Les chevaliers français qui étaient à Valladolid auprès de Jean Ier s'efforçaient de le rassurer en lui parlant des armements que l'on faisait en France, de « l'armée de mer qui s'appareille à l'Escluse, si

---

1. *Crónica*, éd. cit., p. 107, col. 2, 108, col. 1 et 2.
2. *Religieux de Saint-Denis*, éd. cit., t. I, p. 440.

grande et si grosse faite pour aller en Angleterre, et mise surtout pour rompre le pourpos du duc de Lancastre [1] ». Néanmoins, ce prince avait débarqué dans la péninsule et s'était joint au roi de Portugal. Avant de combattre, on essaya de traiter : des conférences se tinrent à Orense, dans le courant de 1386. Le roi de Castille avait, suivant la teneur du traité, informé le roi de France de ces pourparlers en le priant d'envoyer des plénipotentiaires. A Amiens, le 11 septembre 1386[2], Charles VI désigna pour le représenter en Espagne Jean, sire de Foleville, maître Robert Cordelier et le secrétaire Thibaut Hocie, archidiacre de Dunois, les mêmes qui avaient négocié le renouvellement des alliances en 1381. Il leur confiait pleins pouvoirs pour accepter en son nom la paix qui serait conclue « pourveu que les traittiez, confédéracions et alliances qui, comme dit est, sont entre nous et nostre dit frère demeurent toujours en leur estat et vertu ». Nous ne savons si ces procureurs arrivèrent à temps pour prendre part aux négociations, qui d'ailleurs furent rompues, car le Portugais et l'Anglais unis envahirent la Castille.

Cependant, en France, on organisait le secours promis à Jean Ier ; mais les difficultés étaient considérables : « or n'y povoit on envoier gens fors a grans coustages ; car le chemin est moult long et se n'y avoit point d'argent au trésor du Roy[3] ». On dut recourir à de nouvelles impositions : « pourquoy une taille fut advisée a faire parmi le roiaulme de France à payer tantost, et disoit-on que c'estoit pour réconforter le Roy de Castille et pour mettre les Anglais hors de son pays[4] ». Le duc Louis de Bourbon, qui connaissait l'Espagne, fut chargé de conduire l'expédition ; mais comme il n'était point prêt à partir sur-le-champ, on résolut d'envoyer sans plus tarder une avant-garde de deux mille hommes d'armes sous le commandement de deux chevaliers, Guillaume de Naillac et Gaucher de Passac. Le 5 février 1387, ils prirent l'engagement de mener en Castille ces deux mille hommes moyennant une somme de cent mille francs payable en trois termes : trente mille francs immédiatement comptés à Paris,

---

1. Froissart, éd. Kervyn de Lettenhove, t. XI, p. 401.
2. Arch. nat., J. 603, n° 64, pièce just. n° 34.
3. Froissart, éd. Kervyn de Lettenhove, t. XII. p. 66.
4. *Ibidem.*

trente mille qu'ils devaient toucher le 20 mars à Lyon, quarante mille qu'ils recevraient à Capestang, le 31 mars[1]. En vertu d'une convention passée avec Pedro Lopez, archidiacre d'Alcaraz, envoyé par Jean Ier, Charles VI avançait à son allié cette somme de cent mille francs ; nous savons que, le 12 mars, trente mille francs avaient été remis aux deux chevaliers ; on avait décidé, en outre, que si le roi de Castille faisait savoir, avant l'échéance des deux autres termes, qu'il n'avait plus besoin de secours, il ne serait débiteur que des termes échus[2]. Une lettre de l'archidiacre, datée de Carcassonne, le 27 avril 1387, nous apprend que Guillaume de Naillac et Gaucher de Passac avaient reçu les cent mille francs et en avaient donné une reconnaissance[3].

Le duc de Lancastre et son allié n'obtinrent en Castille aucun succès décisif ; leur armée, souffrant du manque de vivres et du climat, était décimée. Avec des forces affaiblies, ils ne voulurent pas affronter les troupes françaises dont l'arrivée prochaine était signalée, et, faisant volte-face, ils rentrèrent en Portugal. A ce moment, Jean Ier apprit que le duc de Bourbon venait avec deux mille lances : ce prince avait voyagé avec une extrême lenteur, s'arrêtant à Avignon auprès de Clément VII, traversant Montpellier, Béziers, Narbonne, Perpignan, Barcelone et Valence, séjournant un certain temps dans la plupart de ces villes[4]. Quand il eut rejoint le roi de Castille, qui l'accueillit avec honneur, on tint conseil sur ce qu'il convenait de faire. Les Français et un certain nombre d'Espagnols poussaient Jean Ier à poursuivre l'ennemi dans sa retraite et à envahir le Portugal ; d'autres, plus prudents, représentaient les difficultés qu'éprouverait une armée considérable à trouver sa subsistance dans un pays déjà épuisé ; on faisait remarquer en outre que les auxiliaires étrangers coûtaient très cher au trésor. On résolut donc de terminer là les opérations militaires, de renvoyer les troupes françaises et d'entrer en accommodement avec le duc de Lancastre qui, de son côté, ne demandait qu'à traiter.

---

1. Arch. nat., J. 426, n° 3 (Imprimé par Kervyn de Lettenhove, éd. cit., t. XVIII, p. 569.) Capestang, Hérault, chef-lieu de canton, arrondissement de Béziers.
2. Arch. nat., J. 603, n° 63, pièce just. n° 35.
3. *Ibidem*, J. 916, n° 3.
4. Froissart, éd. Kervyn, t. XII, p. 332 et infra.

Jean Ier [1] réunit en conséquence les compagnies envoyées par Charles VI, les remercia du zèle qu'elles avaient montré pour son service et des souffrances qu'elles avaient endurées pendant un si long voyage ; il ajouta que, grâce à Dieu, les ennemis s'étant éloignés, il n'avait plus besoin d'elles et les pria de s'en retourner ; tout ce qui leur était dû leur serait d'ailleurs payé. Les capitaines français insistèrent, mais sans succès, pour que le roi les employât dans une expédition en Portugal, disant avoir des ordres formels de leur maître pour l'accompagner dans cette guerre. L'archevêque de Compostelle, D. Juan Garcia Manrique, grand chancelier, fut chargé d'aller à Burgos avec les « contadores » pour s'entendre avec les capitaines au sujet de leur solde et de celle de leurs hommes. Les troupes auxiliaires furent payées dans cette ville, mais non intégralement : on leur fit des reconnaissances en bonne forme pour les sommes dont ils demeuraient créanciers ; elles les reçurent plus tard, peu à peu, car des paiements furent effectués encore sous le règne de Henri III, successeur de Jean.

Il y eut alors dans la Péninsule une sorte de trêve entre le roi de Castille et le duc de Lancastre ; des envoyés des deux princes devaient se réunir à Bayonne pour traiter d'un accord définitif. Mais pendant ce temps, entre la France et l'Angleterre, la guerre se poursuivait, et Charles VI demandait encore à son allié des secours maritimes. Par un acte daté de Noyon, le 29 novembre 1387 [2], le roi délègue pour se rendre en Castille l'amiral de France, Jean de Vienne, Jacques de Montmor, chambellan, et maître Guillaume Daunoy, secrétaire, « pour certaines choses touchans le fait de la guerre commune contre nostre adversaire d'Angleterre » : il s'agissait d'équiper une flotte pour la saison prochaine. Les ambassadeurs dont nous connaissons les instructions [3], devaient, après avoir salué Jean Ier, lui donner des nouvelles du roi de France, de ses oncles les ducs de Berry et de Bourgogne, de son frère le duc de Touraine, lui dire aussi « le bon estat de son royaume et la vraye obéissance qu'il a con-

---

1. *Crónica de D. Juan primero*, éd. cit., p. 116, col. 1 et 2.
2. Arch. nat., J. 915, n⁰ 9 (Imprimé par Terrier de Loray, *op. cit.*, pièce just. n⁰ 127, p. CLVII. Cf. le même ouvrage, pp. 229 et 239).
3. Terrier de Loray, *op. cit.*, pièce just., n⁰ 126, p. CLIV.

tinuelment de ses subgiez. » Charles avait appris « par certains messagers que ledit adversaire a fait de jour en jour arrester en son royaume tout le navire qui y est et qui vient d'autre pays et aussi a fait crier partout que tout son dit navire soit prest et appareillez pour passer la mer à ceste prochaine nouvelle saison, et dit-on que c'est pour passer en France ou en Castille. » Il importe donc que les deux rois s'entendent « pour contrester au malice dudit adversaire » ; avant tout il faut être fort sur mer pour empêcher l'ennemi de passer « senz destourbier en France et en Castille et que par ce, soit fraudé de son entencion. » En conséquence, il était prescrit à Jean de Vienne et à ses compagnons de prier Jean Ier d'armer et d'envoyer au printemps, le plus grand nombre de galées qu'il pourrait, douze au moins. Si le roi de Castille s'excusait « pour les grans fraiz et missions qui lui a convenu soustenir pour le fait de ses guerres, » les envoyés lui demanderaient d'employer à cet objet les sommes dont il lui serait loisible de disposer, et de prélever le reste sur les cent mille francs qu'il devait au roi de France ; et même si « aultrement ne se peult faire, le Roy veult que touz les diz cent mille frans y soient convertiz, à la discrecion de ses diz messages ».

On résolut de donner à Jacques de Montmor une autre mission : dans l'ambassade qui allait partir pour la Castille, il fut remplacé par son frère, Morelet de Montmor, à qui Charles VI, le 11 décembre 1387, confia les mêmes pouvoirs, par lettre datée de Noyon[1]. Les envoyés français trouvèrent le roi de Castille à Arnedo[2], et une convention fut rédigée le 13 février 1388 : les deux princes, en sus des six galées qui étaient alors dans les eaux françaises, devaient armer autant de navires qu'il faudrait pour arriver au nombre de seize ; ils les tireraient d'où ils pourraient, de leurs royaumes ou d'ailleurs, les frais étant partagés par moitié. Jean paiera la part de son allié, en la prenant sur les cent mille francs dont il est débiteur, la solde des galées devant être la même que celle des vaisseaux gênois. Si, le paiement une fois effectué, les cent mille francs n'étaient pas épuisés, le roi de Castille s'engageait à verser le reliquat dans un délai de quatre mois ;

---

1. Arch. nat., J. 915, n° 9.
2. Arnedo, prov. de Logroño.

au contraire, si les frais excédaient cette somme, Charles VI paierait la différence. Les navires n'emporteront de provisions que pour trois mois, au bout desquels le roi de France fournira le pain et tous les agrès nécessaires. Au cas où, soit une trêve, soit la paix définitive serait conclue avec l'Angleterre, et où par conséquent la flotte n'aurait pas à servir, les dépenses déjà faites seraient divisées entre les deux alliés.

Ce traité conclu, les ambassadeurs français partirent, mais ils s'aperçurent bientôt que l'on avait oublié de décider deux points d'une certaine importance : le roi de France serait-il autorisé à mettre sur la moitié de la flotte payée de ses deniers autant de troupes qu'il voudrait, et à en confier le commandement à un de ses officiers ? — et comment les prises seraient-elles distribuées ? Ils renvoyèrent vers Jean Ier à San Pedro de Yanguas[1] l'archidiacre de Cordoue qui les accompagnait. Ce personnage arriva dans la soirée du 14 février auprès du roi et lui exposa les doutes de Jean de Vienne et de ses compagnons. Le prince, par une lettre qu'il leur adressa le jour même[2], les avertit qu'il consentait à ce que Charles VI plaçât la moitié des galées sous les ordres de son amiral et qu'il embarquât autant d'hommes qu'il voudrait, pourvu qu'il laissât dans chaque navire le patron et les matelots castillans, de peur des accidents qui pourraient résulter de changements dans le personnel des équipages. Quant aux prises, on pourra, comme d'habitude, les diviser en deux parts. Le 12 juin 1388, Charles VI approuva toutes les conventions faites par ses ambassadeurs[3].

Dès le 2 septembre, le roi de France songea à la préparation d'une nouvelle campagne maritime, et de Châlons-sur-Marne, il déléguait encore une fois en Castille Morelet de Montmor, le chargeant de requérir pour le printemps suivant seize galées « bien armées et abillées, » et de débattre les conditions moyennant lesquelles elles seraient envoyées ; il devait en outre « veoir et oïr le compte des galées qui darrenièrement nous ont esté envoiées par nostre frère, et le nous rapporter pour en ordonner comme il appartendra »[4].

---

1. Yanguas, prov. de Soria, dist. jud. d'Agreda.
2. Arch. nat., J. 916, n° 7, pièce just. n° 37.
3. *Ibidem*, K. 1638.
4. *Ibidem*, J. 603, n° 67, pièce just. n° 38.

Pendant ce temps, les négociations entamées dans le but d'amener un accord entre le roi de Castille et le duc de Lancastre avaient abouti : la fille de celui-ci avait été fiancée à l'infant D. Enrique[1]. Charles VI était à Reims le jour de la Toussaint 1388, lorsque lui parvint cette nouvelle. Le duc de Berry avait recherché pour lui-même la main de Catherine de Lancastre ; aussi, si nous en croyons Froissart, le roi le plaisanta-t-il, lui disant : « Beaulx oncles, vous avez failly à vostre intention. Ung autre vous dépasse de la femme que vous cuidiés avoir. Qu'en dites-vous ? Que vous en dit le courage ? » Le duc de Berry répondit : « Monseigneur, si j'ay failly, je redrescherai ailleurs »[2]. Une question bien autrement grave se posait cependant : le mariage de l'héritier de Jean Ier avec une princesse anglaise n'allait-il pas avoir pour résultat d'amener un changement dans la politique espagnole ? A la cour de France, on ne dissimula pas une grande inquiétude et on considéra cette union comme une sorte de trahison de la part du roi de Castille. Le chroniqueur se fait l'écho peut-être exagéré des réflexions qui s'échangeaient dans l'entourage de Charles VI : « ..... Se il advenoit que Angleterre, Castille et Portingal estoient d'un accord et d'une alliance, ces trois roiaulmes par mer et par terre feroient ung grant fait et pourroient moult donner a faire de guerre au roiaulme de France. Ce seroit bon que le roy y envoiast et alast au devant, par quoy ce mescheant roy d'Espaigne qui se accorde et alye maintenant à ung homme mort...... ne devroit faire nul traittiés ne nuls accords sans le sceu et conseil du roy de France, et se autrement il le faisoit, le Roy lui mandast bien que il le feroit aussi petit varlet que il l'avoit fait grand seigneur..... et boutast hors ce meschant Roy fils d'un batard du roiaulme de Castille, et le donnast à son frère le duc de Thouraine qui n'a pas à présent moult grant heritaige, il le gouverneroit et garderoit bien et sagement. Mais comment a-t-il osé faire nul traittié d'accord ne de paix ni d'alliance au duc de Lancastre sans le sceu et consentement du Roy qui l'a tant prisié, aydié et avancié que il eust perdu son roiaulme, il n'est pas doubte, se la puissance et le sang de

---

1. *Crónica*, éd. cit., p. 118 et infra.
2. Froissart, éd. Kervyn de Lettenhove, t. XIII, p. 278.

France n'eust été? Certes, il marchande bien et ja a marchandé, mais que il soit ainsi que on dit de luy honnir et déserter, et pour Dieu que on se délivre de lui bien remonstrer et par homme si créable que en lui remonstrant, il cognoisse ce qu'il a meffait.[1] » Dans l'expression de ces sentiments que le mariage de Catherine de Lancastre avec l'héritier du trône de Castille faisait naître dans les esprits, il convient de laisser une part à l'imagination du chroniqueur ; entre autres choses, le projet de chasser Jean Ier et de mettre à sa place le duc de Touraine était insensé. Ce qu'il importe de retenir, c'est que l'on fut en France d'autant plus indigné de ce qu'on considéra comme une perfidie, qu'on y était moins préparé, et, ainsi qu'il arrive toujours en pareil cas à ceux qui croient leurs bons offices payés d'ingratitude, on s'exagéra l'importance des services rendus à la Castille. Certes, le roi de France avait puissamment aidé Henri II à s'emparer du trône et avait, dans la guerre contre le Portugal, montré un grand désir d'être utile à son allié ; mais on oubliait que ces services avaient été payés de retour et que les flottes espagnoles n'avaient cessé de prêter leur appui dans la lutte contre l'Angleterre. Pour être juste, on doit reconnaître que le mariage de la petite-fille de Pierre Ier avec le petit-fils du comte de Trastamara était pour la Castille un événement heureux, puisqu'il écartait à jamais toute compétition entre les deux branches de la descendance d'Alphonse XI. On pourrait seulement reprocher à Jean Ier de n'avoir point annoncé cette nouvelle à son allié, en l'accompagnant d'assurances amicales. Le roi de Castille aurait dû prévoir ces susceptibilités et les faire cesser aussitôt, en déclarant que l'union de son fils avec une princesse anglaise ne changerait rien aux relations cordiales des deux couronnes. L'explosion de colère qui se produisit à la cour de France fut donc très naturelle, en même temps que très exagérée.

Quoi qu'il en soit, le conseil se réunit, et on décida d'envoyer en Espagne un ambassadeur pour faire des représentations « et fut bien dit que il y convenoit homme hardi et bien enlangagié qui sagement et vaillamment remonstrat la parole du Roy : on n'avoit que faire de y envoier simple-

---

1. Froissart. éd. cit., t. XIII, pp. 279 et 280.

ment ung simple homme »[1]. Entre trois personnages à qui cette mission pouvait convenir : le sire de Coucy, Guy de la Trémoille et Jean de Vienne, on hésita. Ce dernier, qui connaissait déjà la Castille, fut choisi. On se borna à lui remettre des lettres de créance, et le roi lui dit : « Vous estes bien infourmé de la matière sur quoy et comment on vous envoye par dela, et dites bien à ce roy d'Espagne que il advise et que il lise ou face lire les aliances et les ordonnances et promesses jurées et seellées que il a de nous et nous de luy, et retenés bien toutes les réponses que il vous fera et son conseil, par quoy sur icelles nous nous puissons fonder et rieuler de raison. L'admiral respondy : Voulentiers »[2]. Il partit peu de temps après, prit le chemin de la Bourgogne et s'arrêta à Avignon. Il trouva le roi à Burgos, « si discendi a ung hostel et la il se raffreschy et appareilla, puis ala vers le palais du roy. Si tost que ceulx de l'ostel du roy sceurent que l'admiral de France estoit la venu, ils le recueillirent selon l'usage du pays honnourablement et bien pour l'amour du roy de France auquel il sentoient leur roy grandement tenu, et fut mené en la chambre du roy qui le rechupt moult lyement »[3]. Jean de Vienne présenta ses lettres de créance qui furent lues dans le conseil ; après quoi on lui donna la parole pour exposer sa mission, et il commença son discours « par beau langaige bien aourné ». Il exprima l'étonnement éprouvé par son maître à la nouvelle du mariage, rappela à Jean Ier que, suivant la teneur des alliances, il ne lui était loisible de traiter avec personne, ni de conclure une union sans le « sceu » du roi de France, car « il dient ainsi et vray est que on ne puet marier ses enfans sans conjonction et aliance de grant paix et amour » ; il avertit le roi de Castille de ne rien faire qui pût être préjudiciable à Charles VI, ni contraire à l'amitié jurée entre eux, sous peine d'encourir l'excommunication du pape et « l'indignation du Roy et de tous les nobles du roiaulme de France ». En entendant le langage hardi de l'amiral, Jean Ier et les gens de son conseil « furent tous esbahys et regardèrent l'un l'autre, et n'y ot oncques hommes qui relevast le mot, ne feit responce ».

1. Froissart, éd. cit., t. XIII, p. 280.
2. *Ibidem*, p. 281.
3. *Ibidem*, pp. 293 et 294.

Enfin, un évêque, retrouvant le premier sa présence d'esprit, se leva et lui dit : « Beau sire, le roy a bien oÿ et entendu ce que vous avés dit et parlé ; si en aurés brief bonne responce, voire dedens ung jour ou deux et telle que vous vous en contempterez. — Il souffist, respondi messire Jehan de Vienne »[1], qui se retira. Pendant plus de sept jours, il attendit la réponse promise, sans être admis de nouveau devant le souverain qui « se tenoit tousjours en ses chambres sans luy monstrer ». Impatienté, l'amiral laissa entendre qu'il allait quitter l'Espagne. Sur cette menace, il fut de nouveau appelé au palais, et là, on lui donna l'assurance que le roi n'avait fait, ni ne ferait avec l'Angleterre aucun traité susceptible de rompre ou même d'entamer les alliances jurées entre les deux princes : Jean Ier avait seulement conclu pour son fils un mariage qui lui semblait avantageux et que « tout son pays génerallement conseilloit »[2] ; Charles VI ne devait pas en prendre ombrage. Jean de Vienne partit après avoir reçu cette réponse qui dissipa sans doute les craintes qu'avait conçues le roi de France[3].

---

1. Froissart, éd. cit., t. XIII, p. 395.
2. *Ibidem.*
3. En effet, Jean Ier avait réservé expressément son alliance avec la France. (V. *Crónica*, éd. cit., pp. 113, col. 2, 123, col. 2, et 124, col. 1.)

CHAPITRE V

HENRI III
(1390-1406)

Jean Ier mourut d'une chute de cheval, le dimanche 9 octobre 1390. Par une lettre close datée de Madrid, le 18 du même mois, Henri III, bien qu'il fût encore mineur, informa Charles VI du triste événement qui le portait au trône. Il lui racontait que son père, après avoir ouï la messe à Alcalá de Henares, était parti pour faire une promenade dans les environs, qu'il tomba avec sa monture et qu'il plut à Dieu de le rappeler à lui ; il annonçait aussi que les Grands l'avaient proclamé roi à Madrid, que les cités et les bourgs l'avaient reconnu, et que tous ses états jouissaient d'une tranquillité absolue. Il avertissait le roi de France qu'il lui enverrait bientôt une ambassade solennelle[1].

Charles VI s'empressa d'adresser au jeune prince des condoléances au sujet de la mort inopinée de Jean : Bernard de la Tour d'Auvergne, évêque de Langres, Morelet de Montmor, chambellan, et le secrétaire Thibaut Hocie partirent pour la Castille. Introduits en présence du roi, l'évêque de Langres porta la parole : il exprima la douleur éprouvée par son maître, à l'annonce du pénible accident qui avait terminé la carrière du souverain, et demanda que les alliances qui unissaient les deux couronnes fussent renouvelées. Après que le conseil eut délibéré, D. Juan Garcia Manrique[2], arche-

---

1. Arch. nat., J. 916, n° 1, pièce just. n° 39. Notons que dans son testament, rédigé le 21 juillet 1385, Jean Ier avait recommandé à son fils de conserver toujours les alliances conclues avec la France : « Otrosi le mandamos que siempre guarde las ligas e amistades que nos avemos con el Rey de Francia... » (*Crónica de D. Enrique tercero*, imprimée dans les *Crónicas de las Reyes de Castilla*, éd. cit., t. II, p. 193, col. 1).

2. D. Juan Garcia Manrique, de la noble famille des Manrique, fils de

vêque de Compostelle, donna réponse aux ambassadeurs; après les politesses d'usage, il fit connaître l'intention du roi de continuer les relations d'amitié et de conserver le bon accord de la Castille et de la France[1]. A Ségovie, le 27 mai 1391, en présence du légat pontifical, des principaux dignitaires de sa cour, des représentants des villes et des bourgs, Henri III jura sur les évangiles et la croix de garder à jamais les alliances conclues par son père avec Charles VI[2]. L'évêque de Langres et ses compagnons s'en allèrent comblés de présents.

Cependant la Castille n'était point, à ce moment, exempte de troubles : le roi était mineur et certains parmi les Grands, notamment l'archevêque de Tolède, contestaient l'autorité du conseil de régence. Dans le courant de 1391, les mécontents avaient levé des troupes et prenaient une attitude menaçante[3]. Il est curieux de constater que les seigneurs rebelles approuvaient pleinement le principe de l'alliance avec la France et tenaient à déclarer qu'ils se trouvaient d'accord sur ce point avec le gouvernement qu'ils combattaient. C'est ce que montre clairement un document conservé aux Archives nationales : D. Fadrique, duc de Benavente, D. Pedro Tenorio, archevêque de Tolède, D. Martin Yañez de Barbudo, grand maître d'Alcantara, et D. Diego Hurtado de Mendoza, réunis le 16 août 1391 « in ortis de Simantes », dans le diocèse de Palencia, « ubi pro tunc dicti Domini Dux, Archiepiscopus, et Magister Alcantare et Didacus Furtadi cum suis exercitibus ac gencium armigerarum strepitu in multitudine copiosa degebant...[4] » ayant appris que Henri III avait renouvelé

D. Garci Fernandez Manrique, cinquième seigneur d'Amusco. Il fut successivement évêque d'Orense et de Sigüenza, puis archevêque de Compostelle en 1382. C'était, si l'on en croit Fernan Perez de Guzman, un homme peu instruit; grand-chancelier sous les règnes de Henri II et de Jean Ier, il fut mêlé aux troubles qui s'élevèrent durant la minorité de Henri III. Mécontent de ce prince et persuadé que le pape de Rome était le seul pontife légitime, il se retira auprès du roi de Portugal qui était dans l'obédience de Boniface IX. Il reçut de ce roi l'évêché de Coïmbre, fut promu ensuite archevêque de Braga, mais n'accepta point cette dignité. Il mourut en 1416. (L. de Salazar y Castro, *Casa de Lara*, t. I, p. 349 et suiv.)

1. *Crónica de D. Enrique III*, éd. cit., p. 174 et 175.
2. Arch. nat. J. 603, n° 70, pièce just. n° 40.
3. *Crónica*, éd. cit., p. 166 et infra.
4. Arch. nat., J. 603, n° 68, pièce just. n° 42. D. Pedro Tenorio, archevêque de Tolède en 1376, mourut à plus de 70 ans le 19 mai 1399. Fernan Perez de Guzman (*op. cit.*, p. 705) fait le plus grand éloge de

les pactes d'amitié qui unissaient son père à Charles VI, jurèrent de les observer et de les garder perpétuellement, et cela en présence de Dominique de Florence, évêque de Saint-Pons de Thomières, légat du Pape, de l'évêque de Coïmbre, de Robinet de Braquemont et de D. Fernand Alvarez de Toledo, chevaliers, appelés comme témoins. La concorde fut d'ailleurs bientôt momentanément rétablie, grâce à la médiation de la reine de Navarre[1]. Le 10 juillet 1391, par acte daté de Ségovie, le roi de Castille avait désigné trois ambassadeurs pour se rendre en France[2]. C'étaient D. Alfonso de Exea, évêque de Zamora, D. Diego Fernandez, maréchal, et Ruy Bernard, auditeur de l'audience royale, qui étaient chargés de recouvrer au nom de leur maître toutes les sommes dont il était créancier et de demander à Charles VI d'approuver les trêves conclues avec le Portugal à la fin du règne de Jean Ier : le roi de France allié à la Castille devant, d'après la teneur des traités, être compris dans tous les accords faits par cette puissance et les accepter.

Il y avait lieu de régler certains comptes entre les deux princes : d'une part Charles VI était débiteur du roi de Cas-

sa science et de ses vertus privées : il ne se servit point de son crédit pour son intérêt personnel ni pour ses parents, et malgré son rôle politique, ne négligea pas son diocèse : « las quales dos cosas, creo que se hallarán en pocos perlados deste nuestro tiempo ». Il dota son archevêché de nombreuses constructions et fit bâtir le pont San Martin dans sa métropole. Mais il était d'un caractère rude et querelleur, et fut un des principaux artisans de désordre durant la minorité de Henri III. (Cf. *Crónica*, éd. cit., p. 163 et infra).

D. Fadrique, duc de Benavente, était fils naturel de Henri II et de Dª Beatriz Ponce de Leon. Il est le premier qui ait porté ce titre de duc (Cf. Florez. *Memorias de las Reynas catholicas*, II, p. 681).

D. Martin Yañez Barbudo ou de la Barbuda, originaire de Portugal, d'abord « clavero » de l'Ordre d'Avis, fut élu grand-maître d'Alcantara en 1385. Il entreprit en 1394 une expédition contre le royaume de Grenade malgré les ordres de Henri III : conseillé par un ermite, un certain Juan del Sayo qui lui promettait la victoire, il attaqua une tour nommée Torre del Exea, mais ne put s'en emparer. Il fut bientôt surpris par une armée entière de Maures ; sa petite troupe fut anéantie, et lui-même trouva la mort dans ce combat qui eut lieu à la fin d'avril (Cf. *Crónica de D. Enrique III*, éd. cit., pp. 221-223.)

D. Diego Hurtado de Mendoza, fils de Pero Gonzalez de Mendoza et de Dª Aldonza de Ayala. Amiral de Castille, il eut peu d'occasions de faire preuve de ses talents : il conduisit seulement une flotte sur les côtes de Portugal et les ravagea. Il mourut à Guadalajara en 1405 à l'âge de 40 ans. (Cf. Fernan Perez de Guzman, *op. cit.*, p. 703.)

1. *Crónica*, éd. cit., p. 180, col. 2, 181, col. 1 et 2.
2. Arch. nat., J. 603, nº 69, pièce just. nº 41.

tille, en raison de l'argent dépensé pour l'armement et la solde des vaisseaux mis à sa disposition pendant les dernières années ; mais d'autre part, le roi de France avait en 1387 avancé à son allié une somme de cent mille francs. Tous comptes faits, on s'aperçut que la dette de chacun des souverains équivalait à peu près à sa créance, et leurs plénipotentiaires convinrent qu'ils se donneraient réciproquement quittance. Charles VI remit à Henri III ce qui lui était dû et restitua à l'évêque de Zamora les lettres d'obligation souscrites par Jean Ier. En revanche les ambassadeurs castillans abandonnèrent, au nom de leur maître, au roi de France et à ses successeurs les sommes déboursées à l'occasion des secours maritimes. Telles furent les clauses d'un contrat dressé à Paris, le 7 mai 1392, dans la maison du chancelier de France. On avait stipulé néanmoins que trente-cinq mille francs seraient alloués par le roi de Castille à diverses personnes : vingt mille francs à Guillaume de Naillac et à Gaucher de Passac, trois mille à Jacques de Montmor, à Morelet de Montmor et à Jean de Baisy, mille à Pedro Lopez de Ayala, deux mille à maître Robert de Noyers, archidiacre de Cordoue, évêque élu d'Evora[1].

Mais cette convention une fois rédigée, les conseillers du roi de France, en examinant de plus près le compte des galées, s'aperçurent que leur maître était encore créancier d'une somme de dix-neuf mille francs. De plus, sur la liste des allocations que le roi de Castille s'était engagé à payer, on avait oublié de porter Pierre de Villaines pour trois mille francs et Robinet de Braquemont pour cinq mille. Cette erreur fut signalée à l'évêque de Zamora et à Ruy Bernard qui refusèrent d'abord de modifier en rien les décisions acceptées le 7 mai ; ils finirent cependant par faire une concession, et le 18 mai 1392[2], promirent sous la foi du serment d'insister auprès de Henri III pour qu'il accordât ce supplément de huit mille francs ; de leur côté, les conseillers de Charles VI s'engagèrent à user de leur influence pour que les dix-neuf mille francs qui étaient dus à leur souverain fussent abandonnés au roi de Castille. Nous n'avons point trouvé de renseignements sur la fin de ce règlement de comptes un peu obscur.

---

1. Arch. nat., J. 603, n° 69 ter, pièce just. n° 44.
2. *Ibidem.*, J. 603, n° 69 bis, pièce just. n° 45.

En outre, l'évêque de Zamora emporta une lettre par laquelle le roi de France approuvait la trêve conclue avec le Portugal, et nous savons qu'il avait juré, le 7 mai 1392, de ne livrer cette acceptation qu'en échange d'un document semblable souscrit par le prince portugais[1].

En 1393, arrivèrent à Toro, où se trouvait Henri III, des messagers de Charles VI, chargés d'offrir au jeune souverain le secours de leur maître, en dehors même des conditions prévues par le traité. Le roi de France avait appris la rébellion de plusieurs des Grands : aussi leur avait-il écrit, ainsi qu'aux cités et aux bourgs, pour les exhorter à l'obéissance. Le roi fut très touché de la sollicitude dont son allié faisait preuve à son égard, il combla d'honneurs ses envoyés et leur remit une lettre de réponse[2]. Signalons, au cours de la même année, une autre intervention de Charles VI dans les affaires intérieures de la Castille. Les papes avaient coutume de gratifier des étrangers, au détriment des nationaux, de bénéfices situés en Espagne. Cet abus, contre lequel on avait souvent réclamé, amena Henri à confisquer tous les revenus des églises dont les titulaires n'étaient point Castillans. A la demande de Clément VII, le roi de France protesta contre cette mesure, le Pontife promit qu'à l'avenir les collations ne seraient plus faites qu'à des Espagnols. Mais cette règle ne fut point observée dans la suite[3].

Le roi de Castille, ayant atteint sa majorité, prit officiellement en main la direction des affaires et il renouvela à Madrid, le 16 janvier 1394, l'alliance qui l'unissait à Charles VI. En présence des archevêques de Tolède et de Compostelle, des évêques d'Osma et de Calahorra, et des principaux personnages de sa cour, il jura solennellement d'en observer toutes les clauses[4].

Un conflit ayant éclaté entre Henri III et D. Alfonso, comte de Gijon et de Noroña[5], fils naturel de Henri II, à propos de la possession de la Biscaye, les deux parties, d'un

---

1. Arch. nat., J. 603, n° 71, pièce just. n° 43.
2. *Crónica*, éd. cit., p. 209, col. 1.
3. *Ibidem*, pp. 210, col. 2, 211, col. 1.
4. Arch. nat., J. 604, n° 70, pièce just. n° 46.
5. V. sur ce personnage la notice que lui a consacré le P. Henrique Florez (*Memorias de las Reynas cathólicas*, t. II, pp. 678 et 679). Il était fils naturel de Henri II et de Dª Elvira Iñiguez de Vega.

commun accord, résolurent de remettre la décision de leurs différends à l'arbitrage de Charles VI : ce prince devait se prononcer dans un délai de six mois lequel expirait le 3 mai 1395. Le roi de Castille chargea D. Pedro Lopez de Ayala, Domingo Ferrandez, trésorier de l'église d'Oviedo et Vicente Arias, archidiacre de Tolède, d'aller à Paris exposer ses droits. Ces personnages arrivèrent à la cour dans la seconde moitié du mois d'avril ; quant au comte, il n'envoya point de procureurs et délégua seulement deux de ses serviteurs qui rapportèrent au chancelier de France que leur maître n'avait pu venir en personne, parce que Henri III avait brûlé les vaisseaux qui devaient servir pour son voyage. D. Alfonso demandait que la sentence fût ajournée à six mois et promettait de s'y conformer. Pedro Lopez de Ayala et ses compagnons répliquèrent que ces excuses n'étaient que de mauvais prétextes et ils pressèrent Charles VI de déclarer que le territoire contesté appartenait à leur souverain. Le roi de France refusa, le 8 mai 1395, de prononcer son jugement, car, suivant la teneur du compromis, les parties devaient être entendues, et d'ailleurs aucun terme n'avait été fixé pour leur comparution. Le 15 du même mois, il écrivait à son allié pour lui exposer ses raisons et le prier d'accepter un ajournement de six mois ; il faisait au comte une communication semblable[1]. Mais les ambassadeurs castillans refusèrent d'accepter une remise de la sentence arbitrale, et ils allaient quitter Paris, lorsque D. Alfonso y arriva, après avoir débarqué en Bretagne. Il exposa ses griefs contre son roi ; les envoyés de Castille lui répliquèrent et affirmèrent qu'il pouvait se rendre sans danger auprès de Henri III pour négocier un accommodement. Entre temps, le comte essayait d'exciter la méfiance de Charles VI contre son allié ; il prétendait être la victime de certains conseillers de son souverain favorables à l'Angleterre, tandis que lui-même était un partisan dévoué de l'amitié avec la France. Le roi, ayant insisté sans succès pour obtenir un nouveau délai de six mois, finit par répondre à D. Alfonso que, s'il voulait se soumettre, il intercéderait en sa faveur, mais que, dans le cas contraire, il ne fallait pas compter sur lui. Bien plus, ayant appris par Lopez de Ayala et ses com-

---

1. Arch. nat.; J. 994, n° 6, pièce just. n° 47 a, b, c.

pagnons que ce seigneur profitait de son séjour à Paris pour enrôler des soldats et rassembler des armes, il lui défendit sous peine de confiscation de continuer ses agissements ; en outre, il donna des ordres précis pour qu'aucun secours ne fût prêté par ses sujets au comte de Noroña, et pour qu'on empêchât celui-ci de faire sortir de France rien qui pût nuire aux intérêts de son frère et allié, le roi de Castille[1].

Simon, patriarche d'Alexandrie, Colart de Caleville, chevalier, Gilles des Champs, maître en théologie, et le secrétaire Thibaut Hocie, furent chargés, le 15 février 1396[2], de se rendre auprès de Henri III : ils devaient s'occuper des affaires du schisme et demander une nouvelle confirmation des alliances. Nous ignorons absolument quelles raisons poussaient Charles VI à réclamer une assurance de ce genre, car nous avons vu qu'en 1394, lorsque le roi de Castille était devenu majeur, il avait juré d'observer les anciens pactes d'amitié. Quoi qu'il en soit, Henri fit ce qu'on réclamait de lui, et nous constatons que le 20 septembre 1396, étant à Ségovie, il envoya en France D. Lope de Mendoza, évêque de Mondoñedo, D. Pedro Lopez de Ayala, le frère Ferrando, confesseur de son père, et Alfonso Rodia, docteur en lois, afin de recevoir le serment du roi de France[3].

Les dernières années du règne de Henri III sont très mal connues, car la chronique officielle s'arrête en 1396 : nous en sommes réduits à des sources bien pauvres et à quelques documents d'archives qui laissent beaucoup de points dans l'ombre. Nous savons par le témoignage du Religieux de Saint-Denis, qu'en 1399, une ambassade castillane vint solliciter un secours contre le Portugal[4]. Or, il existe aux Archives nationales, dans le fonds de Simancas, une lettre adressée par le duc de Bourgogne à Henri : elle n'est point datée, mais il semble qu'on puisse l'attribuer à cette époque, et grâce à elle nous pouvons connaître le sens gé-

---

1. *Crónica*, éd. cit., p. 234 et infra. Suivant Florez (*loc. cit.*) le comte D. Alfonso s'établit avec sa femme à Marans (chef-lieu de canton de la Charente-Inférieure, arr. de La Rochelle) et y finit ses jours. Le roi de Castille prit possession de Gijon lorsque le terme de six mois, fixé par le compromis, fut écoulé (*Crónica*, éd. cit., p. 236, col. 2).
2. Arch. nat., K. 1638 D², pièce just. n° 48.
3. *Ibidem*, J. 604, n° 73, pièce just. n° 49.
4. *Chronique du Religieux de Saint-Denis*, éd. cit., t. II, p. 698.

néral de la réponse faite par le roi de France à son allié[1]. L'envoyé du roi de Castille avait exposé que le souverain portugais n'avait pas voulu accepter les cinquante mille doubles qui lui étaient dus par certains sujets de Henri III, il s'était emparé de la ville de Badajoz, et refusait de la rendre si des trêves conclues pendant la minorité du prince n'étaient point confirmées. « ... J'ay apparceu, disait le duc de Bourgogne dans cette lettre, par le rapport que vostre dit chevalier (messire Ventrin Boussan) a fait a mon dit seigneur et a moy que se ledit adversaire vous rendoit vostre dite cité et réparoit les autres attemptas qu'il a faiz durant les dites treves, vous li paieriez les cinquante mille doubles dessusdiz et seriez content de non entrer en guerre...; mon dit seigneur et moy avec son conseil avons avisé d'envoier devers mon tres cher seigneur et neveu le Roy d'Angleterre affin de savoir par lui se ledit adversaire de Portugal vuelt estre compris es treves de XXX ans[2], nagueres prinses entre mon dit seigneur et le dit Roy d'Angleterre, et se ledit adversaire de Portugal y vuelt estre compris, mon dit seigneur requerra a son filz le Roy d'Angleterre dessusdit qu'il escrive audit adversaire de Portugal comment il vous rende vostre dite cité et répare les attentas qu'il a faiz durant les dites treves, et se ainsy le vuelt faire vous aurez si comme il semble a mon dit seigneur et a moy, vostre entencion ; et si le dit adversaire ne vuelt estre compris es dites treves, il sera exclus en toutes manieres du bénéfice d'icelles et tousjours, se Dieu plaist, mon dit seigneur fera envers vous ce que faire devra de sa part et vous feray aussi savoir le plus brief que je pourray la response que mondit seigneur et neveu le Roy d'Angleterre dessusdit aura sur ce faicte a mon dit seigneur affin que sur tout puissiez mieulx adviser ce qui sera a faire en ceste matiere... » On voit que le roi de France offrait en quelque sorte sa médiation et qu'il essayait d'amener la paix entre la Castille et le Portugal en faisant agir le roi d'Angleterre, ancien allié de cette puissance. Nous ne savons si Richard II intervint effec-

---

1. Arch. nat., K. 1482 B[1], pièce just. n° 50. Il existe dans le même carton une lettre du duc d'Orléans adressée au roi de Castille sur le même sujet. V. pièce just. n° 51.

2. Trêve conclue entre la France et l'Angleterre le 9 mars 1396 : elle devait durer 28 ans à partir de septembre 1398 ; en outre Richard II avait épousé Isabelle, fille de Charles VI.

tivement, car ce prince ne tarda pas à être détrôné par Henry de Lancastre (30 septembre 1399) et à mourir prisonnier à la Tour de Londres. En tous cas, le 15 août 1402, à Ségovie, une trêve de dix ans fut conclue entre Henri III et Jean Ier de Portugal, son adversaire. Le roi de Castille, se conformant au texte de l'alliance, y fit comprendre Charles VI et lui envoya copie de cet accord [1].

Le souverain d'Espagne était au courant de ce qui se passait à la cour de France : il n'ignorait pas en particulier le conflit qui avait éclaté entre les ducs d'Orléans et de Bourgogne. Il avait écrit à ce sujet au duc de Bourbon et lui avait même envoyé D. Fernand Perez de Ayala et frère Alfonso, son confesseur, pour le prier de s'employer à apaiser les discordes des deux princes. Le 15 décembre 1401 [2], le duc de Bourbon lui répondit que les ennemis « sont de present en tres bonne paix, accort, amour et union ensemble et entendent et vacquent maintenant concordablement et d'une mesme voulenté et consentement aux besoignes de mon dit seigneur le roy ». Déjà, Henri III avait été renseigné à ce sujet par le roi de Navarre : dans une lettre du 7 octobre, ce prince laissait espérer qu'une réconciliation interviendrait ; il l'annonçait comme certaine le 31 du même mois [3]. Nous possédons encore une missive adressée au roi de Castille, de Paris, le 25 août 1405, et dans laquelle Olivier de Mauny lui raconte avec d'intéressants détails l'enlèvement du Dauphin par le duc de Bourgogne, le départ du duc Louis d'Anjou pour Gênes, et les conquêtes récentes faites en Guyenne sur les Anglais par les comtes de Foix, d'Armagnac et de Clermont [4].

La guerre avait en effet recommencé, après la mort de Richard II, et on résolut de faire appel à Henri III pour obtenir un secours maritime. D'après la chronique du Religieux de Saint-Denis, on aurait voulu tirer vengeance de dévastations commises sur les côtes de Bretagne et de Normandie, en Picardie et dans le comté de Saint-Pol : on aurait formé le projet d'assiéger par terre et par mer la ville de

---

1. Arch. nat., J. 604, n° 75.
2. *Ibidem*, K. 1482 B¹, pièce just. n° 52.
3. *Ibidem*, K. 1482 B¹.
4. *Ibidem*, K. 1482 B¹, pièce just. n° 53.

Calais. Un chevalier, renommé pour sa bravoure, Charles de Savoisy, fut envoyé en Espagne. Le roi de Castille, si l'on en croyait le même auteur, aurait fait le meilleur accueil au messager de son allié, mais n'aurait promis de vaisseaux que pour l'année suivante. Des murmures se seraient élevés à la cour de France, quand cette réponse fut connue ; on aurait accusé Henri de manquer à ses engagements et de subir l'influence de sa femme, Catherine de Lancastre. Mais peu de temps après, des ambassadeurs castillans seraient venus annoncer que la flotte de secours avait quitté l'Espagne. Savoisy, traité d'imposteur, aurait en présence du roi et des princes jeté son gant et défié quiconque trouverait sa conduite blâmable : le chroniqueur ajoute que personne n'osa relever ce défi [1].

Il y a lieu, croyons-nous, de ne pas ajouter foi à cet étrange récit. D'après la source espagnole la plus importante pour cette époque si pauvre en documents, la chronique connue sous le nom de « *El Victorial*[2] », nous apprenons que des ambassadeurs français vinrent, en 1405, réclamer des secours ; ils arrivèrent en Castille au moment où Henri III célébrait par de grandes réjouissances la naissance de l'infant D. Juan. Le roi n'hésita pas à aider son allié et il décida que la flotte mouillée à Séville serait armée sans retard ; mais, comme cette opération exigeait un certain délai et qu'une fois prêts les navires auraient encore un long chemin à parcourir avant de parvenir dans les eaux françaises, il ordonna d'équiper en toute hâte à Santander trois galées qu'il plaça sous le commandement de Pero Niño, comte de Buelna. En outre, il fit armer des nefs et prescrivit à leur capitaine, Martin Ruiz de Avendaño, de partir au plus tôt avec Pero Niño. Le roi leur recommanda « de s'attendre, de vivre en bonne intelligence et de se faire bonne compagnie, encore que nefs et galères ne puissent que rarement se tenir ensemble puisque chaque nuit les galères cherchent la terre tandis que les nefs tiennent le large... Le roi fit donner à Pero Niño les choses nécessaires très largement, et comme il avait coutume de le faire : des

---

1. *Chronique du Religieux de Saint-Denis*, éd. cit., t. III, pp. 158 et 160.
2. *Le Victorial, chronique de D. Pedro Niño, comte de Buelna*, par Gutierre Diaz de Gamez, traduit par le comte Albert de Circourt et le comte de Puymaigre, Paris, 1867, in-8º, pp. 206 et 207. V. aussi à la fin du volume note 8, pp. 558 et 559.

armes, des arbalètes et beaucoup de couronnes. Il lui donna jusqu'à des arbalétriers de sa maison pour monter sur les galères. » Pero Niño aborda à La Rochelle[1] où Charles de Savoisy vint le rejoindre avec deux galères équipées à ses frais avec le plus grand luxe[2]. Ils partirent et trouvèrent à Brest la flotte de Castille sous les ordres de Martin Ruiz de Avendaño ; mais ils ne purent décider ce capitaine à les accompagner dans l'expédition qu'ils méditaient et qui avait pour but de ravager les côtes d'Angleterre, « car ainsi qu'on le vit bien par la suite, lui et ses gens n'avaient voulu autre chose que de faire profit avec les marchands qu'ils avaient amenés[3] ». Savoisy et Pero Niño réduits à leurs seules forces n'abandonnèrent point leur entreprise, dont Gutierre Diaz de Gamez nous a laissé un très curieux récit[4]. A propos de l'inaction de Martin Ruiz de Avendaño et des nefs qu'il commandait, l'auteur du *Victorial* explique comment il arrivait que la bonne volonté du roi de Castille fût souvent inefficace et ne produisît aucun résultat pour la cause de son allié. Ce passage est trop caractéristique pour que nous ne le citions pas en entier : « Presque toutes les fois que le roi arme une flotte, il advient que les capitaines, dès qu'ils sont hors de la vue du roi, n'ont d'autre souci que leur profit. S'ils vont à l'aide d'un autre royaume, ils reçoivent paie de deux côtés, et se mettent en tel lieu où ils ne peuvent avoir affaire aux ennemis, mais où ils peuvent piller les amis sous prétexte qu'ils ont besoin de vivres. S'ils rencontrent des vaisseaux marchands de Castille, ils leur prennent ce qu'ils portent, prétendant qu'ils ne peuvent laisser mourir de faim leur monde ; ils leur disent de réclamer auprès du roi lequel les dédommagera, et le pauvre marchand s'en va dépouillé. Il n'a pas été volé par les ennemis, mais par les amis. De cette sorte, ils ne font aucun bien, pillent les pays où ils sont envoyés pour servir ; puis ils s'en reviennent. De leur monde, les uns ont été tués, les autres sont renvoyés avec mauvaise paie ; eux sont riches. Ils ont causé au royaume de grandes dépenses et n'ont fait que le diffamer[5]. »

1. *Le Victorial*, éd. cit., p. 210.
2. *Ibidem*, pp. 269, 270.
3. *Ibidem*, p. 273.
4. *Ibidem*, pp. 274-326.
5. *Ibidem*, éd. cit., pp. 273 et 274.

CHAPITRE VI

JEAN II

(1406-1454)

Quand Henri III termina sa courte carrière le 25 décembre 1406, il laissa la couronne à un enfant de vingt-deux mois qui fut Jean II : par un testament rédigé la veille de sa mort il avait institué un conseil de régence, où sa femme Catherine de Lancastre et son frère D. Fernando occupaient les premières places[1]. Sous ce nouveau régime, la politique extérieure de la Castille ne fut point modifiée et on demeura fidèle au principe de l'alliance avec la France. Le 24 avril 1408[2] à Paris, Charles VI nomma les ambassadeurs chargés de renouveler les traités précédemment conclus : c'étaient Gérard du Puy, évêque de Saint-Flour, Guillaume de Montrevel dit l'Hermite, Pierre Troussel, archidiacre de Paris, maître des requêtes de l'hôtel, Robert de Braquemont, sire de Graville, et un secrétaire maître Jean Huon, archidiacre d'Avalon. Ils rédigèrent avec les représentants du roi de Castille le 7 décembre de la même année à Valladolid[3], un

---

1. *Crónica de D. Enrique III*, éd. cit., p. 264, col. 2 et infra.
2. Rymer, *Fœdera*, éd. cit., t. IV, part. I, p. 146. Arch. nat., J. 604, n° 76 bis.
3. Rymer, *Ibidem*, t. IV, part. I, p. 145, pièce just. n° 54. L'infant D. Fernando était le second fils de Jean I, roi de Castille, et de Dª Leonor (fille de Pierre IV, roi d'Aragon). Désigné par le testament de son frère Henri III pour exercer la régence conjointement avec Catherine de Lancastre pendant la minorité de Jean II, il s'acquitta de cette mission avec constance et désintéressement ; il se signala par de brillants succès contre les Maures à qui il enleva la forte place d'Antequera. Martin, roi d'Aragon, étant décédé sans postérité, D. Fernando fut appelé à lui succéder en 1412. Mais il mourut bientôt après, en 1416, à l'âge de 34 ans. (Cf. Fernan Perez de Guzman, *Generaciones y semblanzas*, éd. cit., p. 700. et Florez, *op. cit.*, II, p. 694 et infra).

instrument qu'approuvèrent Jean II, la reine-mère et D. Fernando, et dont les articles ne diffèrent pas sensiblement de ceux qui avaient été faits antérieurement. Les deux princes s'engageaient à se défendre mutuellement contre leurs ennemis et en particulier contre l'Angleterre. Dix jours après que la déclaration de guerre lui aura été officiellement notifiée, le roi de Castille promettait de fournir des galées, des nefs et des hommes d'armes aux frais du roi de France ; le nombre n'en était pas déterminé. Les capitaines espagnols devaient prêter serment de servir loyalement ; en outre, les sujets de Jean pouvaient prendre librement du service dans les armées françaises[1]. Le roi de Castille s'engageait à ne conclure ni traité de paix ni accord quelconque sans le consentement exprès de son allié ; celui-ci était, au contraire, autorisé à négocier avec ses adversaires des trêves d'une durée d'un an ; il devait seulement y faire comprendre Jean II et l'en avertir ; mais l'approbation de ce prince était nécessaire pour la prolongation des dites trêves. Il restait convenu que les villes, châteaux ou places fortes conquises par les Espagnols sur les Anglais seraient remises au roi de France ou à ses mandataires ; quant aux biens meubles, ils deviendraient suivant la coutume la propriété de celui qui les aurait pris. Le cas où le roi d'Angleterre, son fils, un prince de son sang, quelque autre souverain, un duc ou un comte ennemi de la France serait capturé, était prévu : son sort serait réglé par un accord spécial ; tout captif de moindre importance appartiendrait à celui qui l'aurait fait prisonnier. Le traité fut juré sur les évangiles, en présence de la reine, de l'infant D. Fernando et des ambassadeurs français, par Jean II qui promit de l'observer sous obligation de tous ses biens et sous peine de cent mille marcs d'or. Bien que les archives, ni les chroniques ne nous en aient conservé aucune trace, il est certain que Charles VI ratifia à son tour le pacte d'alliance, ainsi que l'exigeait un usage constamment suivi.

En 1409[2], Louis II, duc de Bourbon, et le comte de Clermont

---

1. Un grand nombre de Castillans profitèrent de cette permission dans le courant du XVe siècle. Rodrigue de Villandrando est le type le mieux connu de ces soldats d'aventure.
2. *Crónica del Rey D. Juan segundo*, imprimée dans les *Crónicas de las Reyes de Castilla*, éd. cit., t. II, p. 314.

envoyèrent un messager aux régents, offrant leurs services dans la guerre contre les Maures : ils proposaient de venir à leurs frais combattre pendant six mois avec mille hommes d'armes et deux mille archers chacun, et ajoutant qu'ils avaient l'intention de prendre la route de mer, ils priaient la reine et D. Fernando de leur faire connaître leurs desseins. Ceux-ci remercièrent les deux princes français de leur bonne volonté, mais répondirent que les opérations militaires seraient suspendues pour cette année, à cause d'une grande disette survenue en Andalousie, et qu'en conséquence une trêve avait été accordée aux infidèles ; dès que la guerre reprendrait, ils ne manqueraient pas d'avertir le duc de Bourbon et le comte de Clermont. En 1410, en effet, D. Fernando attaqua les musulmans, mit le siège devant la forte place d'Antequera[1] et remporta sur le roi de Grenade des succès éclatants : le régent prit soin d'informer Charles VI de sa victoire[2], mais il ne semble pas qu'aucun prince français ait pris part à l'expédition, sauf le second fils du comte de Foix qui vint recevoir la chevalerie des mains de l'infant[3].

Un chevalier que le chroniqueur espagnol appelle « . Jean de Ortega » arriva en Castille dans le courant de l'année 1411 ; il apportait au nom du roi de France à Jean II un très riche collier pesant dix marcs d'or, orné de perles, de rubis et de diamants d'un grand prix ; l'Infant était gratifié d'une paix (*portapaz*) du poids de quinze marcs d'or merveilleusement travaillée, autour de laquelle quatre rubis, treize saphirs, soixante-six grosses perles rondes et quatre camées étaient incrustés, d'une tapisserie française brodée d'or où l'on voyait représentée l'entrée de Notre-Seigneur à Jérusalem au moment où le peuple jeta sur son passage des branches de rameaux. Ces cadeaux furent reçus avec joie par toute la famille royale ; on remit au messager pour son maître des lettres de remerciement, et on lui donna des chevaux, des mules, de la vaisselle d'argent et des étoffes de soie[4]. Quatre mois après, pour répondre à cette courtoisie, on envoya à Charles VI, au nom de Jean, vingt chevaux richement harnachés, douze

---

1. Antequera, prov. de Málaga.
2. *Chronique du Religieux de Saint-Denis*, éd. cit., t. IV, p. 333.
3. *Crónica*, éd. cit., p. 328, col. 2.
4. *Ibidem*, p. 339.

faucons dont les chaperons étaient garnis de perles, de rubis, de grelots et de clous d'or ; en outre beaucoup de cuirs ornés et de tapis, car ce sont choses qu'on n'a point en France, dit le chroniqueur « porque es cosa que en Francia no se han » ; enfin des animaux qui par leur étrangeté devaient exciter au delà des Pyrénées une vive curiosité, un lion et une lionne avec de beaux colliers d'or, deux autruches et deux défenses d'éléphant, « los mayores que jamas hombre vido », et qui avaient été données au roi par le bey de Tunis. De son côté, l'Infant fit présent au roi de France de douze chevaux de selle, grands et superbement harnachés, de dix chiens dogues avec deux femelles attachés par des laisses de soie artistement ouvrées [1].

Cependant, la paix avait été conclue entre la Castille et le Portugal. Charles VI, prié suivant la teneur de l'alliance d'y donner son approbation, déclara à Paris le 15 juillet 1411 qu'il désirait que son frère Jean II vécût « paisiblement et en bonne tranquilité et afin qu'il puist plus aisiément subjuguer et destruire lesdiz Mores et Sarrazins et autres ennemis de la foy catholique...... » et qu'en conséquence il avait consenti à approuver l'accord des deux princes « pourveu toutes voies que la dicte paix et accord ayent esté et soyent sanz préjudice des aliances et confédéracions que nous et nosdiz prédécesseurs avons eu et avons pour nous et nosdiz royaume et subgiez avecques nostre dit frere et ses diz royaumes et subgiez et ycelles aliances demeurans tousjours en leur force et vertu [2] ».

La Castille fournit un certain nombre de navires, lorsqu'en 1416 le connétable d'Armagnac, qui était le véritable chef du gouvernement, forma le projet de reprendre Harfleur aux Anglais. Une flotte, composée de vaisseaux génois et espagnols à la solde de la France, croisait devant le port afin d'empêcher que la ville fût secourue. Henry V envoya une armée navale sous les ordres du duc de Bedford ; un combat était imminent, le vicomte de Narbonne, chef du parti français

1. *Crónica*, éd. cit., pp. 339-340.
2. Arch. nat., J. 604, n° 77, pièce just. n° 55. C'est à peine si le chroniqueur de Jean II parle de cet accord avec le Portugal: il n'en connut pas les conditions et dit à ce propos : « E la conclusion que en esto se tomo no se hallo en escrito » (*Crónica*, éd. cit., p. 335, col. 2). Le texte de ce traité a été publié par Leibniz (*Codex diplomaticus*, pp. 290-305.)

s'y préparait, lorsque la veille de l'Assomption, à la vue des forces ennemies, les navires castillans évitèrent le combat et se retirèrent. Ce n'étaient, il est vrai, que des barques de pêche mal armées ; néanmoins, au rapport du Religieux de Saint-Denis, ce mouvement de retraite eut pour effet de démoraliser le contingent génois qui ne put subir le choc des Anglais[1].

Henry V chercha, au début de l'année 1417, à rompre l'accord franco-castillan[2]. Mais il n'y réussit pas ; nous constatons, au contraire, qu'en 1418 Charles VI sollicitait de son allié un nouveau secours maritime. Mais, ses envoyés, Jean Dangennes, chevalier, et Guillaume de Quiefdeville, licenciés-ès-lois, arrivèrent en Castille au moment où la reine régente venait de mourir : or, le roi n'était pas majeur, et son tuteur l'infant D. Fernando avait été choisi comme souverain par les Aragonais en 1412. On peut imaginer facilement la confusion qui régnait par tout le royaume, car il n'y avait pour lors aucune autorité capable de prendre une décision. On fit valoir aux envoyés français que personne ne pouvait leur donner réponse et qu'ils devaient attendre la réunion des Cortes[3]. Dans cette assemblée, qui se tint à la fin de 1418, Jean II exposa la demande du roi de France et l'appuya d'autant plus, que Henry V avait fait proclamer dans ses états la guerre contre la Castille[4]. Après de longues discussions, on décida que « doce monedas » seraient levées pour l'armement d'une flotte, mais on exigea du roi et des gens de son conseil le serment que cet argent ne serait employé à aucun autre usage qu'à aider Charles VI[5]. D'ailleurs, à ce moment, les navires de transport faisaient défaut plus encore que les vaisseaux de guerre. Il s'agissait, en effet, de conduire en France un contingent écossais. Cependant, la folie du roi avait augmenté à tel point, que son fils le dauphin, duc de Touraine, de Berry et comte de Poitou, avait pris en main le gouvernement ; c'est lui, qui de Montargis, le 22 mars 1419

---

1. *Chronique du Religieux de Saint-Denis*, éd. cit., t. VI, pp. 34 et 36.
2. De Beaucourt, *Histoire de Charles VII*, Paris, 1881-1891, 6 vol. in-8°, t. I, p. 303.
3. *Crónica*, éd. cit., p. 375, col. 1.
4. *Ibidem*, p. 375, col. 2.
5. *Ibidem*, p. 376, col. 2.

(n. st.), délégua, pour se rendre à la cour de Jean II, son conseiller et maître d'hôtel Bertrand Campion, écuyer. Ce personnage devait, d'accord avec les deux ambassadeurs envoyés en Espagne l'année précédente, conclure avec le roi de Castille, les gens de son conseil, les princes, les marchands et patrons de navires telle convention qui semblerait propre à assurer au service de la France le nombre de vaisseaux nécessaires pour le transport des troupes écossaises. Ces délégués avaient tout pouvoir de jurer au nom du roi et du dauphin que les sommes déboursées seraient intégralement payées[1].

Pendant ce temps, Jean II apprenait que les Anglais s'étaient emparés de Rouen[2] et il manifesta le déplaisir que lui causait cette nouvelle. Quittant Madrid le 4 avril 1419, il se rendit à Ségovie. C'est là qu'arriva Bertrand Campion, le nouveau plénipotentiaire du dauphin ; avec Jean Dangennes et Guillaume de Quiefdeville, il entama les négociations, et le 28 juin, les conditions auxquelles la Castille prêterait son concours furent arrêtées. Les ambassadeurs avaient d'abord fait au roi un tableau de l'état de la France, en proie aux Anglais et à la guerre civile ; ils obtinrent quarante nefs armées, quatre mille marins et arbalétriers, deux cents hommes d'armes, trente capitaines et neuf chevaliers pendant trois mois ; chacun des vaisseaux devait jauger cent cinquante tonneaux, porter cinq hommes d'armes, cent arbalétriers et marins. Tous les frais étaient à la charge du roi de France ; cependant Jean II avançait les sommes nécessaires qui montaient à cent-dix-neuf mille quatre cents francs d'or ; les envoyés français en promettaient le remboursement au nom de leur maître. On convenait en outre que la flotte se dirigerait d'abord vers Belle-Isle, y resterait dix jours, puis ferait voile pour l'Écosse ou pour tout autre lieu désigné par le dauphin. S'il arrivait que la paix fût signée avec l'Angleterre avant que les vaisseaux eussent quitté l'Espagne, le roi de France ne serait tenu de payer que les dépenses déjà faites pour l'armement.

Ces grands préparatifs furent-ils commencés ? Les conditions semblèrent peut-être trop onéreuses, et il ne semble

---

1. Bibl. nat., ms. français 20977, pièce nº 227.
2. *Crónica*, éd. cit, p. 379, col. 1.

pas qu'aucune suite ait été donnée à ce projet. Notons seulement, en septembre 1419, une menace des Espagnols contre Bayonne ; nous savons qu'Henry V s'en émut et donna des ordres pour assurer la défense de cette place[1]. Constatons aussi, qu'en 1420, D. Diego de Añaya, archevêque de Séville, et D. Alonso de Pimentel, remplirent en France une mission dont l'objet ne nous est pas connu[2].

Les relations ne cessent point entre les deux cours, et le dauphin dans sa détresse cherche à s'appuyer sur son allié. D'Amboise, où il se trouvait en septembre 1421[3], il envoie en Espagne messire Bertrand de Goulard, chevalier, et maître Guillaume de Quiefdeville. Nous possédons une copie des instructions qui leur furent données. Après la présentation de leurs lettres de créance et les salutations accoutumées, ils remercieront le roi de Castille du bon vouloir dont il a toujours fait preuve à l'égard de la France ; ils le mettront ensuite au courant des événements survenus depuis la dernière ambassade, ils lui diront notamment que « le duc de Bretagne et son païs est déterminé servir mondit seigneur le Régent. » Jean II devra être informé aussi qu'on attend de nouveaux secours d'Écosse, et que les Anglais ont échoué dans une tentative qu'ils ont faite pour s'emparer de Vendôme. On le priera d'envoyer contre l'ennemi commun « aucune notable armée par terre, tout le plus tost que faire se pourra » ; le dauphin désire que cette armée soit commandée par un des infants d'Aragon et à leur défaut par un duc ou un comte « homme notable, chevallereux et de qui mondit seigneur se puisse servir. » Les ambassadeurs verront en particulier chacun des infants et leur demanderont d'user de leur influence en faveur de la France. Ils solliciteront le roi de Castille d'avancer pendant six mois les fonds nécessaires à l'expédi-

---

1. De Beaucourt, *op. cit.*, t. I, p. 312.
2. *Crónica*, éd. cit., p. 382, col. 1.
3. Bibliothèque nationale, ms. latin 6024, fol. 12, pièce just. n° 56. Ces instructions ne portent pas de date d'année. L'historien de Charles VII les place en 1422. Il nous paraît plus exact de les rapporter à 1421. En effet, la pièce en question mentionne comme un événement récent le traité de Sablé qui est du 8 mai 1421. En outre, elle fut rédigée à Amboise où le dauphin résida en 1421 depuis août jusqu'à la fin de septembre : en 1422 au contraire il demeura à Bourges jusqu'au 26 septembre. C'est M. de Beaucourt lui-même qui nous l'apprend (*op. cit.*, t. I, pp. 232 et 240).

tion, en alléguant les charges énormes qui pèsent sur le royaume et en rappelant au besoin les services rendus jadis. S'ils en sont requis, ils laisseront entre les mains de Jean II une obligation par laquelle le dauphin s'engagerait à rembourser tous les frais. Ils demanderont également que le roi fasse signifier à ses sujets et alliés sa résolution d'aider le régent de tout son pouvoir contre les Anglais. Ils sonderont adroitement les conseillers du souverain castillan, pour savoir s'il lui plairait d'envoyer un clerc ou un gentilhomme « a aucunes citez, bonnes villes ou seigneuries de par deça pour notiffier sa dite intencion », et en cas de mauvaise réponse, de rébellion contre le régent ou d'appui prêté aux ennemis, s'il voudrait faire marcher contre ces villes une armée suffisante « sans les espargnier en aucune maniere. »

Cette ambassade ne produisit aucun résultat : Jean II était trop préoccupé de ses querelles avec les infants, ses cousins, et avec le roi d'Aragon, pour pouvoir mettre une armée au service de son allié.

Le dauphin ayant appris, le 27 octobre 1422, la mort de son père, ne tarda pas à notifier son avènement au roi de Castille, car le 28 novembre suivant, à Mehun-sur-Yèvre, il désignait les personnages qui devaient se rendre en Espagne : c'étaient Jacques Gélu, archevêque de Tours, Guillaume Bataille, chevalier et chambellan, et maître Guillaume de Quiefdeville [1]. Nous savons par les instructions qui furent rédigées à leur intention [2] qu'ils devaient remettre au roi, aux infants et à divers conseillers des lettres de leur maître. Ils annonceront le décès de Charles VI et ils exprimeront le désir qui anime le nouveau souverain de conserver l'amitié qui unit depuis si longtemps les deux couronnes, et de renouveler les traités d'alliance. Ils sont munis à cet effet de pleins pouvoirs, mais comme il a été impossible de retrouver le texte des pactes précédemment conclus, on leur prescrit d'en demander communication dès leur arrivée en Espagne. Ils notifieront ensuite à Jean l'intention qu'a Charles VII de faire au printemps prochain un vigoureux effort pour chasser les Anglais, c'est pourquoi « il requiert tous ses aliez, entre lesquels ledit Roy de Castille est le premier et principal. » Une flotte, surtout,

---

1. Bibl. nat., ms. lat. 6024, fol. 15 r°.
2. *Ibidem*, fol. 13-15.

fait défaut au roi de France, aussi prie-t-il son allié de lui envoyer « dix galées frettées et souldoiées » pour les mois d'avril à septembre de l'année suivante, s'engageant à fournir les vivres nécessaires. S'il était impossible que ces navires fussent prêts pour avril, les ambassadeurs devront essayer de les obtenir pour la fin de mai ou la mi-juin : plus tard leur secours deviendrait inutile. Les envoyés de Charles VII demanderont que la flotte soit placée sous le commandement de « aucun notable chevalier, bon homme d'armes et qui ait usité la guerre, lequel ait expres commandement de faire tout ce que le Roy lui commandera par deça. » L'argent dépensé par Jean pour les galées, lui sera remboursé ; les ambassadeurs ont plein pouvoir de faire à ce sujet une « obligacion..... telle que ledit Roy et son conseil en devrons estre contens ». On priera aussi ce prince de publier dans ses états le renouvellement des alliances et d'annoncer que « son intencion est de aidier au Roy de tout son povoir a rebouter et mettre hors du royaume de France les Anglois dessusdits, communs adversaires et anciens ennemis des deux royaumes. » On insinuera aux conseillers de Jean II qui paraîtront le mieux disposés, que Charles VII verrait avec plaisir les Espagnols faire au printemps prochain une tentative contre Bayonne et la Gascogne, « en remonstrant comme legierement se puet faire tant sont leurs prouchains voisins que pour le petit païs que la tiennent lesdits Anglois et la petite puissance qu'ilz y ont. » Ce mouvement serait naturellement favorisé par les « gens du païs de Guienne es mettes de France [qui] donnent ausdits ennemis moult a besoingnier de leur costé. » Un secours n'aura pas le temps d'arriver d'Angleterre, surtout s'il s'y élève des troubles, comme c'est probable, par suite de la mort de Henry V. Si le principe de cette opération militaire était accepté, on prierait le roi de Castille de faire l'avance des fonds, en lui promettant qu'il serait remboursé comme pour la flotte. Les ambassadeurs exprimeront le déplaisir éprouvé par leur maître à la nouvelle des rebellions qui ont éclaté en Castille. Charles VII a su que l'infant D. Enrique a été mis en prison[1] : il charge ses

---

1. L'infant D. Enrique fut emprisonné à Madrid le 13 juin 1422 (V. *Crónica*, éd. cit., pp. 415 et 416). C'était le troisième fils de D. Fernando de Castille qui devint roi d'Aragon en 1412 et de Dª Leonor Urraca de

envoyés d'examiner « se ilz pourroient prouffiter a sa delivrance, et au mieulx qu'ilz pourront, s'y emploieront » ; mais la plus grande prudence leur est recommandée à ce sujet, ils n'agiront que s'ils trouvent « la chose disposée à ce, sans pour ce acquérir ennemis et que ce ne soit ou feust préjudiciable à leur dite ambaxade. » Enfin, si malgré leurs efforts ils ne pouvaient obtenir de secours du roi ni des princes, ils devraient chercher à enrôler en Espagne pour le service de leur souverain six cents hommes d'armes et deux mille hommes de trait.

Les instructions que nous venons d'analyser ne servirent point ; l'archevêque de Tours et ses compagnons ne partirent pas pour la Castille. M. de Beaucourt a remarqué avec raison, que dans la suite, le roi de France s'excusa de n'avoir envoyé aucune ambassade à son allié depuis la mort de son père [1]. Nous trouvons, en effet, à la date du 28 mars 1426, d'autres instructions destinées à Guillaume de Montjoie, évêque de Béziers, au vicomte de Carmaing et à maître Guillaume de Quiefdeville qu'on charge d'une mission auprès de Jean II [2]. Après les salutations d'usage, ils informeront ce prince « de l'estat et bonne prospérité du Roy et de la Royne et de monseigneur le daulphin et des seigneurs de son sang », puis ils diront que le duc de Bretagne et ses frères se sont rangés au parti royal ainsi que Charles de Bourbon, le comte de Foix, le sire d'Albret, les comtes de Comminges et d'Astarac, que le plus grand désir de Charles VII est de se réconcilier avec le duc de Bourgogne, que les ducs de Savoie et de Bretagne s'emploient activement à amener un accord, les chances de succès paraissant d'autant plus grandes, que la mésintelligence a éclaté entre Philippe le Bon et le duc de Gloucester. Ensuite, s'il semble aux ambassadeurs que « mestier soit, excuseront le Roy que plus tost n'a envoié devers ledit Roy de Castille puis la mort de son feu

---

Castille, connue sous le nom de « la rica hembra ». Il fut grand maître de Santiago. et épousa d'abord Dᵃ Catalina, fille de Henri III, puis Dᵃ Beatriz Pimentel, fille du comte de Benavente (Florez, *op. cit.*, t. II, p. 695).

1. De Beaucourt, *op. cit.*, t. II, p. 312.
2. Ms. lat. 6024, fol. 26-28, pièce just. n° 57. Charles VII recommande ses ambassadeurs à la bienveillance de D. Fadrique, duc d'Arjona (*Ibidem*, fol. 21), pièce just. n° 58.

pere, que Dieu pardoint! et principalement pour les grans affaires qu'il a eus pour le fait des communs adversaires de France et de Castille, les Engloys, qui occuppent grant partie de son royaume, comme scet ledit Roy de Castille. » Charles VII envoie ses délégués aussitôt qu'il le peut pour renouveler les alliances anciennes. Ceux-ci avertiront Jean II que leur maître compte, au printemps suivant, reprendre l'offensive contre l'Angleterre, et le prieront de fournir un secours de deux mille hommes d'armes dont deux ou trois cents équipés à la genette. Si ce nombre semble trop considérable, ils demanderont qu'on en accorde cinq ou six cents le plus tôt possible. Pour l'année prochaine, c'est-à-dire pour avril 1427, on aurait besoin de deux ou trois mille soldats. Si le roi de Castille offrait des vaisseaux, on les accepterait, et les envoyés engageraient leur souverain pour le remboursement des sommes avancées.

La mission se mit en route, mais deux de ses membres, l'évêque de Béziers et le vicomte de Carmaing tombèrent malades à Montpellier. Dans cette ville, se tenait alors une réunion des Etats de Languedoc à laquelle assistaient, au nom du roi, le comte de Foix et l'évêque de Laon. Ceux-ci ordonnèrent à Quiefdeville, le seul des ambassadeurs qui fût valide, de poursuivre son voyage et de se conformer aux instructions que ses collègues et lui avaient reçues. Il se rendit donc auprès de Jean II qui chargea les docteurs Peri Yañez et Diego Rodriguez de lui répondre. Le roi de Castille agréait les excuses de l'évêque de Béziers et du vicomte de Carmaing ; quant au secours demandé, il l'enverrait et un plus grand encore, s'il se pouvait, au roi de France « aussi voulentiers comme a son propre frere charnel, toutesfoiz, veu les manieres estans en Castille et les divisions passées lesquelles ne sont pas encore de touz poins passifiées et aussi que le roy de Castille a levé grant argent sur son peuple », il était incapable de rien accorder pour le moment; mais, s'il plaisait à Dieu que les troubles de son royaume cessassent, « il feroit son loyal povoir de secourir sondit frere le Roy de France[1] ».

N'ayant donc obtenu que des promesses pour l'avenir, Quiefdeville rentra en France, et rapporta à son maître de bonnes nouvelles de la santé de Jean II, de sa femme et de

---

1. Ms. lat. 6024, fol. 26-28.

son fils. Charles VII en « fu bien joieulx », ainsi que d'apprendre les dispositions favorables de son allié. Mais, comme les secours effectifs lui faisaient grandement défaut, il renouvela ses demandes en 1428. Il renvoya auprès du roi d'Espagne Guillaume de Quiefdeville qu'il donna cette fois pour collègue à l'évêque de Tulle, Jean de Cluys[1]. Il les chargea de dire à Jean II que les Anglais continuaient la guerre, et qu'en juillet de l'année précédente, ils avaient été obligés de lever le siège de Montargis, après avoir subi une grave défaite. Les ambassadeurs devaient l'informer également que le duc de Bretagne s'était jeté de nouveau dans le parti ennemi et cherchait à y entraîner les seigneurs bretons, mais que la dame de Laval, le sire de Retz, le vicomte de Rohan et l'évêque de Saint-Malo continuaient à tenir pour la France. Sans la défection de Jean V, Charles VII aurait pu, après la victoire de Montargis, recouvrer une grande partie du pays occupé par les Anglais. Il priait son allié de lui donner « conseil, confort et aide », d'envoyer l'année suivante deux ou trois mille « nobles de son païs et aussi arbalestriers et pavoisiez jusques au nombre de v ou vi^m », s'engageant à payer tous les frais.

L'évêque de Tulle et Guillaume de Quiefdeville reçurent un supplément d'instructions, relatif aux mesures à prendre pour punir la défection du duc de Bretagne et l'empêcher de nuire à la cause royale[2]. Charles VII demandait à son allié

---

1. Leurs pouvoirs sont datés de Loches, 28 juin 1428 (ms. latin 6024, fol. 25, pièce just. n° 59). Charles VII prenait soin de recommander ses ambassadeurs à l'infant d'Aragon D. Pedro (*Ibid.*, fol. 29), cinquième fils de D. Fernando, roi d'Aragon, et de Dª Leonor Urraca de Castille, mort sans postérité. Il écrivait également dans le même but à D. Fadrique, duc d'Arjona et comte de Trastamara (*Ibid.*, fol. 30). Ce prince était fils de D. Pedro, personnage peu connu, et petit-fils de ce D. Fadrique, seigneur de Haro, grand-maître de Santiago qui fut assassiné en 1358 à l'Alcazar de Séville par ordre de son frère naturel Pierre le Cruel : il descendait par conséquent d'Alphonse XI et de Dª Leonor de Guzman. D. Fadrique reçut en 1423 la seigneurie d'Arjona (prov. Jaen, dist. jud. d'Andujar) avec le titre de duc, après la confiscation des biens du connétable D. Ruy Lopez Davalos (cf. *Crónica de D. Juan II*, éd. cit., p. 425, col. 1), et mourut en 1430. Le deuxième duc d'Arjona fut D. Fadrique d'Aragon, comte de Luna, fils du roi Martin d'Aragon. Après sa mort, la ville d'Arjona fut donnée à D. Alvaro de Luna. M. de Beaucourt a confondu tous ces personnages, et il identifie à tort (*op. cit.*, t. II, p. 392) D. Fadrique I, duc d'Arjona, avec le célèbre connétable de Castille, D. Alvaro de Luna.

2. Ms. lat. 6024 fol. 28, pièce just. n° 60.

une flotte de quarante ou cinquante navires « pour faire et porter guerre audit duc de Bretagne et ses subgez jusques a ce qu'il soit réduit et remis à l'obéissance dudit seigneur ». Au cas où l'on interrogerait les ambassadeurs sur le point de savoir si le roi de France a fait publier la guerre contre Jean V, ils répondront qu'il s'en est abstenu, de crainte qu'à la suite de cette déclaration, les seigneurs bretons du parti français ne l'abandonnassent. Si Jean II offrait d'engager le duc à revenir sur sa résolution, l'évêque de Tulle et son compagnon devaient refuser et insister pour l'envoi d'une flotte ; ils ajouteront que les navires castillans pourront se ravitailler à La Rochelle où Charles VII fera rassembler cent tonneaux de vin et deux cents de blé. Le roi d'Espagne sera requis en outre, de ne conclure avec le duc, ni trêve, ni accord quelconque, et de commencer les hostilités sans avertissement préalable. Si Jean n'accueillait pas cette dernière demande, les délégués français devraient obtenir au moins que la guerre ne fût point publiée contre les seigneurs bretons restés fidèles au roi.

Guillaume de Quiefdeville mourut dans la péninsule au cours de cette mission[1] qui fut d'ailleurs infructueuse. Le roi de Castille était incapable de prêter à son allié la moindre assistance, car il était aux prises avec les plus graves difficultés intérieures. Il tenait du reste Charles VII au courant des événements dont son royaume était le théâtre. Nous possédons, en effet, la copie d'une demande adressée par ce prince au roi de France ; ce document n'est point daté, mais en rapprochant les faits qui y sont relatés du récit de la chronique, on peut l'attribuer à la fin de l'année 1429[2]. Ce long mémoire débute par des protestations d'amitié : on y rappelle « les grant debtes, aliences et confédéracions et bonne amour que tousjours a esté entre les glorieux Roys et magnifiques hostelz de Castille et de France ». Or, comme d'après ces alliances, les deux princes se doivent mutuellement aider, il est juste que Charles VII soit informé de ce qui se passe en Espagne. Suit alors un récit diffus des événements de l'année 1429, de la trahison de D. Diego Gomez de Sandoval, comte de Castro, des intrigues du roi de Navarre et de l'infant D.

---

1. Arch. nat., X²ᵃ 21, fol. 134.
2. Bibl. nat., ms. lat. 5956ᵃ, fol. 190. Cf. *Crónica de D. Juan II*, éd. cit., p. 450 et infra.

Enrique, des efforts tentés par ces deux princes pour entrer en Castille malgré les ordres de Juan II. L'ingratitude dont ils payent les bienfaits qu'ils ont reçus, est particulièrement signalée à Charles VII ; le roi d'Aragon soutient les révoltés et pourtant il a épousé la sœur du roi de Castille avec deux cent mille doubles d'or de dot, « qui fut le plus grant douaire fait et constitué jusques alors en noz diz royaumes en semblable cas, lequel il receut entierement et le despendit et gasta a son plaisir par telle maniere qu'il nous fut nécessité de commander à assigner par chascun an pour le maintenement de la dite Royne nostre suer, et lui faire autres aides pour soustenir son estat ». Jean rapporte les négociations qui eurent lieu, ainsi que l'invasion faite en Aragon et les ravages commis sur la frontière. Il prie Charles VII d'accepter la guerre contre la Navarre et l'Aragon, de la faire publier par tout son royaume et de commander spécialement au comte de Foix de ne prêter aucun secours aux ennemis de la Castille. Il a appris que le roi de Navarre avait envoyé en Angleterre son « alferez » afin de solliciter un secours ; lui-même y a délégué des ambassadeurs, chargés d'exposer son bon droit. Il en informe son allié pour qu'il ne prenne pas ombrage de cette démarche et « qu'il saiche comme nous entendons, que est raison, quel est le motif et entencion vive d'envoier nos ambaxadeurs audit Roy d'Angleterre ».

Le gouvernement de Henry VI crut trouver là une occasion favorable de rompre l'accord franco-castillan. Des ambassadeurs anglais se rendirent auprès de Jean II, en 1430, offrirent l'amitié de leur maître et proposèrent son appui contre l'Aragon et la Navarre. Le roi de Castille fut peut-être tenté d'accepter, mais il n'osa prendre une décision immédiate et renoncer à une politique presque séculaire : il fit bon accueil aux messagers, leur répliqua en termes assez vagues, promettant de répondre plus tard. Deux mois après, il fit dire au roi d'Angleterre qu'il le remerciait, qu'il désirait vivre avec lui en paix, mais qu'il ne pouvait songer à une alliance, car il était lié avec la France par des traités solennels que pour rien au monde il ne voudrait violer. Il protestait cependant de sa bonne volonté à intervenir pour négocier entre les adversaires un accord définitif ou au moins une trêve de six mois[1].

---

1. *Crónica*, éd. cit., p. 482, col. 1.

Par une dérogation aux usages jusqu'alors suivis, les pactes qui unissaient la France et la Castille n'avaient point été renouvelés depuis l'avènement de Charles VII. On s'aperçut sans doute de cet oubli, et dès qu'il en eut le loisir, ce prince, étant à Lyon le 28 juin 1434, chargea Denis Du Moulin, archevêque de Toulouse, Jean de Bonnay, sénéchal de Toulouse, Thierry Lecomte, chevalier, et le secrétaire Hervé du Fresnoy, de se rendre en Espagne afin de régulariser cette situation anormale[1]. Quand Jean II apprit que les ambassadeurs étaient proches de Madrid, il envoya à leur rencontre son connétable, D. Alvaro de Luna, et tous les comtes, chevaliers et prélats qui se trouvaient à la cour ; ces personnages s'avancèrent jusqu'à une lieue de la ville, puis faisant cortège aux Français, ils les conduisirent à la résidence royale où on arriva à la tombée de la nuit[2]. Le roi les reçut dans une salle de l'Alcazar, tendue de tapisseries et éclairée par des torches; il était sur une haute estrade, abrité par un dais de velours cramoisi, et, à ses pieds, on voyait couché un grand lion apprivoisé, chose toute nouvelle pour les ambassadeurs et dont ils s'émerveillèrent fort. A leur entrée, le prince s'était levé, mais l'archevêque, effrayé par la présence du fauve, n'osait s'avancer. Il fallut que le roi lui dît d'approcher sans crainte ; il se décida enfin et Jean II l'embrassa ainsi que le sénéchal qui avait voulu d'abord baiser la main du souverain. On fit asseoir les délégués de Charles VII sur des escabeaux garnis de coussins de soie. Le roi demanda des nouvelles de son allié et de quelques-uns des grands seigneurs du royaume, après quoi il fit servir une collation qui, au dire du chroniqueur, fut « tal como convenia en sala de tan gran principe e de tales embaxadores ». L'archevêque et le sénéchal prièrent ensuite le souverain de vouloir bien fixer un jour où ils pourraient s'acquitter de leur mission : le mercredi suivant fut désigné. Ils vinrent ce jour-là au palais, et, en présence du roi, du

---

1. Arch. nat., J. 605, n° 79. Cette pièce contient le texte de l'alliance et le pouvoir des ambassadeurs. Thierry Lecomte n'arriva pas en Castille, car son nom ne figure pas parmi ceux des plénipotentiaires qui jurèrent l'observation du traité au nom de Charles VII. Le 20 novembre 1435, l'archevêque de Toulouse reconnaissait avoir reçu 1,200 livres moutons d'or pour son voyage qui avait duré six mois (Bibl. nat., ms. français 20977, pièce n° 238).

2. *Crónica*, éd. cit., p. 518.

connétable D. Alvaro de Luna[1], de D. Enrique de Villena[2], des comtes de Benavente et de Castañeda, de l'adelantado Pedro Manrique[3], de l'archevêque de Tolède, D. Juan de Cerezuela et de D. Pedro de Castille, évêque d'Osma, Denis du Moulin exposa l'objet de son ambassade. Il montra les raisons pour lesquelles les deux princes se devaient mutuellement aider, il rappela la guerre anglaise et le besoin qu'avait le roi de France d'un secours effectif. Il parla longuement et très bien, dit le chroniqueur : « lo cual dixo por muchas palabras e muy bien dichas ». Jean II répondit qu'il prenait acte des requêtes qui lui étaient adressées, qu'il y réfléchirait et ferait connaître sous peu sa volonté. Le dimanche suivant, les délégués de Charles VII dînèrent à la table royale et furent traités avec magnificence. Ils soupèrent aussi chez le connétable et chez l'archevêque de Tolède. Le 20 janvier, le

1. Alvaro de Luna, connétable de Castille et grand-maître de Santiago, est un des personnages les plus fameux du xv° siècle espagnol. Fils naturel d'un seigneur aragonais, il fut amené à la cour en 1408 par son oncle D. Pedro de Luna, archevêque de Tolède, et fut le camarade d'enfance du roi Jean II. Après la condamnation de D. Ruy Lopez Davalos, il obtint la connétablie et le comté de San-Esteban de Gormaz (prov. de Soria, dist. jud. de Burgo de Osma). Il prit sur son maître une influence considérable et gouverna réellement l'état. Les menées des grands forcèrent par deux fois le prince à se séparer de son favori : deux fois, D. Alvaro revint plus puissant. Jean II finit cependant par se lasser de ce joug ; Alonso Perez de Vivero, contador mayor, ayant été assassiné en 1453, le connétable fut accusé d'être l'auteur du crime. Mis en jugement et condamné, il fut décapité à Valladolid le 5 juillet de la même année. (Cf. Fernan Perez de Guzman, *op. cit.*, p. 75, et la *Crónica de D. Alvaro de Luna*, édition de D. Josef Miguel de Flores, Madrid, 1784, in-4°).
2. D. Enrique de Villena était fils de D. Pedro et petit-fils de D. Alonso, marquis de Villena et duc de Gandia, premier connétable de Castille, qui avait épousé une fille naturelle du roi Henri II. C'est une des figures les plus originales de cette époque : homme d'étude, esprit curieux, il s'occupa de littérature et s'adonna aux sciences, négligeant complètement la politique et délaissant ses propres intérêts. Ami des poètes ses contemporains, il fut loué par le marquis de Santillana et Juan de Mena ; il s'acquit d'autre part un mauvais renom, fut accusé de pratiquer l'astrologie et la sorcellerie. Après sa mort, survenue à la fin de 1434, Jean II ordonna que ses livres fussent examinés par Fray Lope de Barrientos, qui en fit brûler un certain nombre. (Cf. Fernan Perez de Guzman, *op. cit.*, p. 710 et *Crónica de D. Juan II*, éd. cit., p. 519.)
3. D. Pedro Manrique, quatrième du nom, huitième seigneur d'Amusco adelantado de Léon, appartenait à la famille des Manriques, sa mère était Dª Juana de Mendoza. Il naquit en 1381 et mourut à Valladolid en 1440. (L. de Salazar y Castro, *Casa de Lara*, t. II, p. 11 et suiv.)

roi chargea D. Alvaro de Luna, D. Juan, archevêque de Séville, et D. Rodrigo, comte de Benavente, de renouveler les alliances avec la France et d'y apporter les modifications qui seraient jugées nécessaires[1]. Le 29 janvier le traité fut rédigé, et le 31, Jean II, après avoir pris connaissance du texte, exprima sa ferme volonté de maintenir l'ancienne amitié, jura de mettre les articles du nouveau pacte en pratique et de fournir les secours qui y étaient stipulés[2]. La mission de l'archevêque et du sénéchal de Toulouse était terminée : ils prirent congé du roi.

D. Juan Carrillo, archidiacre de Cuenca, fut chargé, le 31 janvier, de porter à Charles VII le texte du traité et de recevoir son serment de l'observer[3] : on lui prescrivait en outre de requérir le roi de France de considérer comme sienne la guerre que la Castille soutenait alors contre l'Aragon et la Navarre, et de le prier de faire publier cette guerre par tout son royaume. En vertu de l'alliance, on lui demandait de commencer les hostilités à la prochaine fête de saint Jacques (25 juillet), date à laquelle expiraient les trêves conclues avec ces deux pays. Mais Charles, qui luttait encore pour chasser les envahisseurs, n'était point en état de soutenir Jean II et ne voulait pas se créer de nouveaux ennemis. Aussi, la requête présentée par l'archidiacre de Cuenca fut-elle éludée, mais on accompagna ce refus de protestations amicales : « doit présupposer ledit arcedyacre que le Roy aime le Roy d'Espaigne et ses seigneuries devant touz autres Roys »[4] ; mais on fait remarquer à l'envoyé de Castille que depuis trente ans la France est en guerre continuelle contre les ennemis intérieurs et extérieurs ; les revenus de la couronne en sont très diminués. Au contraire, le royaume de Jean II est en paix et « puissant tant de gent que de finance pour résister soit au roi d'Arragon et à Navarre ». Charles VII engage son allié à prolonger les trêves, et lui annonce que s'il persiste à recommencer la lutte, il ne pourra lui venir en aide, car une guerre nouvelle augmenterait les difficultés au milieu

---

1. Arch. nat., J. 604, n° 78.
2. Arch. nat., J. 604, n° 79 bis et n° 79.
3. Arch. nat., J. 604, n° 80, pièce just. n° 61.
4. Les réponses faites à l'archidiacre de Cuenca par ordre du roi de France sont transcrites dans le ms. latin 6024, fol. 32 et 33, pièce just. n° 62.

desquelles il se débat. Il rend justice au zèle déployé par D. Juan Carrillo au cours de sa mission, « et le Roy escripra au Roy d'Espaigne du bon devoir que ledit arcedyacre a fait de toute son ambaxade ».

En 1436, ce fut un héraut de Philippe le Bon, duc de Bourgogne, récemment réconcilié avec son suzerain, qui vint annoncer au roi de Castille que la ville de Paris naguère occupée par les Anglais était au pouvoir de Charles VII[1]. A cause de l'amitié qu'il portait à son allié, Jean II témoigna une grande joie en apprenant cette nouvelle ; il fit présent au messager d'une robe de velours cramoisi et de cent doubles.

Huit années se passèrent sans que nous trouvions trace de relations entre les cours de France et de Castille ; les deux rois sont absorbés, l'un par sa lutte contre l'Angleterre, l'autre par ses différends avec ses voisins et ses sujets. En 1444, Charles VII chargea le Dauphin et un chevalier espagnol à son service, D. Martin Enriquez, fils de D. Alfonso, comte de Gijon, de s'emparer de la personne de Jean IV, comte d'Armagnac[2]. D. Martin exécuta l'ordre qu'il avait reçu, mais contrarié d'avoir à arrêter un seigneur qui avait servi en Castille et que Jean II avait gratifié des comtés de Cangas et de Tineo, il promit au comte d'Armagnac d'envoyer un messager en Espagne pour informer le roi de ce qui se passait, et le prier d'intercéder auprès de Charles VII. Aussitôt que le souverain castillan apprit l'arrestation du comte et la confiscation de ses biens, il dépêcha auprès de son allié Diego de Valera[3],

---

1. *Crónica*, éd. cit., p. 528.
2. Ce prince, allié des Anglais, avait voulu par un acte frauduleux s'emparer du comté de Comminges, légué au roi de France en 1443 par la comtesse Marguerite. Les chroniqueurs français appellent D. Martin Enriquez, Martin Garcie (V. Quicherat, *Rodrigue de Villandrando*, p. 195).
3. Diego de Valera, né à Cuenca, est un des historiens les plus connus du xvᵉ siècle ; il composa une chronique générale d'Espagne qu'il dédia à la reine Isabelle, et qui fut imprimée pour la première fois à Séville en 1482, puis un autre ouvrage beaucoup plus intéressant parce que l'auteur y rapporte des faits historiques dont il a été témoin, le *Memorial de diversas hazañas*, qui est une des sources historiques les plus importantes du règne de Henri IV. Diego de Valera fut chargé de diverses missions diplomatiques, notamment en Allemagne: au cours de ses voyages, il fréquentait les tournois et on lui doit une série de livres spéciaux sur les armes, les défis, la théorie du duel. D. Pascual de Gayangos lui a consacré un intéressant article, qui a été recueilli par Ochoa dans son *Antologia española*, Paris, 1872, in-16.

pour le prier de mettre en liberté Jean IV et ses enfants. Avant de donner une réponse, Charles qui se trouvait à Nancy différa quarante jours. Enfin, il fit dire à l'ambassadeur espagnol que les torts du comte étaient tels qu'il ne pouvait lui pardonner sans danger. Mais Diego de Valera insista si bien que le roi de France, par considération pour Jean II, se relâcha quelque peu de sa sévérité première : il consentit à délivrer Jean IV à condition que le roi de Castille lui enverrait sa promesse scellée de son sceau d'attaquer lui-même le comte et de lui enlever ses domaines de Cangas et Tineo s'il se rendait à l'avenir coupable de quelque faute contre la couronne. Diego de Valera partit pour Carcassonne où Jean IV était détenu, le vit plusieurs fois et rentra en Espagne. Son maître, satisfait de la solution de cette affaire, voulait renvoyer immédiatement en France le même ambassadeur, afin de porter à Charles VII la promesse demandée; mais D. Alvaro de Luna fit charger de ce soin un chevalier de sa maison, D. Alonso de Brigianos[1].

Au cours de la même année 1444, Jean Le Boursier et un certain Iñigo Darceo, sans doute un Espagnol établi en France, vinrent en Castille au moment où le roi venait de se soustraire à la captivité où le roi de Navarre et les infants rebelles le gardaient. Charles VII avait été informé de la situation de son allié, et, par ses lettres, lui offrait de travailler à sa délivrance. Ses envoyés étaient également chargés de notifier à Jean II qu'une trêve de deux ans avait été conclue à Tours, le 28 mai 1444, avec les Anglais, et de lui demander de l'accepter ; ils devaient aussi le consulter sur l'opportunité qu'il y aurait à signer une paix définitive. D. Alonso de Brigianos, qui portait à Charles la caution du comte d'Armagnac, et le même Iñigo Darceo, qui, comme on le voit, servait successivement d'intermédiaire aux deux princes, furent dépêchés en France afin de répondre au nom du roi de Castille. Ils devaient remercier le souverain français de l'offre qu'il avait faite de délivrer son allié, mais lui dire qu'actuellement « par la grace de Dieu », sa captivité est finie et qu'il est en « pléniaire livreté[2] ».

---

1. *Crónica*, éd. cit., pp. 618 et 619. A propos du comte d'Armagnac et des lettres d'abolition qui lui furent accordées. Cf. Beaucourt, *op. cit.*, t. IV, pp. 104 et 105.
2. Ms. lat. 5956ª, fol. 138 et 139.

Jean II consent volontiers à la trêve ; en ce qui concerne la paix définitive, il en a délibéré avec son conseil, et considérant « que la paix [qui] est chose principalement commandée par Nostre Seigneur, doit estre espécialment par touz loyaulx chrestiens désirée et procurée comme celle par qui tant de services se font a Dieu et est commune utilité a tout le peuple chrestien, il lui semble qu'il se doit faire et de ce aura grant joye, prie affectueusement au Roy que ce qui traitté sera sur le fait de la dite paix, le vueille communiquer et notifier ». Il promet de son côté de tenir Charles VII au courant de ce qu'il fera avec les rois d'Aragon et de Navarre. Il se plaint de l'ingratitude de l'infant D. Enrique et insiste en faveur du comte d'Armagnac. En outre, craignant que le comte de Foix ne s'unisse au roi de Navarre pour lui faire la guerre, « laquelle chose seroit aller directement contre les aliances et confédéracions jurées », il prie Charles VII de « deffendre estroitement et sur grosses paines a touz ses subgez et naturels », et particulièrement au comte de Foix, de donner aide ni « confort audit Roy de Navarre ne a ceulx de son party ».

Jean II étant devenu veuf en 1445 aurait désiré, si l'on en croit son chroniqueur, épouser une des filles du roi de France [1], mais le connétable D. Alvaro de Luna conclut pour son maître un mariage avec une princesse portugaise, et le roi, toujours faible, finit par y consentir, non sans manifester son déplaisir.

Pour la fin du règne de ce prince, nous ne possédons que le texte de diverses demandes adressées par Charles VII, et les réponses qui y furent données. On y sent percer une certaine aigreur, et les deux alliés ne se font pas faute de laisser échapper des récriminations.

Dans le courant de 1450, Gérard Le Boursier et Iñigo Darceo furent envoyés en Castille [2]. Ils venaient de la part de leur maître prier le roi de vouloir bien déclarer, par une lettre scellée de son grand sceau, qu'il approuvait et considérait comme sienne la guerre faite aux Anglais par Charles pour reconquérir la Normandie et celle qu'il entreprendra pour

1. La *Crónica* (éd. cit., p. 633, col. 2) dit que Jean II aurait voulu pour femme « Madama Ragunda »; Charles VII eut en effet une fille du nom de Radegonde, mais elle mourut en 1444. C'est donc à une autre fille du roi de France que dut songer le roi de Castille.
2. Ms. latin 6024, fol. 61-65, pièces just. n°s 63 et 64.

s'emparer de la Guyenne et des autres parties du royaume qui sont encore aux mains des ennemis. — Jean II répondit qu'il était très joyeux de savoir « la bonne victoire et conqueste que par la grace Dieu ledit Roy de France son frere et alyé a eu contre les Anglois » et qu'il serait plus satisfait encore lorsqu'on lui annoncerait la reprise totale de la Guyenne; quant à ce qu'on demande de lui, il répliqua qu'il n'était point tenu par les traités de « faire telle acceptation ne donner pour ce lettres »; c'était d'ailleurs inutile puisque le texte de l'alliance dit expressément que « chacun des Roys doit avoir la guerre l'un de l'autre comme sienne propre ainsi que le Roy a eu et a pour propre la guerre de son dit frere contre lesdiz Anglois, selon qu'il est a tous notoire et l'expérience l'a ainsi monstré et le monstre ».

En second lieu, les envoyés de France demandèrent à Jean II d'ordonner à ses sujets de faire guerre aux Anglais et de leur nuire par tous les moyens possibles. — Le roi y consentit; mais il observait que la rupture de la trêve de 1444 ne lui avait point été notifiée en temps utile; il se plaignait de ce retard qui avait causé aux Castillans les plus graves dommages, attendu qu'ils commerçaient sous la sûreté de cette trêve et qu'ils avaient été fort maltraités par les Anglais; de ce chef, le roi de France leur devait des indemnités. Poursuivant ses récriminations, il rappelait qu'il n'avait obtenu aucun secours de son allié alors qu'il combattait les rois d'Aragon et de Navarre. Il vantait aussi le mérite qu'il avait eu de rester fidèle à l'amitié française, lorsque le roi d'Angleterre qui était « son prochain parent, comme chacun scet », lui offrit des forces considérables pour conquérir Grenade. Il réclamait enfin contre des taxes nouvelles imposées à ses sujets en France par l'argentier de Charles VII.

Gérard Le Boursier et son compagnon sollicitaient pour les négociants français des avantages analogues à ceux dont les marchands espagnols jouissaient dans le royaume. — Jean II répondit que ces privilèges avaient été octroyés aux Castillans très anciennement, en reconnaissance des services qu'ils avaient rendus à la France et aussi afin de les détourner de l'Angleterre. Au reste, en Biscaye, où les Français se rendaient principalement, aucun impôt n'était prélevé sur eux.

On priait aussi le roi d'Espagne d'apaiser la querelle qui avait éclaté entre ses sujets et les marchands d'Allemagne, querelle dont la conséquence était d'empêcher ces derniers de venir à La Rochelle, au grand détriment des intérêts français. On le requérait de défendre aux Castillans sous les peines les plus sévères de causer aucun dommage aux Allemands. — Jean II se borna à répliquer qu'il n'avait jamais entendu parler des disputes auxquelles il était fait allusion. Enfin, à la demande qu'on lui adressait d'armer des vaisseaux qui, réunis à ceux du roi de France et du duc de Bretagne, protégeraient les navires de commerce contre les Anglais, le prince promettait d'en délibérer. Le 24 août 1450, il annonçait à Charles VII qu'il envoyait vers lui Iñigo Darceo afin de l'entretenir de diverses questions relatives à D. Carlos, prince de Viana[1]. Il est probable que cet Iñigo rapporta également en France les réponses de Jean II, réponses en grande partie évasives, — comme on l'a vu, — et qui ne furent point jugées satisfaisantes. Aussi, crut-on utile d'insister, et de ne pas laisser passer sans y répliquer certaines allégations du roi de Castille[2].

Les délégués français justifièrent d'abord la reprise des hostilités contre les Anglais ; ceux-ci, loin d'observer les trêves, les ont constamment violées. Il est vrai que le traité n'oblige point Jean II à donner la lettre qu'on lui demande, mais c'est une chose très naturelle entre alliés. — Sur ce point, les ambassadeurs eurent gain de cause, mais le souverain espagnol tint à faire constater que la rupture de la trêve ne lui avait point été notifiée officiellement ; il revint sur le dommage éprouvé par ses sujets et la réparation que Charles VII leur devait pour ce motif.

Le roi avait promis d'ordonner aux Espagnols de faire guerre aux Anglais, mais il ne s'était point engagé lui-même. Les envoyés français s'en plaignirent et sollicitèrent une réponse plus claire. Puis, ils excusèrent leur maître de n'avoir point annoncé plus tôt que la trêve était rompue ; il avait voulu s'acquitter de ce devoir au moment où il entra en Normandie, mais, voyant le bon succès accordé par Dieu à

---

1. Ms. lat. 6024, fol. 90.
2. *Ibidem*. fol. 66-71, les répliques du roi de Castille sont contenues dans les fol. 74-76.

ses armes, il avait préféré attendre une victoire complète.
D'ailleurs, le roi de France ne supposait pas que les marchands de Castille eussent osé aller en Angleterre, car la mauvaise foi de cette nation, son manque de scrupules à observer les engagements pris sont depuis longtemps connus. Du reste, la notification officielle d'une guerre prévue par les traités ne doit s'entendre que d'une guerre nouvelle : or, avec les Anglais, les hostilités durent depuis trente ans. Quant au reproche fait par Jean II à son allié de ne l'avoir point soutenu dans sa lutte contre la Navarre et l'Aragon, il est injuste, car chacun sait que le roi de France a eu lui-même beaucoup d'ennemis à combattre ; le roi de Castille, sollicité de même, a allégué sa guerre contre les Maures. Les Espagnols se plaignent que de nouvelles taxes leur sont imposées : ils ont tort, car Charles VII a refusé au contraire à son argentier de laisser adjuger la « marque » sur les Castillans[1] ; il a seulement fait percevoir dans tous les ports de France un droit de « truagium », et on cessera de l'exiger dès que l'argentier sera remboursé. — Ces raisons ne parvinrent pas à convaincre complètement Jean II ; il consentit pourtant à faire publier la guerre contre les Anglais sur terre et sur mer par tout son royaume ; il observait toutefois que « se pourroit bien excuser de faire ce qu'ilz demandent, mesmement selon ce qu'il y a a présent grans necessitez qui surviennent...... tant avec les Sarrasins ennemis la sainte foy catholique...... comme es autres roys et royaumes chrestiens ses voisins que a aucuns rebelles et désobéissans de ses vassaulx et subgiez. »

Dans sa première réponse, le roi de Castille affirmait que les privilèges accordés en France aux marchands de son pays, l'avaient été en récompense de services rendus. Les ambassadeurs de Charles VII protestèrent contre une pareille allégation : l'octroi de ces avantages a été purement gracieux, et un des souverains de l'Espagne l'a sollicité ; ils ne constituent pas un profit, comme on l'a prétendu, mais une perte

---

1. Le droit de marque ou de représailles est le « droit concédé à un particulier par l'autorité souveraine, dont il est le sujet, de reprendre même par la force son bien ou l'équivalent de son bien sur un étranger et les concitoyens de cet étranger, lorsqu'il n'a pu obtenir justice par les voies judiciaires du pays de son adversaire » (René de Mas-Latrie, *Droit de marque au moyen âge*, p. 4).

pour le royaume de France. Ils ajoutèrent que, toute révérence gardée, il y avait mauvaise grâce à rappeler constamment ses bienfaits. Il semble, en outre, établi que les Espagnols sont toujours bien reçus à la Rochelle. On avait demandé à Jean II, comme nous l'avons vu, d'accorder des privilèges aux commerçants français, à quoi il avait été répliqué que personne ne payait de taxes en Biscaye : quel avantage a dès lors la France sur les autres nations ? — Mais le roi dit qu'il était inutile de revenir sur ce sujet : on en avait traité longuement, lors du renouvellement des alliances, et on avait reconnu la chose impossible « pour plusieurs légitimes raisons ». Il était certain, selon lui, que les Castillans avaient à subir en France mille vexations et il lui semblait opportun de nommer de part et d'autre des arbitres qui décideraient qui avait raison ; en attendant que la question fût tranchée, il demandait que l'exercice du droit de marque cessât aussitôt et qu'aucune taxe nouvelle ne fût imposée à ses sujets.

Les ambassadeurs français affirmèrent que Jean II ne pouvait ignorer la querelle des Espagnols et des Allemands, puisqu'il avait approuvé un traité conclu entre eux, qui était si désavantageux pour ces derniers, qu'ils étaient absolument empêchés de venir à la Rochelle, et cela au grand préjudice de la France. On y stipulait en effet que les Allemands pourraient amener des marchandises dans ce port, mais qu'il leur était interdit d'y prendre cargaison. Il en résultait que l'exportation des vins avait sensiblement diminué, et que les Castillans n'ayant plus de concurrence à redouter avaient élevé dans des proportions considérables le prix du fret. — A ces raisons, le roi répondit seulement que les Allemands n'étant point sujets de Charles VII, celui-ci n'avait rien à voir dans les traités qu'ils faisaient avec les Espagnols.

En ce qui touchait la flotte à entretenir de concert avec le roi de France et le duc de Bretagne, Jean II allait ordonner une enquête auprès de ses sujets des côtes « pour soy informer en quel maniere se pourroit mettre en effect le plus tost qu'il se pourra faire ».

Le 12 novembre 1450, à Arevalo, le souverain de Castille remit à Gérard Le Boursier et à Iñigo Darceo une lettre scellée de son grand sceau dans laquelle il déclarait considérer comme sienne la guerre que Charles VII menait contre les Anglais pour recouvrer son duché de Guyenne ; mais il constatait que la reprise des hostilités ne lui avait point été notifiée par lettre patente, et il priait son allié de remplir au plus tôt cette formalité, afin que le texte du traité fût ainsi scrupuleusement respecté[1]. Deux jours avant, le 10 novembre[2], dans un document adressé à son fils, l'infant D. Enrique, au connétable D. Alvaro de Luna, au maître de Santiago, aux riches hommes et à tous ses sujets, il annonçait son intention de combattre l'Angleterre.

1. Ms. latin, 6024, fol. 85, pièce just. n° 65.
2. *Ibidem*, fol. 86.

CHAPITRE VII

HENRI IV
(1454-1474)

Jean II mourut le 22 juillet 1454; son fils, Henri IV, lui succéda et songea aussitôt à notifier à Charles VII l'événement qui le portait au trône. Des compétitions se produisirent dans l'entourage du nouveau souverain pour savoir qui remplirait cette mission : on pensa d'abord à D. Alfonso de Velasco qui à l'avantage d'une haute naissance joignait le mérite d'une grande habileté. Mais D. Juan Pacheco, marquis de Villena, se servit de son influence pour faire désigner D. Juan Manuel « guarda mayor » du roi, homme de noble origine, mais illettré, à qui on donna pour collègue le docteur Ortun Velasquez de Cuellar, protonotaire apostolique et doyen de l'église de Ségovie[1]. Ces deux ambassadeurs, arrivés à la cour de Charles VII, lui apprirent la mort de Jean II; le roi leur témoigna le chagrin que lui causait la perte de son allié et les chargea d'exprimer à Henri IV ses félicitations à l'occasion de son avènement. Les pactes d'amitié ne furent point renouvelés immédiatement, car ni D. Juan Manuel ni son compagnon n'avaient reçu les pouvoirs suffisants pour rédiger les traités. Ils retournèrent donc en Castille; mais, peu de temps après, le « guarda mayor » revint en France avec le docteur Alfonso de Paz, pour régler diverses questions relatives aux rapports des deux nations avec l'Angleterre[2] et

---

1. *Crónica Latina de D. Enrique IV*, por Alonso de Palencia (imprimée par l'Académie de l'Histoire, inachevée et non publiée, pp. 64 et 65.)
2. La chronique espagnole, dite d'Alonso de Palencia, dont une copie existe à la Bibliothèque nationale (ms. espagnol 112, fol. 2 v°) et le *Memorial de diversas hazañas* de Mosen Diego de Valera, imprimé au t. III des *Crónicas de los Reyes de Castilla* (p. 7, col. 2), affirment que les alliances furent renouvelées en France. D'après le texte du traité

modifier les conventions passées jadis entre Henri II et Charles V. Il fut décidé, en effet, que les Espagnols pourraient se rendre librement en Angleterre avec une licence de leur souverain ; ce prince aurait, de son côté, la faculté de donner chaque année sauf-conduit à vingt navires anglais pour venir dans son royaume sans en rendre compte à personne. Charles VII, au contraire, s'engageait à n'accorder ni par lui-même, ni par son amiral, ni par ses capitaines, aucune sûreté ou sauf-conduit à un bateau anglais pour aborder dans un port français avec gens et marchandises, sans avoir au préalable obtenu le consentement du roi de Castille ou de son délégué. Iñigo Darceo, regidor de Burgos, boursier d'Espagne, cet espagnol établi en France que nous avons vu mêlé aux négociations des deux couronnes sous le règne de Jean II, fut désigné par les ambassadeurs et chargé d'apposer un visa au dos des sauf-conduits donnés à des Anglais par le roi de France ou ses officiers [1].

Quant au traité d'alliance, c'est en Castille qu'il fut solennellement renouvelé. Charles VII, par acte daté de Mehun-sur-Yèvre, le 20 janvier 1455 (n. st.) délégua pour le représenter Jean III Bernard, archevêque de Tours, Gérard Le Boursier, maître des requêtes ordinaires de l'hôtel, Iñigo Darceo, Guillaume d'Estaing, chevalier, sénéchal de Rouergue, et le secrétaire Nicolas du Breuil [2]. Ces personnages arrivèrent à la cour de Henri IV au moment où ce prince, dont le premier mariage demeuré stérile avait été annulé, allait épouser Dª Juana de Portugal et s'était rendu à Cordoue pour y recevoir sa fiancée. C'est dans cette ville qu'il trouva les ambassadeurs français. Les affaires qui les amenaient en Espagne furent nécessairement ajournées, mais ils assistèrent aux cérémonies, aux fêtes célébrées à l'occasion des noces royales et furent traités avec les plus grands égards. C'est même l'archevêque de Tours qui mit la main de la jeune princesse dans celle du roi, accomplissant ainsi la cérémonie des fiançailles ; après quoi, on servit un souper magnifique

---

rédigé le 10 juillet 1455 (Arch. nat., J. 604, n° 80 bis), nous croyons plutôt que ce renouvellement n'eut lieu qu'en Castille.

1. Chronique dite d'Alonso de Palencia, Bibl. nat., ms. espagnol 112, fol. 2 v°, fol. 3 r°.
2. Arch. nat., J. 604, n° 80 bis.

durant lequel les délégués de Charles VII eurent l'honneur de la table des souverains. Le mariage eut lieu le dimanche de la Pentecôte : la bénédiction nuptiale fut donnée aux époux dans la chapelle privée par l'évêque élu de Mondoñedo. Ensuite, le roi et la reine, suivis de toute la cour, traversèrent la ville et assistèrent dans la cathédrale à une messe solennelle célébrée par l'archevêque de Tours[1].

Peu de temps après son mariage, Henri II partit pour une expédition contre les Maures ; mais auparavant, il donna audience aux ambassadeurs français en présence des gens de son conseil et de tous les Grands. L'archevêque prit la parole et, dans une longue harangue latine, il exprima la douleur qu'avait causée à son maître la fin de Jean II, la joie qu'il avait ressentie à l'annonce de l'heureux avènement de son successeur, puis il demanda le renouvellement des alliances. En quelques mots, le roi remercia Jean III Bernard et lui dit de remettre ses instructions au docteur Fernan Diaz de Toledo, son « relator », qui les examinerait et lui en rendrait compte à son retour de la guerre[2]. Un certain nombre de gentilshommes français, venus en Espagne avec les ambassadeurs, supplièrent Henri de leur permettre de prendre part à l'expédition contre les infidèles ; le roi, accédant à leur désir, leur fit donner des chevaux, des armes et tout le nécessaire pour une campagne ; Iñigo Darceo fut spécialement chargé de les accompagner. L'expédition ne dura pas longtemps : au bout de dix-huit jours, Henri IV était de retour à Cordoue. Le 10 juillet 1455, il désignait D. Iñigo Lopez de Mendoza, marquis de Santillana, et D. Juan Pacheco, marquis de Villena[3], pour rédiger, d'accord avec les ambassadeurs

---

1. *Memorial de diversas hazañas*, éd. cit., t. III, pp. 7, col. 2 et 8, col. 1.
2. *Ibidem*, p. 8, col. 1.
3. Iñigo Lopez de Mendoza, fils cadet de Diego Hurtado de Mendoza, almirante de Castille, et de Dª Leonor de la Vega, né le 19 août 1398, fut créé marquis de Santillana en 1445 et mourut le 25 mars 1458. Il doit sa renommée à ses talents poétiques et à l'influence considérable qu'il exerça sur la littérature castillane du XVᵉ siècle (Cf. *Claros varones* de Fernando de Pulgar, Madrid, 1789, p. 82 et infra).

D. Juan Pacheco, grand-maître de Santiago, était fils d'Alfonso Tellez Girón, et petit-fils d'un des seigneurs portugais qui passèrent au service de Jean I. Sa faveur commença en 1440 sous Jean II, qui le créa en 1445 marquis de Villena. Pendant le règne de Henri IV, bien qu'il ait suivi quelque temps le parti de l'infant D. Alfonso, il fut

français, les pactes d'amitié, et en personne, le même jour, dans la cathédrale, il approuva le nouveau traité et jura de l'observer[1]. L'archevêque de Tours et ses compagnons furent congédiés et gratifiés de chevaux, de mules, d'étoffes de soie et de brocard[2].

Signalons, au cours de cette année 1455, deux réclamations adressées par le roi de Castille à Charles VII, au sujet de marchands espagnols qui avaient été injustement dépouillés en France[3]. D'autres difficultés restaient à résoudre, concernant les sauf-conduits à accorder aux Anglais et aux Allemands, ainsi que les privilèges des commerçants castillans, victimes d'abus de pouvoir de la part des officiers royaux ; enfin des différends s'étaient élevés entre les habitants des deux rives de la Bidassoa, à propos d'une tour que le roi de France avait fait construire. Le 10 janvier 1456, étant à Avila, Henri IV chargea trois de ses conseillers, Ortun Velasquez de Cuellar, D. Juan Manuel et le docteur Alfonso Alvarez, de régler toutes ces questions ; ils apportaient en outre la ratification du traité de Cordoue et devaient recevoir le serment du roi de France[4]. On leur avait confié une lettre datée de Ségovie, le 3 février 1456, où le roi de Castille faisait savoir à son allié le bon état de sa santé et le priait de lui envoyer de ses nouvelles[5]. Nous ignorons à quel résultat précis on aboutit ; des documents postérieurs nous apprennent que les litiges qui troublaient la bonne harmonie des sujets des deux princes furent apaisés par une convention signée à Gannat en 1456, mais dont les conditions ne nous sont point parvenues.

On apprit en Espagne qu'une querelle avait éclaté entre Charles VII et le Dauphin, et que celui-ci ayant quitté la cour

---

et resta jusqu'à la fin un des conseillers les plus influents et les plus écoutés de la couronne. Il mourut le 4 octobre 1474. Il se montra partisan dévoué sinon désintéressé de l'alliance française. Louis XI parle de lui dans une de ses lettres comme d'un homme sûr (V. *Lettres de Louis XI*, éd. Vaësen, t. IV, p. 51) : il se l'était attaché en promettant de donner une de ses filles pour femme à D. Pedro de Porto Carrero, fils du marquis (Cf. *Colección diplomática de la crónica de D. Enrique IV*, p. 290).

1. Arch. nat., J. 604, n° 80 bis.
2. *Memorial de diversas hazañas*, éd. cit., p. 10.
3. Ms. lat. 6024, fol. 9 et fol. 108.
4. Ms. lat. 5956a, fol. 221 et 222. pièce just. n° 66.
5. Ms. lat. 6024, fol. 113.

de son père s'était réfugié d'abord en Dauphiné, ensuite auprès du duc de Bourgogne. Henri résolut d'intervenir dans cette affaire de famille, et, comme il devait d'ailleurs envoyer en France des ambassadeurs pour traiter diverses affaires, il prescrivit à D. Juan Manuel et au docteur Alfonso de Paz de chercher à réconcilier le père et le fils[1]. Ces deux personnages, arrivés à Lyon le 19 mai 1457[2], parlèrent au nom de leur maître.

Henri IV exprimait la « desplaisance » qu'il avait eue en apprenant la discorde du Roi et du Dauphin ; s'il n'eût été retenu dans ses états par « aucuns grans affaires.... il feust venu lui-mesmes en personne jusques devers le Roy pour soy employer à l'apaisement des dites matières », mais par la bouche de ses délégués, il conjurait Charles VII pour « l'onneur de Dieu, le bien de son royaulme et la gloire de sa très haulte couronne, en faveur aussi du dit Roy de Castille, qu'il vueille reprendre mon dit Seigneur le Daulphin en sa grace et bienveillance paternelle ». — Sur ce point, le roi de France, après avoir remercié son allié de ses bonnes intentions et de l'affection qu'il lui marquait, se borna à informer exactement les ambassadeurs des faits qui s'étaient passés, afin qu'ils pussent les rapporter exactement à leur maître[3].

Le roi de Castille demandait à Charles VII d'enjoindre au comte de Foix, son vassal, de ne plus favoriser, les armes à la main, le roi de Navarre contre le prince de Viana et de faire rendre à ce dernier les places qui lui avaient été enlevées. — Le roi de France répondit que le royaume de Navarre ne dépendait point de sa couronne, mais qu'il avait toujours conseillé au prince de Viana la soumission et l'obéissance. En outre, le comte de Foix ayant épousé la fille de Jean II, roi de Navarre, il était bien difficile de l'empêcher de soutenir son beau-père[4]. Cependant, il promettait,

---

1. *Memorial...* éd. cit., p. 17, col. 1.
2. Cf. de Beaucourt, *op. cit.*, t. VI, p. 131.
3. Nous possédons la lettre de créance de D. Juan Manuel (Bibl. nat., Collect. Fontanieu 881, fol. 7), une lettre de recommandation adressée au roi de France par D. Alonso de Fonseca, archevêque de Séville, frère de ce personnage (ms. lat. 6024, fol. 115); enfin le texte des demandes faites par Henri IV à son allié (*Ibid.*, fol. 196-199) et les réponses données au nom de Charles VII (*Ibidem*, fol. 223-225).
4. Cf. H. Courteault, *Gaston IV, comte de Foix* (Toulouse, 1895, in-8º), p. 177 et infra.

par égard pour son allié, d'exhorter Gaston IV, à s'abstenir d'hostilités en attendant l'arbitrage du roi de Castille.

Jean II avait déjà, comme nous l'avons dit plus haut, intercédé auprès de Charles VII en faveur de Jean IV, comte d'Armagnac. Henri, à son tour, recommandait au roi de France, Jean V, fils de ce dernier. — Mais, sur ce point, Charles, tout en regrettant que le comte se fût exposé à la rigueur de la justice, répondit que l'affaire devait suivre son cours à cause « des grans cas par lui commis, qui sont de grant escandale »; cependant il a autorisé Jean V à venir se justifier en sa présence[1].

Peu de temps auparavant, il avait été décidé (probablement dans les conventions de Gannat) que le roi de France désignerait un officier ayant pouvoir de mettre « anexe » en Castille aux sauf-conduits en nombre déterminé, accordés par Henri IV à des Anglais, comme cela se pratiquait en France. Charles VII promit de nommer ce fonctionnaire au plus tôt.

Le roi de France avait pris l'engagement de faire respecter les privilèges des marchands castillans: Henri lui demanda d'y veiller, surtout dans les villes de Bordeaux et de Bayonne, et d'ordonner la restitution de ce qu'on avait injustement enlevé à ses sujets. — Charles VII renouvela la promesse faite à Gannat, mais déclara que les Espagnols devaient acquitter le droit de « traicte » sur les vins et autres marchandises sortant du royaume, car ce droit est compris dans le domaine royal et n'a jamais été aliéné. Il en profita pour demander que des avantages fussent concédés aux Français faisant le commerce en Castille, et pour parler du traité si préjudiciable à la France, intervenu entre Espagnols et Allemands: les plénipotentiaires de Gannat avaient promis de s'en occuper, mais, depuis, on n'en a eu aucune nouvelle.

D. Juan Manuel et son compagnon prièrent Charles VII de donner des ordres pour que les navires des deux nations fus-

---

1. Jean V, devenu comte d'Armagnac en 1450, avait été excommunié à cause de ses relations incestueuses avec sa sœur Isabelle; mais ayant corrompu un protonotaire du Pape, il obtint une fausse bulle de dispense et épousa publiquement sa maîtresse. Poursuivi devant le Parlement de Paris pour ce crime et aussi à cause de ses intelligences avec les Anglais, il fut condamné à l'exil et ses biens furent confisqués (V. de Beaucourt, *op. cit.*, t. VI, p. 32 et infra).

sent protégés contre les pillages des Anglais. — Le roi répondit que depuis la convention de Gannat il n'avait pu communiquer ni avec le connétable, ni avec ses « autres chiefz de guerre qui ont garde de la coste de la mer », ni prendre les mesures nécessaires, mais qu'il avait l'intention d'y pourvoir le plus tôt possible.

Des querelles suivies de voies de fait et de meurtres s'étaient élevées entre les habitants de Fontarabie, sujets du roi de Castille, et les habitants d'Urtubie et du pays de Labourd, sujets du roi de France, à propos de la pêche et de la navigation dans la Bidassoa. Henri demandait que Charles VII défendît aux siens d'attaquer les gens de Fontarabie et leur ordonnât de respecter les droits de ces derniers. — On répliqua, que jadis des commissaires avaient été nommés pour juger le litige ; plus tard, à Gannat, d'autres personnes avaient été désignées pour rendre une sentence ; elles s'étaient réunies, mais les députés castillans avaient refusé de trancher la question définitivement, prétendant n'avoir point pour cela de pouvoirs suffisants. On s'était donc séparé en prorogeant les trêves conclues à Gannat, « qui n'est pas grant seurté d'une part ne d'autre. » Le roi de France prétendait en outre que les habitants de Fontarabie avaient, les premiers, attaqué ses sujets.

D. Juan Manuel et le docteur Alfonso de Paz avaient été chargés également de se rendre auprès du Dauphin et de tenter de le ramener auprès de son père. D'après le témoignage de Georges Chastellain, Charles VII les pria de n'en rien faire ; ils se bornèrent alors à envoyer à la cour de Bourgogne un héraut d'armes nommé Séville, qui alla à Hesdin et annonça que le roi de Castille enverrait « une grande et haute ambassade devers les deux princes le dauphin et le duc pour ceste matière ; laquelle toute voies ne vint pas et n'y fut onques vue, ne sçay par quel empeschement »[1].

Au début de 1459, sans doute, Iñigo Darceo, boursier d'Espagne[2], fut envoyé auprès de Henri IV : il était chargé de lui annoncer que le roi d'Aragon Jean II, successeur de

---

1. *Œuvres de Georges Chastellain*, éd. Kervyn de Lettenhove (t. III, p. 343), Bruxelles, 1863-1866, 8 vol. in-8°.
2. Ms. lat. 6024, fol. 128-131.

son frère Alphonse V, avait sollicité du roi de France la continuation de l'amitié qui unissait les deux couronnes. Charles VII y avait consenti, mais en stipulant des réserves expresses à l'égard du roi de Castille qui était depuis si longtemps le fidèle allié de sa maison. Henri répondit « qu'il en a esté bien joyeulx » et remercia le roi de France de l'avoir averti : il était persuadé d'ailleurs que ce prince ne voudrait faire avec l'Aragon « nulle novalité qui feust contre ne au préjudice des dites aliances et de la loable paix et fraternité ».

Le délégué français informa aussi le roi de Castille que son maître avait reçu du Pape l'invitation d'envoyer à Mantoue[1] une ambassade solennelle « pour la défense de la foy ». Charles VII désirait que ses représentants s'unissent à ceux de son allié, qui y consentit volontiers. Il le mit aussi au courant des divisions qui existaient toujours entre lui et son fils. Le roi de Castille rappela qu'il avait déjà chargé D. Juan Manuel d'intervenir à ce sujet, et il offrit, le cas échéant, sa médiation « avec bon et joyeulx vouloir ». Le roi de France notifiait encore à Henri IV que la ville de Gênes était en sa possession[2]. Ce prince se réjouit de cette bonne nouvelle et promit de traiter dorénavant les Génois comme les Français. — Dans la convention de Gannat, il avait été stipulé que les marchands anglais qui viendraient en France ou en Espagne ne pourraient être armés : Charles VII proposa de modifier cet article et de permettre que « ceulx qui d'ores en avant vendroient es diz navires à sauf conduit, peussent porter armeures et habillemens de guerre compectentement pour la deffense de leurs navires ». Henri accepta cet amendement.

Un peu plus tard, le roi de Castille adressa à son allié une série de réclamations ; les noms des personnages qui les présentèrent à Mehun-sur-Yèvre ne nous sont pas connus. Il remercie d'abord Charles VII de « la libéralité » qu'il a faite aux Portugais sur sa demande, et lui en « scet moult bon gré ». Il constate ensuite, que les marchands espagnols

---

1. Congrès de Mantoue convoqué par le Pape Pie II afin de préparer la défense de la chrétienté contre les Turcs. (Cf. Beaucourt, *op. cit.*, p. 248-249).
2. La République de Gênes se donna à Charles VII en 1458 : Jean, duc de Calabre, en prit possession le 11 mai de la même année (Cf. Beaucourt, *op. cit.*, t. VI, p. 239).

ont souvent à souffrir les pirateries des Anglais : il demande que le roi de France et le duc de Bretagne s'unisssent à lui pour protéger les négociants. En outre, les privilèges de ses sujets, malgré les promesses réitérées, ne sont point respectés notamment à Bordeaux et à Bayonne. Aussi, prie-t-il Charles VII de donner des ordres pour que les Castillans soient « quittes de certain empeschement que maistre Pierre du Reffuge, vostre général[1], puis pou de temps en ça leur a fait ». Il se plaint de la construction d'une tour élevée en face de Fontarabie : elle n'est d'aucune utilité puisqu'elle se trouve sur la frontière d'un pays ami, tandis que s'il arrivait, « que Dieu ne vueille », que la Guyenne retombât aux mains des ennemis, les Espagnols en souffriraient « dommaiges intolérables » ; de plus, cette tour « continuellement n'est autre chose qu'une cuve de larrons et ne porte proffilt de nul, fors à la destruction des subgiez d'une et d'autre part ». Plusieurs marchands castillans ont à se plaindre d'une injustice commise à leur égard : Henri appelle sur ce point l'attention de Charles VII. Il lui signale aussi un fait déjà mentionné à la conférence de Gannat : lorsqu'en 1452, Bordeaux fut assiégé par Talbot, il y avait dans le port trois navires espagnols chargés de vins et d'autres marchandises, munis de sauf-conduits du roi d'Angleterre. Les Anglais enjoignirent aux patrons de ces navires de se retirer, moyennant quoi il ne leur serait porté aucun dommage. Mais le sénéchal de Guyenne, voyant le danger que courait Bordeaux, ordonna de la part du roi de France aux Espagnols de prendre les armes et de contribuer à la défense de la cité, promettant une indemnité en cas de malheur. Les Castillans obéirent à cette injonction et combattirent les Anglais : la ville fut prise et leurs navires capturés. Charles VII avait dit à D. Juan Manuel qu'il ordonnerait au maréchal de Xaintrailles de faire une enquête sur cet incident, afin de dédommager ces marchands s'il y avait lieu ; quatre ans se sont écoulés depuis cette époque et aucun résultat n'a été obtenu : le roi est instamment prié d'y pourvoir[2].

Nous possédons le texte des réponses qui furent faites aux

---

1. Pierre du Reffuge, général des finances, mentionné par M. de Beaucourt (*op. cit.*, t. VI, pp. 188 et 354).
2. Ms. lat. 6024, fol. 128-131.

ambassadeurs de Henri IV [1]. En ce qui concerne la flotte destinée à protéger les marchands contre les Anglais, le roi de Castille avait pensé que dix nefs et six galées suffiraient. En France, ce nombre parut trop faible, car « il estoit besoing de mettre si puissante armée sur la mer que les Anglois par quelque entreprise ou armée qu'ilz voulsissent faire, ne le peussent grever »; aussi, Charles VII offrait-il pour sa part douze nefs et trois galées « armées, équipées et avitaillées », et demandait-il que le roi de Castille, dont les sujets naviguaient beaucoup plus que les Français, fît un sacrifice au moins équivalent. Les ambassadeurs espagnols n'étaient autorisés à proposer que dix nefs et six galées, mais ils se chargèrent de prier leur maître de consentir à la requête du roi de France et promirent de donner une réponse avant la Saint-Martin (11 novembre). On a vu plus haut que la France et la Castille devaient agir de concert avec la Bretagne : les envoyés de Henri avaient l'ordre de se rendre auprès du duc François II, afin de régler avec lui les conditions de cet accord ; on décida qu'ils seraient accompagnés par un représentant du roi, le vice-amiral.

Les réclamations du roi de Castille au sujet de la tour élevée sur la frontière près de Fontarabie ne parurent pas fondées : on remontra à ses envoyés « bien et roidement que le Roy en son royaume, et sur ce point qui est sien, peut faire tel édifice qu'il luy plaist »; cependant on consentit à ordonner aux commissaires qui avaient été désignés de part et d'autre pour terminer les différends des Espagnols et des Français sur les bords de la Bidassoa, de se réunir à nouveau et de prendre enfin une décision ; Charles VII s'engageait à s'y conformer.

Les Castillans se plaignaient de payer à Bordeaux et à Bayonne « la traicte des entrées et yssues qui se lième es diz lieux » : on leur répliqua que ces droits faisaient partie du domaine du roi et que leurs privilèges ne les dispensaient nullement de les payer. Mal satisfaits de cette réponse, les ambassadeurs demandèrent communication de certaines lettres données par Charles VII à la suite de la conférence de Gannat : ce document contenait seulement l'ordre de faire jouir les marchands castillans de leurs privilèges. Or, comme ces

---

1. Ms. lat. 6024, fol. 110-112.

privilèges ne comprenaient pas l'exemption des taxes rentrant dans le domaine royal, il était clair qu'ils devaient payer la « traicte, coustume et assise de Bourdeaux et de Bayonne qui sont le vray domaine du Roy » ; on répondit donc aux envoyés de Henri IV qu'ils avaient tort « de demander joyr des choses que leurs diz privilèges ne portent point ».

Charles VII promettait de rendre justice à plusieurs négociants qui croyaient avoir à se plaindre. En ce qui touchait l'enquête à faire au sujet des navires espagnols capturés par Talbot, le roi devait mander au maréchal de Xaintrailles et au maire de Bordeaux de lui envoyer « ladite enqueste close et scellée..... pour y avoir tel advis que de raison ».

Charles VII mourut à Mehun-sur-Yèvre le 22 juillet 1461. On connaissait en Castille les relations amicales que le nouveau roi, Louis XI, avait entretenues du vivant de son père avec le duc de Bourgogne : or ce prince était très favorable au roi d'Aragon, Jean II, ennemi de Henri IV. C'est pourquoi on craignit que le jeune souverain ne subît l'influence bourguignonne et ne changeât la politique traditionnelle de la France en appuyant l'Aragon au détriment de la Castille. Le *Memorial* de Mosen Diego de Valera se fait l'écho de ces appréhensions qui n'étaient point fondées, au moins pour le moment[1]. En effet, Louis XI, désireux de renouveler les anciennes alliances, suivit un usage constant et désigna à Tours, le 12 octobre 1461, les ambassadeurs qui devaient se rendre auprès du roi d'Espagne[2] : le principal d'entre eux était Jean V, comte d'Armagnac, rentré en faveur depuis le nouveau règne, et ce choix ne pouvait qu'être agréable à la cour de Castille ; les autres étaient Pierre d'Oriole et Nicolas du Breuil. Dès qu'ils furent arrivés à Madrid, Henri les fit « très honorablement recevoir » et leur donna audience aussitôt, ainsi qu'ils l'écrivirent à leur maître. Le lendemain, il les écouta en son conseil et montra « très-grant vouloir pour la continuation de l'amitié avec la France ». Jean d'Armagnac et ses compagnons exposèrent, le 4 mars 1462, les autres points au sujet desquels ils avaient reçu des instructions « touchant le Roy d'Arragon et aussi touchant

---

1. *Memorial de diversas hazañas*, éd. cit., p. 23, col. 1.
2. Bibl. nat., ms. lat. 6024, fol. 102 v° et infra. Copie du pouvoir donné aux ambassadeurs.

les droiz que vous (Louis XI) avez es royaumes d'Arragon, de Valence et principaulté de Cathalongne[1] »; ils parlèrent aussi en faveur de Henry VI d'Angleterre que le roi de France soutenait contre Édouard IV. Le roi de Castille pria les ambassadeurs de lui remettre par écrit tous ces articles ; puis il les interrogea pour savoir si le mariage de la sœur du roi avec le fils du comte de Foix était conclu. Ils répondirent « que fust ledit mariage fait ou non » leur maître agirait certainement de telle sorte que Henri IV en « deust estre bien contant[2] ». L'archevêque de Tolède, D. Alfonso de Acuña Carrillo, et le marquis de Villena furent chargés de conférer avec les envoyés français: leurs pouvoirs sont datés du 10 mars[3]. Le nouvel instrument rédigé le 16 mars[4] reçut trois jours après dans la chapelle du palais la confirmation royale[5].

Un courrier de Louis XI, adressé à Jean d'Armagnac et à ses collègues, leur enjoignit d'informer Henri que le roi d'Aragon allait envoyer en France un ambassadeur ; dès qu'on saura l'objet de sa mission, le souverain castillan en sera averti. Par une lettre datée du 16 mars[6], les délégués français apprirent à leur maître que cette notification avait été faite selon ses ordres, et que le roi « estoit bien joyeulx et content de ce que l'en avez adverty ». Le comte Jean V fut comblé de faveurs : pour l'entretien de sa maison pendant son séjour en Espagne, l'archevêque de Tolède lui fit donner mille mesures de blé et d'orge, mille mesures de vin, mille couples de poules et quarante coqs d'Inde[7] ; on lui prodigua les fêtes, et, suprême honneur, il fut un des parrains de l'infante Dª Juana[8], connue sous le nom insultant de « La Beltraneja ».

Pendant ce temps, Louis XI décidait de marier sa sœur Madeleine au fils du comte de Foix et il chargeait Gaston IV

---

1. Sur les prétentions de Louis XI sur la Catalogne et la Navarre, cf. Courteault, *op. cit.*, p. 236 et 237.
2. *Lettres de Louis XI*, éd. Vaësen, t. II, p. 378, pièce just. nº v.
3. Bibl. nat., ms. lat. 6024, fol. 104 rº et infra.
4. *Ibidem*, fol. 105 rº.
5. *Ibidem*, fol. 105 vº.
6. *Lettres de Louis XI*, éd. cit., t. II, p. 380, pièce just. nº vi.
7. *Crónica de D. Enrique IV*, imprimée dans les *Crónicas de las Reyes de Castilla*, éd. cit., t. III, p. 120, col. 1 et 2.
8. *Memorial de diversas hazañas*, éd. cit., p. 24, col. 1.

de porter au roi d'Aragon des propositions en vue d'une alliance. On tomba bientôt d'accord et un traité fut conclu à Olite, le 12 avril 1462[1]. Le roi de France promettait des secours en hommes et en argent contre les Catalans révoltés, et obtenait, comme gage des sommes qu'il avançait, le Roussillon et la Cerdagne. Il avait soin, il est vrai, de faire des réserves en ce qui concernait son amitié avec la Castille et l'Écosse ; il conservait également le droit de soutenir les prétentions de René d'Anjou et du duc de Calabre au trône de Naples[2].

Les troupes françaises entrèrent, en effet, en Espagne et firent campagne contre les rebelles de Catalogne, soutenus par Henri IV ; mais les capitaines refusèrent de combattre les Castillans, et réussirent à faire conclure une trêve. Il fut convenu que l'arbitrage des différends qui séparaient le roi d'Aragon et le roi de Castille, serait remis à Louis XI[3]. L'amiral Jean, sire de Montauban, fut envoyé auprès de Henri IV : sa lettre de créance est datée de Selles en Poitou, le 6 janvier 1463[4]. Il était chargé de proposer à ce prince d'avoir une entrevue avec Louis XI, dans laquelle toutes les questions litigieuses seraient réglées. L'offre fut acceptée et on convint que cette entrevue aurait lieu après Pâques ; une fête fut donnée, à Almazan[5], à l'amiral, qui dansa avec la reine : touché d'un si grand honneur, il fit en présence des souverains le vœu solennel de ne danser jamais avec aucune autre dame[6].

Malgré les ménagements gardés par le roi de France, les susceptibilités de Henri IV avaient été éveillées, et le secours prêté à l'Aragon contre les Catalans avait produit à la cour de Castille un grand mécontentement. C'est pourquoi on ne doit point s'étonner en constatant le bon accueil que reçurent les envoyés d'Edouard IV, venus en Espagne pour proposer l'alliance de leur maître. Sans doute, aucune réponse définitive ne leur fut donnée ; on voulut attendre que Louis XI eût rendu sa sentence arbitrale, néanmoins les ou-

---

1. Courteault, *op. cit.*, pp. 239-246.
2. Zurita, *Anales de Aragon*, t. IV, col. 3 r° et v°.
3. Courteault, *op. cit.*, p. 253-264.
4. *Lettres de Louis XI*, éd. cit., t. II, p. 95.
5. Almazan, prov. de Soria.
6. *Crónica de D. Enrique IV*, éd. cit., p. 127, col. 1 et 2.

vertures des ambassadeurs anglais ne furent point repoussées. Nous voyons, en effet, que le 26 janvier 1463, Henri IV chargea l'évêque de Salamanque, D. Pedro Enriquez, et le docteur Sancho Garcia de conférer avec les plénipotentiaires d'Edouard IV : il affirmait que l'entrevue qu'il devait avoir avec le roi de France ne changerait en rien son intention de faire la paix avec l'Angleterre[1].

Louis XI cependant se rendit à Bayonne et c'est dans cette ville que s'ouvrirent les conférences destinées à préparer le jugement qu'il devait rendre. Henri IV s'y fit représenter par l'archevêque de Tolède et le marquis de Villena. La sentence arbitrale fut prononcée le 23 avril 1463[2]. Le roi de Castille, mis au courant par le marquis et le comte de Comminges de ce qui avait été décidé, vint à Fontarabie afin de se rapprocher du lieu choisi pour son entrevue avec le roi de France.

Le chroniqueur espagnol accuse Villena et D. Alfonso de Acuña Carrillo de s'être vendus à la France et d'avoir abusé de la confiance de leur maître. On leur reprocha aussi d'avoir humilié la royauté castillane en consentant à ce que leur souverain mît le pied sur un territoire étranger, alors qu'ils auraient pu choisir comme lieu de l'entrevue les confins mêmes des deux états, c'est-à-dire la Bidassoa[3]. C'est, en effet, sur une terre française que Louis XI et Henri IV se virent. Le roi d'Espagne, avec une suite nombreuse, traversa en barque la rivière qui sert de frontière ; le marquis de Villena et l'évêque de Calahorra avaient pris place auprès de lui. Tous les seigneurs castillans étaient vêtus avec une extrême richesse ; les Français, qui, à l'exemple de Louis XI, portaient des habits fort simples, furent émerveillés de cette prodigalité. Henri, avant de toucher terre, échangea avec le roi de France, debout sur la rive, un grave salut. Louis s'avança à la rencontre de son allié, et tous deux, tête découverte, s'embrassèrent. Se tenant par la main, ils se dirigèrent

---

1. « ... et dictetis eis quod non contristentur eo quod vadam ad videndum me cum Rege Francie, nam hoc non impediet aliquid de illo quod facere intendo cum Rege Anglie » (Bibl. nat., ms. lat. 6024, fol. 141).

2. Courteault, *op. cit.*, pp. 267-271. La sentence arbitrale a été imprimée dans la *Coleccion diplomática de la crónica de D. Enrique IV*, p. 261.

3. *Crónica de D Enrique IV*, p. 128, col. 1.

vers une roche basse située à peu de distance de la Bidassoa ; le roi de Castille s'y appuya, tandis que le roi de France se tenait devant lui ; un grand levrier sur le dos duquel chacun avait posé la main, les séparait. Henri parla le premier pendant un quart d'heure environ ; après l'avoir écouté attentivement, Louis répondit et appela aussitôt l'archevêque de Tolède, le marquis de Villena et le comte de Comminges qui portait le texte de la sentence arbitrale. Le secrétaire Alvar Gomez de Ciudad Real, en donna lecture[1]. Il était décidé que le roi de Castille renoncerait à tout projet sur la Catalogne ; il recevrait, dans le délai de six mois, en indemnité des dépenses qu'il avait faites, la ville d'Estella avec ses appartenances et cinquante mille doubles. Pour assurer l'exécution de cette condition, la reine d'Aragon se constituerait otage à Larraya[2] en Navarre, sous la garde de l'archevêque de Tolède. Henri devait mander à ses troupes de quitter la Catalogne dans un délai de vingt jours, et engager les révoltés à se soumettre à leur souverain légitime. La lecture achevée et la sentence acceptée, les princes se séparèrent : le roi de Castille repassa la Bidassoa et s'en fut coucher à Fontarabie[3].

« Grant folye est à deux grans princes qui sont comme esgaulx en puissance de s'entreveoir sinon qu'ilz feussent en grant jeunesse qui est le temps qu'ilz n'ont d'aultres pensées que à leurs plaisirs ; mais depuis le temps que l'envie leur est venue d'acroistre les ungz sur les aultres, encores qu'il n'y eust péril de personnes (ce qui est presque impossible), si accroit leur malveillance et leur envie[4] ». Telle est la réflexion que l'entrevue de la Bidassoa inspire à Philippe de Commines, et, dans le cas particulier dont il s'agit, on doit reconnaître qu'il n'a pas tort. « Parquoy, ajoute-t-il, vauldrait mieux qu'ilz pacifiassent leurs différens par saiges et bons serviteurs ». Bien loin d'être resserrés, les liens d'amitié des deux souverains se relâchèrent : on méprisa en France ce « roy Henry » qui « valloit peu de sa personne et donnoit tout son héritaige ou se le laissoit oster à qui le vouloit ou po-

---

1. *Crónica de D. Enrique IV*, éd. cit., p. 128, col. 2.
2. Larraya, prov. Navarre, dist. jud. de Pampelune.
3. *Crónica de D. Enrique IV*, éd. cit., p. 129, col. 1.
4. Philippe de Commines, éd. Dupont, t. I, p. 163.

voit prendre[1] », et qui était gouverné par des favoris. Des incidents futiles, des détails mesquins choquèrent les contractants de part et d'autre, des querelles éclatèrent à Bayonne entre les gens des deux rois. Les modes des Castillans semblèrent ridicules aux Français ; ils trouvèrent Henri IV « laid et ses habillemens desplaisans[2] » ; Louis XI, qui était vêtu fort court et de drap grossier, qui portait un « assez mauvais chappeau différent des aultres et ung ymaige de plomb dessus », fut l'objet des moqueries des Espagnols qui le taxèrent d'avarice. En somme, l'entrevue ne fut point cordiale ; du reste la sentence arbitrale n'avait satisfait personne, comme il arrive le plus souvent. « En effet, ainsi se despartit l'assemblée pleine de mocqueries et de picque ; oncques puis ces deux roys ne se aymerent ».

Le marquis de Villena accompagna à Saint-Jean de Luz le roi de France. Ce prince n'avait point encore prêté serment d'observer le traité d'alliance renouvelé à Madrid en 1462. Il accomplit cette formalité le 8 mai[3]. Le lendemain, le marquis passait avec Louis XI un acte pour son compte personnel ; il y était convenu que son fils D. Pedro de Porto Carrero épouserait la fille du roi de France avec cent mille écus de dot[4].

De Ségovie, le 4 janvier 1466, Henri annonça à Louis XI la prochaine arrivée de ses ambassadeurs, D. Luis Gonzalez de Atienza, protonotaire apostolique, et Iñigo Darceo, le priant de leur donner créance, mais nous ignorons de quelles affaires ils venaient entretenir le roi de France[5].

Edouard IV voulut profiter de ce que les relations étaient moins cordiales entre les deux cours, pour renouveler sa tentative de 1463 et rompre définitivement l'accord traditionnel de la France et de la Castille, offrant en échange sa propre alliance. Cette fois, ses ouvertures furent accueillies et le 3 mars 1467, Fray Alonso de Palenzuela, évêque de Ciudad Rodrigo, fut chargé d'une mission en Angleterre[6]. Les négociations aboutirent, le 1er juillet suivant, à la signa-

1. Philippe de Commines, éd. cit., p. 164.
2. *Ibidem*, p. 166.
3. Arch. nat., K. 1638.
4. *Coleccion diplomática de la crónica de D. Enrique IV*, p. 290.
5. Ms. lat. 6024, fol. 142.
6. *Coleccion diplomática*, p. 541 et infra.

ture d'un traité rédigé à Westminster, qui substituait l'alliance d'Edouard IV à celle de Louis XI, et qui fut ratifié, le 10 septembre, à Medina del Campo par Henri IV[1]. Les conséquences ne tardèrent pas à se faire sentir: non seulement les marchands castillans cessèrent de venir en France, mais le roi aurait même ordonné à ses sujets de secourir les Anglais contre les Français[2]. Nous savons en outre, par le témoignage de Georges Chastellain, que Henri, ayant appris la rivalité de Louis XI et de Charles le Téméraire, proposa son amitié au duc de Bourgogne et lui fit dire que « de quelconque heure qu'il voudrait emprendre la guerre contre le roy Loys, luy de son bout il entrerait dedans le royaume fort et puissant pour luy venir a secours et le conforteroit et assisteroit encontre tout le monde[3] ».

Le roi de France vit le danger et comprit qu'il avait eu tort de s'aliéner les bonnes grâces du roi de Castille, et il chercha à reconquérir le terrain perdu. Aussi, dans le courant de l'année 1469, envoya-t-il en Espagne une ambassade dont le chef était le cardinal Jean Jouffroy, évêque d'Albi, et qui fut reçue avec grande solennité à Cordoue. Henri IV donna audience aux délégués français dans la chapelle de la cathédrale, dite chapelle des rois[4]. Le cardinal, « grand letrado », au dire du chroniqueur, parla en latin pendant une heure au moins[5]. Le texte de sa harangue nous a été conservé[6]; c'est un mélange singulier de citations de l'Écriture, des Pères et d'allusions mythologiques. Il rappelait l'ancienne alliance qui unissait les deux couronnes depuis les temps les plus reculés, affirmait que le roi de Castille n'avait pu la rompre valablement puisqu'elle était conclue à perpétuité, de peuple à peuple, de royaume à royaume, de souverain à souverain: en conséquence, le traité fait avec l'Angleterre était de nulle autorité. Il terminait en évoquant Du Guesclin, tous les Castillans, tous les Français qui avaient versé leur sang pour la défense des deux pays, il les représentait suppliant que, pour

---

1. Rymer, *Fœdera*, éd. cit., t. V, part. II, p. 146.
2. *Crónica de D. Enrique IV*, p. 184, col. 2.
3. *Œuvres de Georges Chastellain*, éd. cit., t. V, p. 359.
4. *Crónica de D. Enrique IV*, p. 184, col. 2.
5. Fierville, *Le Cardinal Jean Jouffroy et son temps*. Paris, 1873, in-8°, p. 191 et infra.
6. D. Luc d'Achery, *Spicilegium*, t. III, p. 835 et infra.

prix de leurs exploits, Henri IV et Louis XI fissent taire leurs ressentiments. Après avoir écouté ce discours, le roi se retira pour délibérer avec le maître de Santiago, l'évêque de Sigüenza et les autres membres de son conseil. Une discussion s'engagea, dans laquelle le marquis de Villena tout dévoué à la France et qui avait sur son maître une influence considérable, l'emporta. Il fut décidé qu'on reviendrait à l'alliance française, qu'on renoncerait à l'amitié de l'Angleterre, et qu'on ferait même publier la guerre contre cette nation [1].

Ce n'était là qu'une partie de la mission de l'évêque d'Albi : il devait en outre tenter de conclure un mariage entre Dᵃ Isabel, sœur du roi, et le duc de Guyenne, frère de Louis XI, héritier présomptif du trône, puisqu'à ce moment le roi de France n'avait point encore d'enfant mâle. La princesse devait, elle aussi, devenir reine de Castille, car Henri IV, ayant conçu des doutes sur la légitimité de sa fille, avait reconnu en 1468 les droits de sa sœur à la couronne. Parmi tous les prétendants à sa main, Dᵃ Isabel avait déjà choisi D. Fernando, fils du roi d'Aragon. Cette résolution déplaisait au souverain castillan, toujours plein de rancune contre Jean II. Aussi, conseilla-t-on au cardinal Jouffroy de se rendre, accompagné de l'archevêque de Séville, à Madrigal où résidait alors la princesse et de faire luire à ses yeux, pour la détacher de l'union aragonaise, la brillante perspective d'un mariage avec un fils de France, héritier de la plus belle couronne de l'univers. Mais ces propositions n'eurent aucun succès : Dᵃ Isabel garda l'attitude d'une extrême modestie, répondant seulement qu'elle devait obéir aux lois du royaume. L'évêque comprit qu'il était inutile d'insister et revint en France fort mécontent de cet échec [2].

Le mariage de D. Fernando et de Dᵃ Isabel fut célébré à Valladolid le 18 septembre 1469, malgré l'opposition du roi de Castille. Ce prince songea alors à offrir au duc de Guyenne sa propre fille, Dᵃ Juana, et à restituer à celle-ci les droits qu'il avait reconnus à sa sœur. Louis XI en fut informé et il accepta cette proposition avec d'autant plus d'empressement, qu'il désirait éloigner son frère d'une union avec une prin-

---

1. *Crónica de D. Enrique IV*, éd. cit. p. 184, col. 2.
2. *Ibidem*, éd. cit., p. 185, col. 1, et *Memorial de diversas hazañas*, éd. cit., p. 51.

cesse bourguignonne. Instruit par le maître de Santiago[1], il envoya au début de 1470 une ambassade chargée de demander la main de la jeune infante : on convint que des plénipotentiaires viendraient en Espagne régler toutes choses pour que les fiançailles pussent être célébrées solennellement. Peu de temps après, deux ecclésiastiques français se rendirent à la cour de Henri IV et le prièrent de se joindre au roi de France qui comptait réclamer la réunion d'un concile contre le pape Paul II. Mais le souverain castillan répliqua aussitôt, sans prendre l'avis de son conseil, que ses prédécesseurs ne s'étaient jamais rebellés contre le Saint-Siège : il voulait les imiter en cela, et, d'ailleurs, il avait grandement à se louer du pontife dont l'autorité lui avait été fort utile contre les prélats et les Grands de Castille révoltés. En conséquence, il priait le roi de France de ne point insister sur ce sujet[2]. Signalons encore, en 1470, une lettre de Louis XI datée d'Amboise, le 23 juin, dans laquelle il annonce à son allié qu'il a conclu avec Henry VI, roi d'Angleterre, une trêve de trente ans dont il lui envoie copie, « esquelz (trêves) avons voulu que vous ensemble voz royaulme, seigneuries et subgectz soyez comprins, en cas que ce soit vostre desir et que comprins y vouldrez estre » ; il l'informe aussi qu'il s'est déclaré contre Edouard IV qu'il considère comme un usurpateur[3].

Les ambassadeurs chargés de conclure le mariage de l'infante D^a Juana avec le duc de Guyenne arrivèrent à Burgos à la fin de juillet 1470. En chemin, ils avaient été rejoints par des messagers qui leur avaient appris que la reine de France était accouchée d'un fils, le 30 juin : le frère de Louis XI perdait par cela même sa qualité d'héritier du trône. Ils ne s'acquittèrent pas moins de leur mission[4] : l'évêque d'Albi, le sire de Torcy, le comte de Boulogne et le sire de Malicorne, — ces deux derniers représentant le duc de Guyenne, — furent reçus avec les plus grands honneurs à

---

1. Cf. une lettre de Louis XI datée de Montils-lez-Tours du 12 novembre 1469, éd. Vaësen, t. IV, p. 51 et infra.
2. *Crónica*, éd. cit., p. 194, col. 1 et 2.
3. *Lettres de Louis XI*, éd. cit., t. IV, p. 123.
4. Le *Memorial de diversas hazañas* (éd. cit., pp. 55 et 56) prétend à tort que l'évêque d'Albi, mortifié par cette nouvelle, aurait quitté la Castille.

Medina del Campo. Le marquis de Villena, le duc d'Arévalo, les comtes de Benavente et de Miranda ainsi que D. Pedro Gonzalez de Mendoza, évêque de Sigüenza, sortirent de la ville à leur rencontre. Trois jours après, les envoyés français se présentèrent devant le roi entouré de toute sa cour ; le cardinal porta la parole et demanda pour le duc de Guyenne la main de l'infante; suivant le chroniqueur, il aurait mêlé à son discours des paroles injurieuses contre D. Fernando, Dª Isabel et D. Alfonso, ce frère puiné de Henri IV qui avait été, à une certaine époque, reconnu comme souverain par une partie de la Castille. Le roi répondit gracieusement et désigna, pour conférer avec les envoyés de France et arrêter toutes choses, l'archevêque de Séville, l'évêque de Sigüenza et le maître de Santiago. Quand les négociations furent terminées et les actes signés, la cour et les ambassadeurs se transportèrent à Ségovie : on en partit le 20 octobre pour se rendre au monastère de chartreux de Sotos-Albos[1] où le marquis de Santillana devait amener la jeune infante. La cérémonie des fiançailles eut lieu en plein air dans la vallée du Lozoya[2] entre Ségovie et Buitrago. Henri y déclara solennellement que Dª Juana était sa fille légitime et l'héritière du royaume. Un formidable orage mêlé de grêle éclata subitement et dispersa les assistants qui cherchèrent un refuge où ils purent : la princesse resta même seule avec un serviteur, tellement chacun, sans souci de l'étiquette, avait hâte de trouver un abri. La tempête finie, on reprit le chemin de Ségovie, et là, les ambassadeurs demandèrent qu'on leur donnât la preuve que l'infante était bien l'héritière de la Castille; on leur répondit que tous les Grands lui avaient, en cette qualité, prêté serment et hommage. Dans la cathédrale, la reine reçut la communion de la main du cardinal et jura que Dª Juana était la fille de Henri IV. Les envoyés s'en retournèrent en France comblés de présents[3].

---

1. Sotos-Albos prov. et dist. jud. de Ségovie.
2. Le Lozoya coule presque à la limite de la Vieille et de la Nouvelle Castille et se jette dans le Jarama, affluent du Tage. Ségovie est dans la Vieille Castille, Buitrago dans la Nouvelle (prov. et dist. jud. de Soria). Ces deux villes sont séparées par la chaîne de montagnes dite Sierra de Guadarrama.
3. *Memorial de diversas hazañas*, éd. cit., pp. 57 et 58 et *Crónica de D. Enrique IV*, éd. cit., pp. 201-204. Ce dernier texte rapporte les

L'alliance franco-castillane semblait fortifiée par le mariage projeté, car nous savons que le 30 octobre 1470 Henri ordonna à tous ses sujets de faire la guerre aux Anglais[1]. Le 3 novembre suivant, il annonçait aux autorités et aux habitants de Tolède les fiançailles de sa fille avec le duc de Guyenne : il leur enjoignait de jurer fidélité à cette princesse comme l'avaient déjà fait les prélats et les Grands[2].

Le roi de Castille voulut dès lors se servir de son futur gendre pour assurer son autorité dans ses états. Aussi, ne tarda-t-il pas à envoyer en France le protonotaire D. Luis Gonzalez de Atienza afin de presser la célébration du mariage et la venue du duc de Guyenne en Espagne. Le 8 décembre, il recommandait ce personnage à Pierre d'Oriole ; la reine, de son côté, priait Louis XI de l'écouter favorablement[3]. Il avait pour mission de demander au roi que le traité de mariage fût ratifié et que le jeune prince entrât dans le royaume dont il devenait l'héritier, le plus tôt possible, avec une armée imposante et de l'artillerie afin d'intimider ceux qui hésiteraient à reconnaître ses droits et se montreraient partisans de l'infant d'Aragon et de Dª Isabel. D. Luis Gonzalez de Atienza devait représenter les inconvénients qui résulteraient d'un retard et demander qu'on indiquât le point par lequel le duc arriverait en Espagne pour que le maître de Santiago et les Grands pussent aller le recevoir à la frontière[4]. On avait enjoint au protonotaire de s'adresser au duc de Guyenne et de lui remettre un mémoire rédigé dans le même sens où il était qualifié de prince des Asturies, héritier de Castille et de Léon[5]. Nous ignorons ce qui fut répondu, mais nous savons que le frère de Louis XI avait déjà en vue un autre mariage lorsqu'il mourut en 1472.

événements d'une manière un peu différente et raconte que la tempête eut lieu seulement le lendemain de la cérémonie.
1. Bibl. nat., ms. lat. 6024, fol. 160.
2. *Colección diplomática*, éd. cit., p. 621.
3. Ms. lat. 6024, fol. 150 et 153.
4. *Ibidem*, fol. 155 et 158.
5. *Ibidem*, fol. 154, pièce just. n° 67.

Cette étude sur l'alliance franco-castillane se termine avec l'avènement des Rois Catholiques : aussi bien, l'union dont nous avons constaté l'existence pendant de longues années cesse-t-elle en réalité aussitôt après la mort de Henri IV.

La politique suivie par Louis XI en Catalogne lui avait aliéné, ainsi que nous l'avons dit, le roi de Castille ; les deux princes s'étaient bien apparemment réconciliés en 1469, mais ils étaient depuis demeurés complètement étrangers l'un à l'autre. Le roi de France, d'autre part, s'était fait payer chèrement l'aide qu'il avait prêtée à Jean II d'Aragon contre les Catalans révoltés : ce dernier ne pouvait se consoler d'avoir livré la Cerdagne et le Roussillon comme gage de sommes qu'il était incapable de rembourser et tous ses efforts tendaient à reconquérir les possessions qui lui avaient échappé. Il y avait là une occasion permanente de querelle entre les deux états, et, dès 1470, le conflit était entré dans une phase aiguë.

On sait que Henri IV avait solennellement désigné pour lui succéder sa fille Dª Juana, mais il s'en fallait de beaucoup que cette désignation fût universellement acceptée en Castille : un parti nombreux et actif reconnaissait comme future reine, Isabelle, femme de Ferdinand, roi de Sicile et fils du roi d'Aragon. Quand le souverain castillan mourut, le 12 décembre 1474, la question de succession se posa : la sœur et la fille du défunt allaient se disputer le trône vacant. En faveur de laquelle des deux, le roi de France, c'est-à-dire le plus ancien allié de la monarchie se prononcerait-il ? L'un et l'autre parti jugea son concours précieux et s'efforça de l'obtenir.

Avant même que la succession fût ouverte, nous avons la preuve qu'Isabelle qui prenait le titre de princesse des Asturies, légitime héritière des royaumes de Castille et de Léon, « legitima heredera e suçesora de los Reynos de Castilla e de Leon », était en relations avec Louis XI, et, bien qu'aucun document ne nous renseigne avec précision sur l'objet de ces pourparlers, il n'est pas téméraire de penser que l'épouse de Ferdinand agissait avec l'intention de déterminer le roi de France à reconnaître ses droits éventuels à la couronne. Nous possédons une lettre close originale, adressée au souverain français et datée de Ségovie, le 22 août 1474[1] : la princesse des Asturies accuse réception d'une missive qui lui a été remise

---

1. Ms. lat. 6024, fº 186.

par le protonotaire apostolique D. Juan Ramirez de Lucena, elle ajoute qu'elle a écouté avec beaucoup de plaisir ce que cet ambassadeur lui a rapporté de vive voix. Jugeant nécessaire de faire à Louis XI d'autres communications, elle délègue de nouveau et accrédite auprès de lui le même personnage. Une note, écrite au-dessous de l'adresse, nous apprend que le protonotaire présenta cette lettre de créance à Paris, le jour de Noël 1474. A cette date, Henri IV était déjà mort, Isabelle et Ferdinand avaient été proclamés reine et roi de Castille à Ségovie. Les deux nouveaux souverains, se conformant à la tradition, s'empressèrent d'annoncer à Louis XI le décès de leur prédécesseur et leur avènement. Un de leurs secrétaires, Fernando del Pulgar, fut chargé de faire cette notification[1] ; il devait en outre solliciter le renouvellement des anciennes alliances. Une partie plus délicate de sa mission avait pour objet le Roussillon et la Cerdagne. Il était évident que Ferdinand, dans cette question épineuse, ne pouvait prendre parti contre son père : son propre intérêt, puisqu'il était héritier présomptif du royaume d'Aragon, l'obligeait à faire sur cette matière des réserves expresses. Il n'y manqua pas, et l'ambassadeur des rois catholiques porta les réclamations de ses maîtres au sujet des provinces contestées[2]. Louis XI répondit au secrétaire espagnol qu'il avait l'intention de renouveler les pactes d'amitié qui unissaient les deux couronnes. Mais il protesta que la Cerdagne et le Roussillon constituaient le gage des sommes qu'il avait avancées, et qu'en conséquence il avait le droit de les garder jusqu'à l'entier recouvrement de sa créance. Pour exposer ses raisons, il résolut d'envoyer un docteur de son conseil qui fit route vers la cour de Castille avec Fernando del Pulgar, se réservant de charger d'autres ambassadeurs du soin de rédiger à nouveau les traités d'alliance. Le délégué français, qui s'appelait Jean de Vandaigno[3], s'entretint avec les Rois Catholiques à Valla-

---

1. Cf. A. Morel-Fatio, *Etudes sur l'Espagne*, 1re série, pp. 107 et 108.
2. *Crónica de los señores Reyes católicos D. Fernando y Dⁿ Isabel*, par Fernando del Pulgar, dans *Crónicas de los Reyes de Castilla*, éd. cit., t. III, p. 254, col. 2.
3. Isabelle dans l'instruction remise à Fernando del Pulgar (V. plus bas) l'appelle Avendaño. La forme Jean de Vandaigno nous est donnée dans le texte d'une réponse faite par le roi de France à un envoyé du marquis de Villena (ms. lat. 6024, f° 190).

dolid[1], sans parvenir à les convaincre, et rien ne fut conclu. Les souverains espagnols désiraient cependant que les difficultés fussent aplanies ; occupés à apaiser les troubles nés au sein même de leurs états, ils avaient à cœur de ne point se brouiller avec Louis XI. Aussi, les voyons-nous, le 5 février 1475, écrire au roi de France pour donner créance au secrétaire et conseiller Fernando del Pulgar, qui l'entretiendrait de diverses questions concernant le maintien de l'alliance[2]. Deux jours après, la reine faisait rédiger une instruction destinée à ce personnage : il devait expliquer à Louis XI qu'Isabelle malgré tout son désir de conserver l'amitié de la France, ne pouvait déserter une cause qui était en somme celle de son époux et la sienne. Il fallait donc avant tout que l'Aragon reçût satisfaction quant au Roussillon et à la Cerdagne. La reine avait entendu avec plaisir ce que l'envoyé du roi de France lui avait communiqué, elle consentait à ce que le renouvellement des alliances et le mariage du dauphin avec la princesse de Castille fussent négociés en même temps[3].

Louis XI cependant, dans le courant de janvier 1475 écrivit à Ferdinand qu'il qualifiait de roi de Castille, de Léon et de Sicile : après lui avoir exprimé les regrets que lui causait la mort de Henri IV, il le complimentait de son avènement, et se réjouissait de ce qu'à la « succession du souverain défunt fût venu ung si louable et vertueux prince ». Il faisait connaître son désir d'entretenir et de continuer les « bonnes amictiez, confédéracions et aliances qui de toute ancienneté ont esté entre les roys et royaumes de France et de Castille ». Cette lettre ne contenait aucune allusion aux difficultés pendantes, mais le roi annonçait au souverain espagnol que pour le « visiter », pour renouveler les alliances et « pareillement pour » lui « dire aucunes choses », il allait envoyer vers lui Jean Villiers de la Grossaye, évêque de Lombez, Louis 1er d'Amboise, évêque d'Albi, maître Jean d'Amboise, protonotaire apostolique, Roger, seigneur de Grantmont écuyer, et le secrétaire Pierre de Sacierges, juge-mage de Quercy[4]. Ces personnages furent accrédités par une lettre

1. *Crónica*, éd. cit., p. 254, col. 2.
2. Bibl. nat., ms. lat. 6024, fol. 187, imprimé dans *Etudes sur l'Espagne*, par A. Morel-Fatio, 1re série, p. 108.
3. *Ibidem*, p. 109.
4. *Lettres de Louis XI*, éd. cit., t. V, p. 306.

datée de Paris, le 30 janvier[1] ; on leur donna également les pouvoirs nécessaires pour conclure le mariage du dauphin Charles avec la fille des Rois Catholiques[2].

Fernando de Pulgar muni des instructions que la reine lui avait remises le 7 février, arriva en France et fit connaître que ses souverains ne voulaient traiter du renouvellement de l'alliance que si le roi d'Aragon obtenait satisfaction quant à la Cerdagne et au Roussillon. Louis XI n'était nullement décidé à céder sur ce point, et il fut impossible de s'entendre : les évêques de Lombez et d'Albi ne partirent donc pas. On se borna à décider que des plénipotentiaires français se rendraient à Bayonne et tiendraient à la frontière des conférences avec les représentants des Rois Catholiques en vue d'aplanir ces difficultés[3]. Les nouvelles négociations n'eurent pas plus de succès que les précédentes : les délégués de Louis XI eurent une entrevue inutile avec Ferdinand et s'en retournèrent sans qu'aucun résultat eût été obtenu. Isabelle ne les vit point : le 26 juin, écrivant au roi de France, elle lui exprime encore le désir qui l'anime de conserver son amitié et lui annonce qu'elle lui envoie de nouveau Fernando del Pulgar pour traiter définitivement[4]. Il est probable que ce personnage ne se mit même pas en route[5]. D'ailleurs, les pourparlers n'auraient eu aucune chance d'aboutir : non seulement Louis XI prétendait garder la Cerdagne et le Roussillon, mais encore il se disposait à prendre rang parmi les ennemis des Rois Catholiques et à faire cause commune avec ceux qui leur contestaient même la possession de la Castille.

---

1. *Lettres de Louis XI*, éd. cit., p. 308.
2. Imprimé dans les Preuves des *Mémoires de Philippe de Comines*, édition Lenglet-Dufresnoy (Londres et Paris, 1747, t. III, p. 362). Cette princesse, nommée Isabelle comme sa mère, naquit le 1er octobre 1470, épousa en 1490 D. Alonso, héritier de Portugal qui périt en 1491 d'une chute de cheval, puis D. Manuel, roi de Portugal en 1495 ; elle mourut en couches en août 1498 (Cf. Florez, *op. cit.*, t. II, p. 845).
3. Fernando del Pulgar dit (*Crónica*, éd. cit., p. 254, col. 2) que les ambassadeurs français devaient être un évêque et deux chevaliers. Nous savons par un document postérieur les noms de ces délégués : Charles de la Vernade, Jean de Vandaigno et Claude de Crillon (ms. lat. 6024, fol. 190).
4. Lettre datée d'Avila, imprimée par A. Morel-Fatio, *op. cit.*, p. 112.
5. Fernando del Pulgar dans sa *Crónica* ne fait aucune allusion à un nouveau voyage qu'il aurait accompli en France.

On sait que Henri IV avait voulu assurer sa succession à sa fille Dᵃ Juana au détriment de sa sœur Isabelle. Son testament déférait la tutelle de la jeune infante au roi de Portugal, Alphonse V. Ce prince hésita quelque temps à commencer une entreprise qui devait fatalement l'engager dans une guerre, mais, poussé par son fils D. Juan, il envoya en Castille un chevalier, D. Lope de Alburquerque, chargé de se rendre compte de l'état du pays et des dispositions des Grands. Il revint en janvier 1475 et rapporta à son maître qu'un parti puissant à la tête duquel était placé D. Diego Lopez Pacheco, marquis de Villena, fils du célèbre maître de Santiago, était prêt à soutenir les droits de l'infante contre Ferdinand et Isabelle [1]. Ces renseignements favorables décidèrent le roi de Portugal à accepter le rôle que lui assignait le testament du prince défunt : il résolut de rétablir Dᵃ Juana sur le trône et de l'épouser.

Les adversaires des Rois Catholiques jugèrent qu'il serait utile à leur cause de s'assurer le concours de Louis XI. Un héraut nommé Lisbonne fut envoyé en France par Alphonse V pour notifier au roi l'intention où il était de prendre pour femme l'héritière de Henri IV et son désir de garder les anciennes alliances qui unissaient les royaumes de France et de Castille. Louis ne rejeta pas en principe cette proposition : il écrivit au roi de Portugal qu'il déléguait vers lui le secrétaire Olivier Le Roux, maître de la Chambre des comptes [2]. Les instructions remises à ce personnage au mois d'avril, nous ont été conservées [3]. Le but de son voyage consistait surtout à obtenir d'Alphonse V des assurances contre l'Angleterre, alliée traditionnelle du Portugal : « ..... icellui seigneur Roy de Portugal peut bien considérer qu'il est bien besoing de déclarer et savoir commant il entend a ceste matiere et en quelle forme et commant il se veult alyer avecques le Roy...... — Item dira ledit maistre Olivier Le Roux qu'il semble bien au Roy que les alliances d'entre les roys et royaumes de France et de Castelle ne doyvent point dimynuer ne estre moindres envers le Roy nostre dit seigneur qu'elles ont esté envers ses prédécesseurs, du temps desqueulx les dictes

---

1. Zurita, *op. cit.*, t. IV, fol. 227 rº, col. 1.
2. *Lettres de Louis XI*, éd. cit., t. V, p. 148.
3. *Ibidem*, pièce just. nº IX, p. 388 et infra.

aliances de France et de Castelle ont esté envers et contre tous sans personne quelconques excepter et que ceulx qui estoient amys ou ennemys de l'un semblablement estoient amys ou ennemys de l'autre. » Olivier Le Roux devait dire aussi que Ferdinand et Isabelle avaient sollicité l'alliance française et que des négociations étaient en cours : rien d'ailleurs n'était encore arrêté, car le roi avait mandé à ses plénipotentiaires de ne point conclure avant d'en avoir reçu l'ordre, et « n'est le Roy nostre dit seigneur en riens alyé, mais est en sa liberté de pouvoir en tout honneur besongner et tracter ailleurs ou bon lui semblera ». Enfin, Louis XI prescrivait à son envoyé de « sentir et savoir de la disposition des choses de par delà, lequel a la plus grant parcialité et qui est le plus puissant, ou le Roy de Portugal pour la fille (de Henri IV) ou le Roy de Secille pour la seur. »

Le marquis de Villena d'autre part, chef du parti castillan qui soutenait les droits de l'infante Dª Juana, ne manqua point d'agir auprès de Louis XI pour le décider à se déclarer en faveur de cette princesse. Vers le mois d'avril ou de mai 1475, il lui envoya un ambassadeur. Il importait d'abord de dissiper les préventions que le roi de France pouvait avoir à l'égard du roi de Portugal. Aussi, le mémoire remis à Louis XI par le messager du marquis débutait-il ainsi : « Le marquis de Villenne, filz de feu maistre de Saint-Jacques, m'a chargé dire a Vostre Seigneurie que ne obstant que le Roy de Portegal a présent Roy de Castelle, de grant temps en ça, ses prédécesseurs Roys de Portegal aient eu bonne pais et alience avecques le Roys et Royaume d'Angleterre, que en ce n'aye point de regard. » Suivaient les noms des Grands qui s'étaient déjà déclarés pour Dª Juana, avec l'énumération des forces dont ils disposaient : l'ensemble des troupes mises sur pied par le parti, y compris celles du roi de Portugal, s'élevait à « 20,000 hommes d'armes et génétaires et 12,000 gens de tret ». L'envoyé du marquis faisait remarquer, d'ailleurs, que beaucoup de « grans seigneurs, ducs et contes, chevaliers et gentiz hommes que jusques a savoir la venue du Roy de Portegal en Castille ne se soit point voulu monstrer, mais je croy que aujourd'uy ilz se sont montrez pour ce que le jour que je despartiz de la ville de Madry, il estoit venu nouvelles a monseigneur mon maistre le marques, que ledit Roy de Portegal estoit venu en une cité de Castella que se appelle Cité Roddigo[1], qui est à dix lieux de l'entrée de Portegal et a douze de la cité de Salamanca ». Villena faisait aussi savoir à Louis XI que la fille de Henri IV était dans une place de sûreté, et qu'il la gardait « pour la bailler au Roy de Portegal pour femme ». Il le priait de faire pousser vigoureusement le siège de Perpignan[2], et de continuer la guerre en Catalogne et en Aragon, promettant que lui et les siens mettraient « en sa grant estret au roy de Cecille[3] ».

Le roi de France répondit à l'envoyé du marquis, et le chargea de dire à son maître[4] qu'il avait été « fort desplaisant » de la mort du maître de Santiago « comme de l'un de ceulx de tout le monde ou il avoit plus d'amour et de confiance ». Il le mettait aussi au courant de la venue du hérault Lisbonne et de l'envoi en Portugal de maître Olivier Le Roux pour faire « toute ample responce si bonne et favorable que ledit roy de Portugal en devra estre content, car le roy a toujours aymé ledit roy de Portugal pour ses biens et vertus et encores le ayme et a desir de le avoir a bon amy et alyé, et a la dite matière très favorable ». Il l'avertissait que Ferdinand et Isabelle lui avaient fait demander par Fernando de Pulgar de restituer au roi d'Aragon le Roussillon et la Cerdagne, « et que autrement, veu que c'estoit la question de leur père dont ilz devoyent estre successeurs, ilz ne pourroient avoir bonne alliance au roy..... Pour leur faire responce, sur celle matière, et leur signiffier que le roy tient les diz contez de Rousseillon et de Sardaigne (*sic*) a bon et juste tiltre et n'a pas entencion de les leur rendre ne restituer pour quelque chose qui puisse avenir, mais les garder et deffendre envers et contre tous ceulx qui quelque chose y voldroyent demander, le roy a envoyé devers les diz roy de Secille et royne sa femme, maistres Charles de la Vernade et Jehan de Vandaigno et maistre Glaude (*sic*) de Crillon (?), ausqueulx ne a autres quelcunquez le roy n'a baillé povoir ne faculté de faire aveques eulx quelque aliance, tracté, confédéracion ne autre chose, mais seulement leur remonstrer les droiz que le roi a esdiz pays et contez de Roussillon et de Sardaigne..... »

---

1. Ciudad Rodrigo, prov. de Salamanca.
2. Perpignan avait capitulé le 16 mars.
3. Ms. lat. 6024, fol. 192, imprimée en partie par Lenglet-Dufresnoy, *op. cit.*, t. III. p. 157.
4. Ms. lat. 6024., fol. 190.

Il est probable qu'Olivier Le Roux rapporta de Portugal toutes les assurances que Louis XI demandait en ce qui concernait l'Angleterre, ainsi que des renseignements satisfaisants sur les chances de résussite qu'Alphonse V pouvait avoir. Le roi de France pensa qu'il aurait tout avantage à appuyer ce prince, puisque les Rois Catholiques ne consentaient pas à l'abandon de la Cerdagne et du Roussillon. Bien qu'il eût reconnu, quelques mois auparavant, les droits d'Isabelle à la succession de Henri IV, il se détermina à soutenir le souverain portugais[1] qui avait déjà pris le titre de roi de Castille, et à renouveler avec lui les traités d'alliance qui depuis Alphonse XI unissaient les deux pays. D. Alvaro de Attaide, chevalier, conseiller d'Alphonse V, et le licencié Juan Delvas, procureur fiscal, arrivèrent en France au début de septembre 1475 : ils étaient munis d'un pouvoir que leur maître leur avait remis à Plasencia le 3 juin, et qui les autorisait à traiter avec Louis XI et ses délégués, à confirmer les anciens pactes d'amitié et à y apporter les modifications nécessaires. Le 23 septembre, à Paris on rédigea un instrument qui reproduisait exactement les dispositions arrêtées au début du règne de Henri IV[2]. On avait donc procédé au renouvellement de l'alliance dans la forme traditionnelle ; en outre, dès le 8 septembre, par un acte daté de la Victoire près Senlis, Louis XI s'était engagé à venir le plus tôt possible en aide à Alphonse V contre Ferdinand : il avait été convenu que toutes les villes et forteresses prises dans les royaumes d'Aragon et de Valence seraient remises au souverain de Castille ; celles dont on pourrait s'emparer dans le Roussillon, la Cerdagne et les îles Baléares appartiendraient au roi de France[3]. C'était, on le voit, une véritable ligue dirigée contre les Rois Catholiques : ceux-ci en triomphèrent d'ailleurs assez facilement, les Portugais furent vaincus et forcés de se retirer en 1476, et les Français mirent inutilement le siège devant

---

1. Le roi de Portugal était entré en Castille dès le mois de mai et avait remporté d'abord quelques avantages. Zurita (*op. cit.*, t. IV, p. 227 r°, col. 1) rapporte d'après Alonso de Palencia que Louis XI aurait obtenu pour prix de son concours la province de Biscaye.
2. Arch. nat., J. 605, n° 81, pièce just. n° 68.
3. Lenglet-Dufresnoy, Preuves des *Mémoires de Comines*, t. III, p. 406. La Victoire, abbaye de chanoines réguliers de Saint-Augustin, commune de Senlis.

Fontarabie. La paix fut rétablie le 9 novembre 1478 entre la Castille et la France[1] : Ferdinand et Isabelle renonçaient à leurs alliances avec l'Angleterre et l'archiduc Maximilien, Louis XI abandonnait le roi de Portugal, et on essayait de faire revivre l'ancienne amitié. Mais l'entente ne pouvait plus être cordiale comme elle l'avait été autrefois, les promesses de Louis XI n'inspiraient confiance à personne, et la question du Roussillon n'était pas définitivement réglée: on en ajournait la solution. Elle demeura une cause permanente de mésintelligence entre les deux couronnes, en attendant que les maisons de France et d'Espagne, rivales en Italie, engageassent une lutte qui devait durer tant d'années.

---

1. Par une lettre datée de Puebla de Guadalupe (Prov. de Cáceres, dist. jud. de Logrosan), le 18 janvier 1479, Ferdinand et Isabelle annonçaient aux autorités constituées dans leurs royaumes, à tous leurs sujets, et particulièrement aux négociants, que la paix avait été conclue avec la France. Ils en ordonnaient la publication et enjoignaient à tous de l'observer fidèlement sous peine d'une amende (D. Martin Fernandez Navarrete, *Coleccion de los viages*, t. III, p. 478 — Madrid, in-4°). Cf. *Anales breves* de Lorenzo Galindez Carvajal dans *Crónicas los Reyes de Castilla, éd. cit.*, t. III, p. 542 : « En principio de este año (1479) estuvieron los Reyes en Córdoba, y desde alli fueron a Guadalupe, donde juraron las paces con Francia ».

PIÈCES JUSTIFICATIVES

I

Premier traité entre Philippe VI et Alphonse XI.

Vincennes, février 1337, (n. st.)

Philippus Dei gratia Francorum rex, universis presentes litteras inspecturis salutem. Notum facimus nos quasdam infrascriptas vidisse litteras, tenorem qui sequitur continentes :

Noverint universi prestentes litteras inspecturi, quod ego Fernandus Sancii miles, in regno Castelle major notarius ac serenissimi principis domini mei domini Alfonsi Dei gratia Castelle, Legionis, Tholeti, Gallecie, Sibillie, Cordube, Murcie, Giennii et Algarbii regis illustris ac comitatus Moline domini procurator et nuncius specialis ac consiliarius dicti domini regis et principis, et ego Robertus Bertrandi, miles, marescallus Francie ac serenissimi principis domini mei domini Philippi eadem gratia Francorum regis illustris procurator et nuncius specialis ac consiliarius ejusdem domini regis et principis, constituti, licet diversis temporibus et divisim a regibus et principibus memoratis ad tractandum, ordinandum, faciendum et firmandum pro dictis regibus et principibus et eorum nomine seu cum illis quos iidem reges et principes ad hoc duxerint deputandos et eorum quolibet, compositiones, vincula et amiciciarum ligamina prout in procuratoriis dictorum dominorum regum et principum litteris quorum tenores inferius sunt inserti, plenius continetur. Tenor siquidem procuratorii dicti domini regis Castelle ac serenissimi principis talis est :

Noverint universi presentis procurationis litteras inspecturi, quod nos Alfonsus Dei gratia Castelle, Legionis, Tholeti, Gallecie, Sibillie, Cordube, Murcie, Giennii et Algarbii rex ac comitatus Moline dominus facimus, constituimus ac etiam ordinamus nostrum certum, verum et legitimum procuratorem ac nuntium specialem nobilem virum Fernandum Sancii, militem, in regno Castelle majorem notarium ac consiliarium nostrum fidelem, ad tractandum, ordinandum, faciendum et firmandum pro nobis et nostro nomine cum serenissimo principe Philippo Dei gratia rege Francie illustri vel cum illis quos idem rex ad hoc duxerit deputandos, compositiones et amiciciarum ligamina, sic quod ex puro corde nos mutuo diligamus et ad invicem unus alteri in nostris agendis prestemus juvamen, consilium, auxilium et favorem, dantes nichilominus dicto procuratori nostro plenam et liberam potestatem ac speciale mandatum ad jurandum in animam nostram et prestandum homagium quod tractata et ordinata, facta, composita, firmata et procurata per eum in premissis et quolibet premissorum et conditiones super hiis adjectas observabimus et tenebimus bona fide, et ad recipiendum juramentum et homagium a prefato rege Francie vel ab eo vel ab eis qui ad hoc per dictum regem deputati fuerint quod premissa omnia et singula similiter observabit, promittentes nos ratum, gratum, firmum perpetuo habituros quicquid per dictum nostrum procuratorem, actum, ordinatum et firmatum fuerit in premissis et quolibet premissorum et pertinentibus et dependentibus ex eisdem, et juramus ad sancta Dei Evangelia per nos corporaliter manu tacta, ea tenere et perpetuo observare, et ea nichilominus ratificabimus in convento termino per nostras litteras sigillo nostro pendenti munitas, ad perpetuam roboris firmitatem. In cujus rei testimonium, presentibus litteris nostris fecimus apponi sigillum. Datum in castris super Lermam, decima quinta die septembris, anno Domini millesimo trecentesimo tricesimo sexto.

Tenor vero procuratorii dicti domini regis Francie et serenissimi principis talis est :

Philippus Dei gratia Francorum rex, universis presentes litteras inspecturis salutem. Noveritis quod nos facimus, constituimus ac etiam ordinamus nostrum certum, verum et legitimum procuratorem ac nuncium specialem nobilem virum Robertum Bertrandi militem et consiliarium nostrum ac marescallum Francie, ad tractandum, ordinandum, faciendum et firmandum pro nobis et nostro nomine cum serenissimo principe Alfonso Dei gratia Castelle, Legionis, etc....., vel cum illis quos idem rex ad hoc duxerit deputandos, compositiones et amiciciarum ligamina, sic quod ex puro corde nos mutuo diligamus et ad invicem unus alteri in nostris agendis prestemus juvamen, consilium, auxilium et favorem, dantes nichilominus dicto procuratori nostro plenam et liberam potestatem et speciale mandatum ad jurandum in animam nostram et prestandum homagium quod tractata et ordinata, facta, composita, firmata et procurata per eum in premissis et quolibet premissorum et conditiones super hiis adjectas observabimus et tenebimus bona fide, et ad recipiendum juramentum et homagium a prefato rege Castelle vel ab eo vel ab eis qui ad hoc per dictum regem deputati fuerint quod premissa omnia et singula similiter observabit, promittentes nos ratum, gratum et firmum perpetuo habituros quicquid per dictum nostrum procuratorem actum, ordinatum et firmatum fuerit in premissis et quolibet premissorum et pertinentibus et dependentibus ex eisdem, et juramus ad sancta Dei Evangelia per nos corporaliter manu tacta, ea tenere et perpetuo observare, et ea nichilominus ratificabimus in convento termino per nostras litteras sigillo nostro pendenti munitas, ad perpetuam roboris firmitatem. In cujus rei testimonium, sigillum nostrum presentibus litteris fecimus apponi. Datum apud Lupparam prope Parisius, die xiii[a] decembris, anno Domini millesimo trecentesimo tricesimo sexto.

Consideratis mutuis affectionibus, benivolentiis et amiciciis quas uterque rex sibi ad invicem pro se, heredibus seu successoribus suis in regnis predictis habet, vult et intendit habere, tractamus, ordinamus, facimus et firmamus nomine procuratorio et virtute dictarum litterarum procuratoriarum quilibet nostrum procuratorum pro rege et principe qui eum constituit compositiones, vincula et amiciciarum ligamina que sequuntur perpetuis temporibus observanda:

Videlicet quod dicti reges et principes pro se et eorum heredibus seu successoribus in regnis suis predictis et quolibet eorumdem presentes et posteri ad invicem ex nunc sunt et erunt boni, veri, fideles amici ac puro et sincero corde se mutuo diligunt et diligent.

Item quod ad invicem unus alteri dabit bonum, legale et fidele consilium per se vel alium petendum, sicut in suis propriis negotiis faceret, juxta posse suum et propriam conscientiam suam.

Item quod unus non erit directe vel indirecte, publice vel occulte contra alium quocumque tempore, modo sive forma.

Item quod non confortabit, nec juvabit scienter inimicum seu inimicos, adversarium seu adversarios alterius in aliquo seu aliquibus que tangant seu tangere poterunt alium, quocumque tempore, modo seu forma.

Item quod quilibet eorum tenebit et fideliter observabit omnia et singula supradicta.

Item nos predicti procuratores, juramus et ad invicem promittimus bona fide in animas cujuslibet predictorum dominorum nostrorum per juramenta nostra super sancta Dei Evangelia corporaliter manu tacta, prestita, prefato etiam domino rege Francie nunc presente mandante et precipiente michi Roberto Bertrandi procuratori suo predicto, quod tractata, ordinata, facta, composita, firmata et procurata per nos in premissis et quolibet premissorum et conditiones quas super hiis adjecimus, observabunt dicti reges et principes et tenebunt bona fide pro se et suis heredibus seu successoribus in regnis suis predictis presentibus et futuris quos ad hoc specialiter et expresse obligamus, et quod ea nichilominus ratificabunt dicti reges et principes infra festum Resurrectionis Domini proximo venturum per suas litteras sigillo suo pendenti munitas ad perpetuam roboris firmitatem. Sane si unus dictorum dominorum regum et principum habens guerram seu verisimiliter habiturus eandem, requirat alterum de gentibus armorum per mare seu per terram et de navigiis, navibus et galeis suis seu subditorum suorum, et ille qui sic requiretur non habeat guerram tunc, vel si habeat sit talis vel adeo modica, quod non obstante impedimento guerre quod haberet posset sufficere ad guerram sustinendam hujusmodi et ad faciendum id quod requiretur, volet et permittet quod dictus requirens possit habere de gentibus armorum dicti requisiti et subditorum suorum per mare seu per terram et de navigiis, navibus et galeis de voluntate et consensu dicti regis sic requisiti et dictarum gentium armorum et dominorum navigiorum, navium, seu galearum hujusmodi, cum missionibus et expensis dicti requerentis, proviso tamen statui, tuitioni et defensioni regni seu regnorum regis qui sic fuerit requisitus. Hoc ultimum promittimus nos predicti procuratores ad invicem, quilibet nomine procuratorio domini sui et pro ipso secundum arbitrium et conscientiam illius qui requiretur, non tamen sub vinculo juramenti prestiti a dictis regibus, prout supra in eorum procuratoriis continetur, et a nobis predictis procuratoribus in alligationibus et amiciciarum ligaminibus antedictis.

In quorum testimonium et munimen, presentes litteras per Johannem notarium publicum subscriptum scribi et in publicam formam redigi fecimus et sigillorum nostrorum appensionibus communiri.

Acta, tractata, ordinata, facta, jurata et firmata fuerunt premissa in presentia prefati domini regis Francie hoc mandantis et precipientis, prout ad eum spectat et pertinet ac testium et mei Johannis notarii publici infrascriptorum apud Lupparam prope Parisius anno Domini millesimo trecentesimo tricesimo sexto, indictione quinta secundum consuetudinem parisiensem, mensis decembris die vicesima septima, pontificatus Sanctissimi Patris et domini nostri domini Benedicti divina Providentia Pape XII anno secundo. Presentibus reverendis patribus dominis Dei gratia Johanne de Viana, Remensi archiepiscopo, Guidone Baudeti, episcopo Lingonensi, domini regis Francie cancellario necnon et magnificis et egregiis viris domino Johanne, regis Francie primogenito, duce Normannie, Andegavie et Cenomanensi comite, domino Carolo, comite Alençonii, domino Radulpho, constabulario, domino Milone, domino de Noeriis, buticulario, domino Matheo de Tria, marescallo Francie, dominis Ansello, domino de Joinvilla, Johanne de Castellione, Gaufrido de Bellomonte, cambellano regio, Guillelmo Flote, domino de Revello et Hugone Quiereti, admirato maris in regno Francie, militibus, dicti domini regis Francie consiliariis, dominis Alfonso Martini, Hugone de Alcana, militibus, dicti regis Castelle testibus, ad premissa vocatis specialiter et rogatis. Et ego, Johannes Rufi de Cruce, clericus Lausannensis diocesis, apostolica publicus auctoritate notarius, premissis dum per prefatos dominos procuratores sic ut predicitur agerentur, tractarentur, ordinarentur, jurarentur et firmarentur in presentia dicti domini regis Francie premissa mandantis et precipientis prout ipsum tangunt et ad eum spectant et pertinent, una cum prenominatis testibus presens fui et ea ut supra leguntur, de mandato ejusdem domini regis Francie et ad rogatum dictorum dominorum procuratorum in hanc publicam formam scripsi, signumque meum presenti instrumento publico duplicato, una cum sigillis dictorum dominorum procuratorum inferius appensis, apposui consuetum in testimonium veritatis.

Nos autem omnia et singula tractata, facta, composita et procurata per dictum procuratorem nostrum in premissis et quolibet premissorum, in vim juramenti per eum in animam nostram, ut premittitur prestiti, rata et grata habuimus et habemus, et condiciones quas super hiis idem procurator noster adjecit observabimus et tenebimus bona fide pro nobis et nostris heredibus seu successoribus in regno Francie predicto presentibus et futuris, quos ad hoc specialiter et expresse obligamus, et ea volumus, laudamus, approbamus, ratificamus et ex certa scientia, auctoritate nostra regia tenore presentium confirmamus ad perpetuam roboris firmitatem. Quod, ut firmum et stabile perpetuo perseveret, presentes litteras sigilli nostri fecimus impressione muniri.

Datum apud Nemus Vicennarum, anno domini millesimo trecentesime tricesimo sexto, mense februarii.

(Sur le repli) : Per dominum regem in consilio.
Collatio facta est per me cum originali.

P. Caisnot.

(Scellé en cire verte sur lacs de soie verte et rouge).
Archives Nat., J 601, n° 35.

2

Benoit XII autorise Jean de Vienne, archevêque de Reims, à se rendre en Castille.

Avignon, 24 février 1337.

Venerabili fratri Johanni archiepiscopo Remensi.

Cum carissimus in Christo filius noster Philippus rex Francorum illustris de tue circunspectionis industria ac fidelitate confisus, te pro certis arduis suis negotiis communem profectum suum et regni sui tangentibus, ad carissinum in Christo filium nostrum Alfonsum regem Castelle illustrem, sicut per litteras ejusdem regis Franchorum accepimus, in instanti destinare proponat : nos in hiis et aliis que dictorum regis Franchorum et regni prosperitatem et profectum respiciunt, cum votis ejus gratis affectibus concurrentes, fraternitati tue absentandi te ab Ecclesia tua et eundi ad requisitionem ejusdem regis Francorum ad prefatum regem Castelle et partes Ispanie ac standi et morandi in illis partibus quantum commoditas et expeditio prospera negotiorum que tibi commissa fuerint postulabunt, liberam et benignam tenore presentium licentiam impartimur. Datum Avinione, v kalendas martii, anno tertio.

Litt. communis.

Reg. Vat., 124, n° LXII.

3

Alphonse XI reconnaît avoir reçu le texte du traité d'alliance confirmé par Philippe de Valois.

Séville, 18 août 1337.

Noverint universi presentem nostram litteram inspecturi, quod nos Alfonsus Dei gratia Castelle, Legionis, Toleti, Gallecie, Sibilie, Cordube, Murcie, Giennii et Algarbii rex ac comitatus Moline dominus, regnoscimus et fatemur recepisse et habuisse per manus reverendi Johannis Dei gracia archiepiscopi Remensis et nobilis viri Roberti Bertrandi, militis, domini de Briquebeco, marescalli Francie, ex parte serenissimi principis Philippi regis Francie ad nostram presentiam destinatorum, litteram confirmationis confederationis inter ipsum Francorum regem ex parte una et nos ex altera facte pridem et habite, magno sigillo pendenti ejusdem regis cum cera viridi et corda serica sigillata; quequidem confederatio facta extiterat et firmata per predictum marescallum pro sepedicto Francorum rege ex parte una et per Fernandum Sancii militem, vassallum et consiliarium nostrum et majorem notarium in Castella pro nobis ex altera.

In cujus rei testimonium presentem literam nostram eisdem archiepiscopo et marescallo concedi jussimus, nostro sigillo pendenti cereo sigillatam.

Datum Sibilie, decima octava die augusti, anno Domini millesimo trecentesimo tricesimo septimo.

P. Alfonsi scripsit.

(Sur le repli): Ferrant SANCHES.
(Scellé sur cordelette rouge et jaune).

Archives Nat., J 601, n° 37.

4

Philippe de Valois charge Jean de Vienne, Raymond Saquet, Savari de Vivonne, R. Mulet, Jean abbé de Colombs et Renaud de Vienne, de se rendre en Castille et de négocier en même temps qu'un nouveau traité d'alliance, le mariage de Marie, fille aînée du duc de Normandie avec l'infant D. Pedro.

Vincennes, 3 février 1345, n. st.

Philippus Dei gratia Francorum rex universis presentes litteras inspecturis, salutem. Notum facimus quod nos, consideratis confederationibus et alligationibus inter magnificum et excellentem principem A. Dei gratia regem Castelle illustrem consanguineum nostrum carissimum et nos dudum factis et per dictum consanguineum nostrum et nos postmodum confirmatis, cupientes confederationes ipsas, absque proposito aliquid immutandi de contentis in eis, in suo robore permanere et alias majorem amiciciam ampliando et fortificando jam factas inter dictum magnificum principem, heredesque et successores nostros cum dicto magnifico principe seu cum aliis personis ejus ambassatoribus, nuntiis et procuratoribus ad hoc specialiter deputandis et ex parte ipsius super hiis potestatem plenariam habentibus, facere, tractare et accordare perpetuo valituras et vinculo perfecte dilectionis et amoris indissolubiles permansuras, dilectos et fideles consiliarios nostros J. archiepiscopum Remensem, R. episcopum Morinensem, J. abbatem Beate Marie de Columbis, R. de Vienna fratrem germanum dicti archiepiscopi, thesaurarium Remensem, Savaricum de Vivona dominum Tortii et R. Muleti milites, de quorum fidelitate, diligentia et solertia circumspecta plenarie confidimus, ad ipsum magnificum principem, ambassatores et nuntios nostros speciales duximus destinandos, ipsosque omnes et duos ex ipis, quorum tamen alter dictorum.. archiepiscopi et.. episcopi sit unus, procuratores nostros fecimus et constituimus ac facimus et statuimus per presentes ad tractandum, iniendum, faciendum, accordandum, complendum et firmandum nostro nomine et pro nobis cum dicto magnifico principe seu cum aliis personis quas idem princeps ad hoc duxerit deputandas, confederaciones et amicicias largiores et ampliores absque eo quod jam facte in aliqua sua parte aliqualiter infringantur sed potius augmententur. Preterea, pro majori affinitate et dilectione inter dictum magnificum principem ejusque heredes et successores Castelle ac nos heredesque et successores nostros Francorum reges nutriendis et deinceps futuris temporibus inviolabiliter observandis, eisdem ambassatoribus et procuratoribus nostris omnibus ac duobus ex ipsis, quorum alter dictorum prelatorum sit unus ut prefertur, dedimus et concessimus, damusque et concedimus auctoritate nostra regia hiis presentibus plenariam potestatem faciendi et ineundi tractatum matrimonii dilecte nostre carissime Marie filie primogenite carissimi filii nostri primogeniti ducis Normannie cum dilecto nostro carissimo Petro filio primogenito et herede legitimo magnifici principis regis Castelle predicti et ad faciendum pacta et conventiones ad omnia et singula que in tractatu dicti matrimonii fuerint facienda cum dicto magnifico principe aut aliis personis ad faciendum, ineundum, complendum et firmandum dictum tractatum ex parte ipsius specialiter deputandis; et si forsan contingeret, quod absit, quod ante consummationem dicti matrimonii dicta filia primogenita decederet, faciendi ineundique tractatum matrimonii dilecte nostre carissime Johanne filie secundogenite dicti filii nostri primogeniti cum dicto magnifico principe aut aliis personis ad hoc specialiter ex parte ipsius deputandis cum dicto ejus filio primogenito, eisdem ambassatoribus nostris omnibus aut duobus ex ipsis quorum alter prelatorum sit unus ut prefertur, modo simili damus et concedimus plenariam potestatem, dumtamen ipsa filia secundogenita non esset antea cum alio matrimonialiter copulata aut etiam affidata. Quibus ambassatoribus nostris omnibus et duobus ex ipsis modo premisso, in et super premissis omnibus et singulis et ea tangentibus et dependentibus ex eisdem, tam super augmentatione et ampliatione dictarum primarum confederationum quam super tractatu, pactis et conventionibus matrimonii iniendi cum altera filiarum predictarum modo superius declarato faciendis, iniendis, tractandis, complendis et firmandis, commisimus vices nostras ut omnia et singula facere possint que nos faceremus aut facere possemus si ibidem presentes essemus. Promittimus insuper nos pro nobis heredibusque et successoribus nostris Francorum regibus quicquid per omnes ambassatores, nuntios et procuratores nostros spetiales predictos aut duos ipsorum quorum alter dictorum prelatorum sit unus ut premittitur, gestum, factum, tractatum, procuratum et firmatum fuerit in premissis et quolibet premissorum et dependentium eorumdem, generaliter, specialiter et expresse, ratum, gratum et firmum perpetuo habituros ad perpetuam roboris firmitatem. In quorum testimonium presentibus litteris nostrum fecimus apponi sigillum.

Datum apud Nemus Vicennarum, die tertia februarii, anno Domini millesimo ccc° quadragesimo quarto.

(Sur le repli): Per dominum regem in suo consilio.

Jorriz,
tripplicatum.

(Scellé en cire jaune du grand sceau sur double queue de parchemin).
Archives Nat., J 602, n° 41.

5

Clément VI recommande Jean de Vienne, archevêque de Reims, à la bienveillance d'Alphonse XI.

Villeneuve-les-Avignon, 14 mars 1345.

Carissimo in Christo filio Alfonso regi Castelle illustri.

Cum sicut intellexximus, carissimus in Christo filius noster Philippus rex Francie illustris, venerabilem fratrem nostrum Johannem archiepiscopum Remensem virum utique magne discretionis et probitatis maturitate preditum et in arduis expertum negociis et probatum, ad tue magnitudinis presentiam pro certis negociis providerit destinandum, eandem celsitudinem rogamus attente quatinus eundem archiepiscopum favorabiliter recipiens et benigne, ipsum placibiliter audias et habeas super expeditione negociorum felici hujusmodi, quantum cum honestate fieri poterit, commendatum.

Datum apud Villamnovam Avinionensis diocesis, II idus marcii, anno tertio.

Reg. Vat. 138, n° DCCCLXXVII.

Lettres sur le même sujet, adressées à la même date:

 A Marie, reine de Castille *(Ibid.*, n° DCCCLXXVIII);
 à l'archevêque de Tolède *(Ibid.*, n° DCCCLXXIX);
 à Ferrand Sanchez, de Valladolid, chevalier, conseiller du roi.

6

*Clément VI conseille à Alphonse XI de marier son fils
à une princesse française.*

Villeneuve-les-Avignon, 10 mai 1345.

Carissimo in Christo filio Alfonso regi Castelle illustri.

Dudum cum status inferior nos haberet, morantes in partibus gallicanis et carissimi in Christo filii nostri Philippi regis Francie illustris consiliaritatis obsequiis tunc temporis insistentes, gaudenter et placibiliter admodum audivisse meminimus et scivisse utiles et honorabiles confederationes et amicitias initas inter te, carissime fili, et eundem regem invicem et contractas. Cum itaque hujusmodi confederationes et amicitie, velut honeste et accomode firmiter et fideliter ex tunc observate, quod delectabiliter referimus, extiterint hinc et inde, pro eisque corroborandis solidius et firmius imposterum observandis, prefatus rex ad tractandum matrimonium inter dilectum filium nobilem virum Petrum primogenitum tuum et unam de filiabus dilecti filii nobilis viri Johannis ejusdem regis Francie primogeniti ducis Normannie invicem, actore Domino, contrahendum, suos nuncios ad tue celsitudinis presenciam duxerit destinandos, regalem tuam excellenciam attencius deprecamur quatinus bona innumera ex hujusmodi matrimonio, si Deus illud perfici dederit, proveniencia premeditans et intra pectoris claustra regii diligenter revolvens, ad illud mentem regiam favorabiliter et benivole dirigas et inclines. Et si nimis tenera et puerilis etas filiarum ducis predicti tue voluntatis in hac parte beneplacito, attenta etate adolescentiori dicti tui primogeniti forsitan repugnaret, velit tua sublimitas de quadam alia nata inclite memiore.. regis Navarre jam adulta satis et apta vel alia ydonea de domo et propinquo genere dicti regis assumenda in uxorem tuo predicto primogenito, tractatum recipere vel perficere cum nunciis antedictis, ut amor honoris et honestatis qui hactenus inter tuam et Francie domos inclitas regias viguit et viget continue, unione indissolubili stabiliatur solidius et firmetur, quequidem grata quamplurimum nostris accedent affectibus et accepta.

Datum apus Villamnovam Avinionensis diocesis, vi idus maii, anno tercio.

Reg. Vat., 138, n° MXXXVII.

7

Clément VI conseille à l'infant D. Pedro d'épouser une princesse française.

Villeneuve-les-Avignon, 10 mai 1345.

Carissimo in Christo filio nobili viro Petro carissimi in Christo filii nostri Alfonsi regis Castelle illustris primogenito.

Frequenter audivimus, fili, recitari et audivimus etiam incessanter confederationes et amicicias que viguerunt inter domos Castelle et Francie regias et bona innumera que provenerunt ex illis. Cupientes igitur confederationes et amicicias hujusmodi continuari feliciter et augeri, gratum nostris accedet affectibus admodum et acceptum, si tractatus super matrimonio inter te ac unam de filiabus dilecti filii nobilis viri Johannis primogeniti carissimi in Christo filii nostri Philippi regis Francie illustris ducis Normannie, vel aliam de domo et genere dicti regis Francie contrahendo, pro quo rex ipse suos nuncios ad carissimum in Christo filium nostrum Alfonsum regem Castelle illustrem genitorem tuum destinavit, ad felicem et votivum exitum deducatur : quocirca nobilitatem tuam rogamus et attencius in Domino exhortamur quatinus ad solidandas et indissolubili unione firmandas confederationes et amicicias supradictas, ex quibus, ut prefertur, bona provenerunt hactenus multiplicia et utrique domui predicte provenire poterunt in futurum, tractatui predicto et ejus perfectioni votive cum voluntate ac beneplacito genitoris et genitricis tuorum consensum tribuas et applices placibiliter mentem tuam, de nobis qui te favore dilectionis paterne intra precordia nostra gerimus, fiduciam habiturus quod tuis honoribus et comodis libenter, quantum cum Deo per nos fieri poterit, intendemus.

Datum ut supra.

Reg. Vat., 138, n° mxxxix.

8

Clément VI encourage l'archevêque de Reims et lui conseille de sonder les dispositions de Gil de Albornoz.

Villeneuve-les-Avignon, 10 mai 1345.

Venerabili fratri Johanni archiepiscopo Remensi.

Ecce quod carissimis in Christo filiis nostris Alfonso regi et Marie regine Castelle illustribus ac dilecto filio nobili viro Petro eorum primogenito necnon venerabili fratri nostro Egidio archiepiscopo Tholetano, per diversas litteras scribimus juxta formas quas cedula continet presentibus interclusa ; ideoque si prefatum archiepiscopum favorabilem super negocio de quo agitur repereris, et sibi juxta statum et qualitatem ipsius negocii expediens videatur quod per ipsum fiat presentatio litterarum ipsarum, illas presentandas assignes eidem, alioquin cum eas prout et sicut tue circunspectioni videbitur presentare procures, circa prosecutionem ejusdem negocii juxta datam a Deo tibi prudenciam adhibiturus diligenciam operosam nobisque rescripturus que circa hec egeris et videris nuncianda.

Datum ut supra.

Reg. Vat., 138, n° mxli.

9

Clément VI recommande à Gil de Albornoz, archevêque de Tolède, de seconder les efforts des ambassadeurs français.

Villeneuve-les-Avignon, 10 mai 1345.

Venerabili fratri Egidio archiepiscopo Tholetano.
Attentis variis honoribus et comodis que Francie ac Castelle domibus regiis ex confederationibus et amiciciis mutuis initis et contractis invicem et fideliter observatis hactenus provenerunt, desiderabiliter affectamus easdem confederationes et amicicias unione indissolubili roborari : propter quod carissimis in Christo filiis nostris Alfonso regi et Marie regine Castelle illustribus ac dilecto filio nobili viro Petro eorum primogenito scribimus, juxta formam quam cedula continet presentibus interclusa, fraternitatem tuam rogantes et hortantes attente quatinus litteras nostras eisdem regi et regine ac primogenito inde directas, quas tibi cum presentibus mittimus, eis presentare procurans, ut negocium super quo scribimus, felicem et votivum exitum sociatur, sic partes tue solicitudinis efficaciter interponas, quod nos devotionem et circunspectionem tuam exinde commendare merito valeamus.
Datum ut supra.

Reg. Vat., 138, n° MXL.

10

Clément VI annonce à Philippe de Valois que, suivant son désir, il a écrit au roi et à la reine de Castille.

Villeneuve-les-Avignon, 12 mai 1345.

Carissimo in Christo filio Philippo regi Francie illustri.

Antequam ad nos pervenirent littere regie, per quas scribi per nos carissimo in Christo filio nostro Alfonso regi Castelle illustri super hiis pro quibus venerabilis frater noster Johannes archiepiscopus Remensis et alii nuncii regii destinati fuerunt ad partes Ispanie, petiit regia celsitudo, regi scripseramus predicto, et post receptionem litterarum ipsarum regi prefato Castelle ac carissime in Christo filie nostre Marie regine Castelle illustri eorumque primogenito necnon venerabilibus fratribus nostris.. Tolitano et.. Remensi predicto archiepiscopis, per diversas litteras scripsimus, sicut venerabili fratri nostro Petro episcopo Claramontensi et dilectis filiis nobili viro Ludovico de Pictavia et magistris Firmino de Coquerello, decano Ecclesie Parisiensis ac Petro de Verberia, consiliariis regiis in nostra presentia constitutis expressimus, et litterarum predictarum copias, ut de illarum tenoribus certioraretur serenitas regia, eisdem fecimus assignari.

Datum apud Villamnovam Avinionensis diocesis, III idus maii, anno tercio.

Reg. Vat., 138, n° MLVI.

11

Clément VI annonce à Philippe VI l'heureux résultat des négociations engagées en Castille et qui ont abouti au mariage de l'infant avec Blanche de Navarre.

Villeneuve les-Avignon, 27 juillet 1345.

Carissimo in Christo filio Philippo regi Francie illustri.

Ad regalis excellentie noticiam deducimus per presentes, quod nos die date presentium litteras venerabilis fratris nostri Gundisalvi, episcopi Seguntini recepimus continentes quod litteris nostris quas primo per venerabilem fratrem nostrum Johannem archiepiscopum Remensem et subsequenter per quendam cursorem nostrum dudum carissimo in Christo filio nostro Alfonso regi Castelle illustri super contrahendo inter dilectum filium Infantem inclitum Petrum primogenitum ipsius regis et.. natam dilecti filii nobilis viri Johannis primogeniti sui ducis Normannie vel aliam de domo et prosapia tua regali matrimonio, ac confederationibus et amiciciis inter te, fili carissime, regemque prefatum olim initis tenaciter observandis et roborandis, destinavimus prefato regi per dictum episcopum expositis, rex idem voluit quod dictus episcopus et unus miles consiliarius dicti regis cum prelibato archiepiscopo et aliis nuntiis regiis super premissis diligenter tractarent, et licet tractando de filia dicti ducis copulanda prenominato Infanti matrimonialiter tractatum primo habuerint satis longum, quia tamen adhuc etatis nubilis non existit, se ad dilectam in Christo filiam nobilem puellam Blancham natam clare memorie Philippi regis Navarre suum convertentes tractatum, tandem extitit ordinatum quod supradictus Infans eandem Blancham in sponsam recipiat et uxorem et quod predicte confederationes et amicicie roborentur et taliter augeantur, quod ex eis tibi, fili dilectissime, ac regi predicto et utrique domui felicia honoris et comodi, Deo propitio, proveniant incrementa.

Datum Avinione, vi kalendas augusti, anno quarto.

Reg. Vat., 139, n° CLXIV.

Item in eodem modo regine, verbis competenter mutatis. Datum ut supra.

Ibid., n° CLXV.

12

Traité d'alliance entre la France et la Castille.

Léon, 1er juillet 1345.

Procuratores et nuncii et tractatores serenissimorum principum dominorum regum Francie et Castelle, scilicet Johannes de Vianna archiepiscopus Remensis, Johannes de Timaro, abbas Beate Marie de Columbis, Savarinus de Vivona, dominus de Torcio et Reginaldus de Vianna, thesaurarius Remensis, procuratores et nuncii domini regis Francie et Guondissalvus episcopus Seguntinus et Ferrandus Sancii de Vallcoleti, miles, major notarius in Castella, tractatores nomine regis Castelle, non recedendo in aliquo a confederacionibus, pactionibus et amiciciarum liguaminibus factis et initis inter dictos dominos reges, heredes et successores eorum in toto vel in parte sed eisdem firmiter inherendo, easdem laudando, approbando, confirmando, fortifficando, addendo et augmentando absque eo quod in aliqua sui parte predicte confederaciones per ea que sequntur modo aliquo infringuantur, faciunt et promittunt pactiones, confederaciones et amiciciarum liguamina perpetuis temporibus duratura inter ipsos dominos reges, heredes et successores suos reges Francie et Castelle, prestito corporaliter juramento videlicet quod dominus rex Castelle qui nunc est, heredes et successores sui reges Castelle, regna sua et dominia, terra et subjecti juvabunt et confortabunt perpetuis et futuris temporibus dominum Philippum regem Francie qui nunc est, heredes et successores suos reges Francie et regnum Francie contra omnem hominem viventem et victurum ad deffensionem et tuicionem dicti domini regis Francie, heredum et successorum suorum, honoris et status sui et regni et corone Francie; et modo consimili, dominus rex Francie, heredes et successores sui reges Francie, regnum, terre, dominia et subjecti sui juvabunt et confortabunt perpetuis futuris temporibus dominum Alfonsum regem Castelle et Legionis qui nunc est, heredes et successores suos reges Castelle et Legionis et regna sua contra omnem hominem viventem et victurum ad deffensionem et tuicionem dicti domini regis Castelle et Legionis, heredum et successorum suorum, honoris et status sui et regnorum suorum, corone, dominii sui, prout in ultimo articulo priorum confederacionum et liguaminum inter dictos reges et heredes suos et successores dudum initarum plenius continetur; cujusquidem articuli tenor sequitur in hec verba: sane si unus dictorum regum et principum habeat guerram seu sit verissimiliter habiturus eandem, requirat alterum de gentibus armorum per mare seu per terram et de navigiis, navibus et gualeis suis seu subditorum suorum, et ille qui sic requiretur non habeat guerram tunc vel si habeat, sit talis vel adeo modica quod non obstante impedimento guerre quam haberet possit sufficere ad guerram sustinendam hujusmodi et ad faciendum id quod requiretur, volet et promittet quod requirens predictus possit habere de gentibus armorum dicti requisiti et subditorum suorum per mare seu per terram et de navigiis, navibus et gualeis de voluntate et consensu dicti regis sic requisiti et dictarum gencium armorum et dominorum navigiorum, navium seu gualearum hujusmodi, cum missionibus et expensis dicti requirentis, proviso tamen statui, tuicioni et deffensioni regni seu regnorum regis qui sic fuerit requisitus; et insuper promittunt et jurant dicti nuncii et procuratores et tractatores utriusque regis quod uterque rex, heredes et successores sui reges Francie et Castelle et Legionis proibebunt *(sic)* expresse, videlicet quilibet rex subditis suis quociens opus erit et unus ab altero fuerit requisitus quod non vadant nec sint in auxilium et juvamen cujuscumque persone viventis clam vel palam, directe vel indirecte, volentis et attemptantis dampnum et lesionem inferre in regno, terris et dominiis alterius dictorum dominorum regum per mare vel per terram. Et si aliquis subditorum alterius regis, heredum et successorum suorum, quod absit, contrarium faceret, dominus facientis seu faciencium contrarium taliter illum vel illos puniet in corpore et in bonis, quod alteri regi clare patebit quod alter rex nec gratum, nec ratum habuit quod contra presentem confederacionem, pacta et amiciciarum lignamina per suum subditum fuerit factum. Et nichilominus, si aliquis subditorum dictorum dominorum regum vel ipsorum alterius, quod absit, faceret contrarium in aliquo premissorum, hoc non obstante, predicte presentes confederaciones, promissiones et amiciciarum liguamina et alie jamdudum inite, rate et integre in sui omnimoda parte stabunt et habebunt perpetuam roboris firmitatem; puniet tamen quilibet dictorum dominorum regum subditum suum contrarium facientem, prout superius est premissum. Item si contingeret quod rex Castelle et Legionis qui nunc est, heredes et successores sui reges Castelle et Legionis qui pro tempore fuerint, haberent guerram cum quocumque rege vel quibuscumque regibus christianis vel eorum regnis, non poterit inire treuguas, sufferenciam vel abstinenciam guerre facere quin in treugis, sufferenciis et abstinenciis contineatur et nominetur expresse rex Francie qui nunc est et qui pro tempore fuerit, regnum et dominium suum totum; parique modo, si continguat regem Francie qui nunc est, heredes et successores suos reges Francie guerram habere cum rege Anglie, heredibus et successoribus suis Anglie regibus vel Anglicis vel cum aliis quibuscumque regibus christianis et cum eis inire treuguas, sufferenciam vel abstinenciam guerre, rex Castelle et Legionis qui nunc est et heredes et successores sui reges Castelle et Legionis qui pro tempore fuerint, continebuntur et nominabuntur in treugis, sufferenciis et abstinenciis guerre cum regnis et eorum dominiis, nec alias possint tales iniri treuge, sufferencia vel guerre abstinencia quovismodo. Item si aliquis predictorum dominorum regum iniret amiciciam cum aliquo rege christiano, quod teneatur iniens tractare et inire ipsam pro alio rege quemadmodum pro se ipso, et alias non possit. Item, quod observentur omnes donaciones et gracie quas rex Castelle fecit suis filiis et domine Helionori matri eorumdem; et si aliquis dictorum regum et sui heredes et successores vel aliquis eorumdem veniret contra istud aliquo tempore in toto vel in parte, quod requisito ex parte dicte domine Helionoris et suorum filiorum vel alterius eorumdem, illo ex eisdem regibus, heredibus vel successoribus ipsorum qui in contrarium faceret vel veniret et in ipsius deffectum altero ipsorum regum, heredum vel successorum ipsius et non cessante ab impedimento vel non amovente illud et non satisfaciendo, quod propter hoc sint fracta omnia ista pacta supradicta, sicut essent pro quolibet aliorum supradictorum non observatorum. Item, omnia et singula jurabunt predicti procuratores et nuncii et tractatores, habitis procuratoriis, quilibet in animam domini sui fideliter et inviolabiliter observare, et juramenta procuratorum, nunciorum et tractatorum ratifficabunt domini reges predicti et quilibet ipsorum. Item, archiepiscopi et episcopi exempti, decem barones de majoribus, habentes etatem legitimam et communitates decem civitatum de majoribus utriusque regni, omnia et singula premissa et in quolibet articulorum predictorum contenta jurabunt tenere, observare et de puncto in punctum inviolabiliter adimplere. Item, idem fiet in contractu matrimonii filie domine regine Navarre de regno et subditis Navarre per dominam reginam Navarre.

Et est sciendum quod de premissis fuerunt facte littere dupplicate ejusdem tenoris quarum unas *(sic)* procuratores et nuncii predicti domini Francie regis portarunt et alie prefatis tractatoribus dicti domini Castelle et Legionis regis remanserunt. In quorum premissorum omnium et singulorum fidem et testimonium, nos supradicti archiepiscopus, abbas et thesaurarius et nichilominus nos archiepiscopus vice prenominati domini de Tors litteras ignorantis ad ejus instanciam, nuncii et procuratores dicti domini nostri Francie regis, et nos Gundissalvus Segontinus episcopus, Legionis major notarius et Ferrandus Sancii de Valleoleti, miles, notarius major Castelle, tractatores pro dicto domino rege Castelle ad predicta specialiter deputati, nomina nostra et vos dictus archiepiscopus nomine dicti militis, presentibus subscripcimus *(sic)* litteris, et nichilominus omnes insimul et nostrum quilibet nominibus quibus supra, sigilla nostra duximus eisdem litteris apponenda.

Actum in civitate Legionensi et datum prima die julii, anno

Domini millesimo trecentesimo quadragesimo quinto et secundum modum yspanicum, Era millesima trecentesima octuagesima tercia.

. Heliaz.

(Sur le repli se lisent les signatures suivantes, au-dessous desquelles sont les sceaux sur double queue de parchemin):

J. de Viana, archiepiscopus Remensis.
Gundisalvus, episcopus Seguntinus.
J. de Timaro, abbas de Columbis,
Savarinus de Vivona, miles.
Reginaldus de Viana, thesaurarius Remensis.

(Les sceaux de l'archevêque de Reims, de l'évêque de Sigüenza, de Savari de Vivonne subsistent très mutilés; les deux autres manquent.)

Archives Nat., J 602, n° 44.

13

Traité d'alliance entre la France et la Castille, où les cas particuliers qui peuvent se présenter sont prévus.

Léon, 1er juillet 1345.

Procuratores, nuncii et tractatores serenissimorum principum dominorum regum Francie et Castelle, scilicet Johannes de Viana, archiepiscopus Remensis, Johannes de Timaro, abbas Beate Marie de Colombis, Savaricus de Vivona, dominus de Tors et Reginaldus de Viana, thesaurarius Remensis, procuratores et nuncii domini regis Francie, et Guandissalvus *(sic)*, episcopus Segontinus ac Ferrandus Sancii de Valleoleti, miles, major notarius in Castella, tractatores nomine domini regis Castelle faciunt, conveniunt et juramento una pars alteri vicissim nominibus quibus supra promittunt pactiones, convenciones et amiciciarum alligaciones inter dictos dominos reges pro se et suis valituras que secuntur, videlicet quod si contingat regem Bellamarini cum sua potestate, vel ejus potestatem affretare vel transire ad invadendum regna vel dominium Castelle, dicto rege Francie per regem Castelle vel ejus certum nuncium vel litteras suas requisito, rex Francie faciet sibi sucursum ad expensas dicti regis Castelle, proviso statui regni sui et guerre sue, si tunc guerram haberet vel verissimiliter habiturus esset; tamen prima vice, dictus rex Francie propter servicium Dei et augmentacionem Christianitatis necnon contemplacione dicti regis Castelle et intuitu et in relevacione expensarum ab ipso in guerris Sarracenorum huc usque factarum, providebit ipsi regi Castelle de tali sucursu, ad ejusdem regis Francie expensas, quod dictus rex Castelle debebit merito contentari. Et si rex Anglie cum sua potestate, aut ejus potestas affretaret vel transiret citra mare ad invadendum regnum Francie, dicto rege Castelle per regem Francie, ejus certum nuncium vel per suas litteras requisito, dictus rex Castelle faciet prefato regi Francie sucursum, ad expensas dicti regis Francie, talem quod debebit merito contentari, proviso statui regni sui et guerre sue, si tunc guerram haberet vel verissimiliter habiturus esset; hoc vero pacto duraturo sic duntaxat inter personas domini Alfonsi regis Castelle qui nunc est et personam domini Philippi regis Francie nunc regnantis, et est actum expresse quod non obstante isto articulo personalitatem dominorum regum Francie et Castelle solum tangente, omnes confederaciones, pax et amiciciarum ligamina facte et inite de novo et jampridem inter dictos dominos reges pro se, heredibus et successoribus eorum, prout continetur in quolibet articulo earumdem et specialiter in articulo qui incipit « Sane », durabunt perpetuo inter dictos dominos, reges et heredes et successores eorum et contra omnem hominem viventem vel victurum habebunt perpetuam roboris firmitatem, prout in certis aliis confederacionibus et amiciciarum ligaminibus de novo et in aliis jampridem alias inter dictos dominos reges pro se et heredibus et successoribus suis factis ac initis, latius continetur. Preterea si aliquis vel aliqui de regno Francie vellent venire in servicio Dei ad guerram Sarracenorum in auxilium domini regis Castelle, rege Francie tunc non habente guerram publicam seu appertam vel verissimiliter habituro, placebit ei quod ipsi veniant et eos non impediet nec precipiet vel mandabit eorum impedire adventum; eciamsi haberet guerram, proviso statui ipsius guerre et regni sui, volentes ad dictum servicium venire, non impediet nec mandabit impedire venire; similique modo, rege Castelle guerram publicam vel appertam non habente, illos de regno vel regnis suis qui accedere voluerint in regno Francie ad servicium regis Francie in guerris suis, non impediet vel mandabit aut faciet impedire, sed placebit ei quod accedant ad dicti regis Francie servicium, eciamsi guerram haberet, proviso statui guerre sue et regni sui prout supra. Et est sciendum quod de premissis fuerunt facte littere dupplicate ejusdem tenoris, quarum alias procuratores et nuncii predicti domini Francie regis portarunt et alie prefatis tractatoribus dicti domini Castelle et Legionis regis remanserunt.

In quorum premissorum omnium et singulorum fidem et testimonium, nos supradicti archiepiscopus, abbas et thesaurarius et nichilominus nos archiepiscopus vice prenominati domini de Tors litteras ignorantis, ad ejus instanciam, nuncii dicti domini regis Francie, et nos Gondissalvus Segontinus episcopus, Legionis major notarius et Ferrandus Sancii de Valleoleti, miles, notarius major Castelle, tractatores pro dicto domino rege Castelle ad predicta specialiter deputati, nomina nostra necnon nos, dictus archiepiscopus, nomen dicti domini de Tors, presentibus subscripsimus litteris, et nichilominus omnes insimul et nostrum quilibet, eciam nos dictus Savarinus, nominibus quibus supra, sigilla nostra duximus eisdem literis apponenda.

Actum in civitate Legionensi et datum prima die jullii, anno Domini millesimo trecentesimo quadragesimo quinto et secundum morem yspanicum, Era millesima ccc^a octuagesima tercia.

Hélias.

(Scellé sur double queue de parchemin des sceaux des six plénipotentiaires : trois seulement subsistent en partie.)

Archives Nat., J 602, n° 42.

14

Clément VI félicite Alphonse XI d'avoir suivi ses conseils.

Avignon, 12 août 1345.

Carissimo in Christo filio Alfonso regi Castelle illustri.

Letanter admodum et gratanter percepto quod tu, fili carissime, precibus et exhortationibus nostris super contrahendo inter dilectum filium nobilem virum Petrum infantem primogenitum tuum et unam de puellis inclitis domus regalis Frantie, Deo propitio, contrahendo, ut amoris vinculum quod inter te dictamque domum viguit hactenus solidaretur et ampliaretur uberius, per nostras tibi directas litteras, acquiescens benigne quod inter eundem primogenitum et dilectam in Christo filiam Blancham puellam nobilem natam clare memorie Philippi regis Navarre contrahatur hujusmodi matrimonium, favorabiliter consensisti, exinde tue celsitudini gratiarum referimus actiones. Speramus equidem in Domino quod ex hiis ac confederationibus mutuis utrique regali domui varia comoda redundabunt, pro certo sciturus, fili dilectissime, quod super hiis que tuis honoribus et comodis convenient, nos, quantum cum Deo poterimus, propitios reperies et benignos.

Datum ut supra.

Reg. Vat., 139, n° CCLXXV.

15

Clément VI félicite l'infant D. Pedro d'avoir écouté ses conseils.

Avignon, 12 août 1345.

Dilecto filio nobili viro Petro Infanti, primogenito carissimi in Christo filii nostri Alfonsi regis Castelle illustris.

Quia precibus et exhortationibus nostris, ut ad solidandum et augendum unitatis et amoris vinculum inter Castelle ac Francie domos regias inclitas, unde varia comoda provenisse hactenus dinoscuntur hinc inde, de prosapia domus ejusdem Frantie uxorem tibi copulari consentires, favorabiliter annuens et benigne quod dilecta in Christo filia puella nobilis Blancha nata clare memorie Philippi regis Navarre tibi conjungatur matrimonialiter consensisti, nobilitati tue gratiarum referimus actiones, sciturus, fili, quod nos semper tuis oportunitatibus propicios, quantum cum Deo poterimus, reperies benignos. Datum Avinione, II idus augusti, anno quarto.

Reg., 139, n° CCLXXVII.

16

Clément VI félicite l'archevêque de Reims de l'heureux résultat de sa mission.

Avignon, 12 août 1345.

Venerabili fratri Johanni archiepiscopo Remensi.

Hiis que acta sunt super matrimonio inter dilectum filium nobilem virum Petrum Infantem, primogenitum carissimi in Christo filii nostri Alfonsi regis Castelle illustris et dilectam in Christo filiam puellam nobilem Blancham, natam clare memorie Philippi regis Navarre, Deo propicio contrahendo, necnon ligis et confederationibus inter carissimum in Christo filium nostrum Philippum regem Frantie illustrem et eundem regem Castelle olim initis invicem roborandis et ampliandis, placibiliter intellectis, ea grata nostris accedunt affectibus admodum et accepta, sperantes in Domino ex illis tam utrique parti quam reipublice multa comoda proventura, quamobrem adhibitos circa premissa labores tue circunspecte solicitudinis multipliciter in Domino commendamus. Datum Avinione, II idus augusti, anno quarto.

Reg., 139, n° CCLXXIIII.

17

Clément VI presse Alphonse XI de ratifier les conventions faites avec les ambassadeurs français.

Avignon, 12 octobre 1345.

Carissimo in Christo filio Alfonso regi Castelle illustri.

Pridem gratis et letis admodum relatibus intellecto quod super matrimonio contrahendo inter dilectum filium Infantem, inclitum Petrum primogenitum tuum et dilectam in Christo filiam puellam nobilem Blancham, natam clare memorie Philippi regis Navarre, ac solidandis et ampliandis ligis et confederacionibus olim inter te, carissime fili, et carissimum in Christo filium nostrum Philippum regem Francie illustrem initis, tua regalis excellentia consensum prebuerat favorabiliter et benigne : nos bona multiplicia tibi et eidem regi exinde provenire sperantes, litteras nostras regraciatorias tue celsitudini, et presertim quia obtentu precum nostrarum te, fili dilectissime, premissis. consensisse favorabilius percepimus, recolimus dirrexisse *(sic)*. Sane quia negocia hujusmodi, attentis inenarrabilibus comodis, ut premittitur, proventuris, ut votivum et felicem sorciantur effectum insident cordi nostro, adhuc graciarum actiones replicantes pro illis, magnificentiam rogamus regiam et in Domino attentius exhortamur quatinus tractatus super predictis cum venerabili fratre nostro Johanne archiepiscopo Remensi et aliis nuntiis ejusdem regis Francie habitos, quibus rex ipse per suas litteras expresse, ut intelleximus, suum assensum prestitit, firmare ac perficere velit liberaliter tua regia magnitudo. Datum ut supra.

Reg. Vat., 139, n° DXVI.

18

Alphonse XI charge l'archevêque de Tolède, D. Alfonso Ferrandez Coronel et Ferrand Sanchez de Valladolid, d'accomplir les formalités nécessaires pour que les conventions passées avec les ambassadeurs français deviennent définitives.

Madrid, 10 décembre 1345.

Alfonsus Dei gratia Castelle, Legionis, Toleti, Gallecie, Sibilie, Cordube, Murcie, Giennii, Algarbii et Algezire rex ac comitatus Moline dominus, universis presentes litteras inspecturis salutem in Domino.

Ut celestis altitudo potencie supra cuncta tenens imperium exaltetur, nostre possibilitatis manum apponimus ad operam quam oportunam in terris novimus, sperantes fore placidam in excelsis, celestis namque providencia terrarum orbem disposuit sub distinctione regnorum que salubri regimine voluit gubernari, ne humane creature statum quelibet tempestuose fluctuationes mundi confunderent, sed tam proximitatis et consanguinitatis quam matrimoniorum federe in solita caritatis et unitatis solidare persistentes, unionem individuam sortirentur. Nos itaque hujusmodi fraternam unionem in terris et regionibus quibus serenissimus rex Francorum carissimus consanguineus noster et nos Dei gratia illustres pariter presidemus roborari cupientes, notum facimus quod consideratis acomodis et oportunis subvencionibus mutuis et eventibus qui et que tam modernis quam futuris temporibus hospiciis, regnis et subditis Castelle et Francie poterunt, favente Domino, verisimiliter evenire ex tractatibus tam super iteratione et confirmacione confederacionum et unitate ligaminum inter dictum consanguineum nostrum et nos pro nobis et ipso ac ipsius et nostris heredibus et successoribus dudum invicem initarum et tractatarum augmentatione perpetuaque roboratione earumdem atque ex matrimonio inter inclitum Infantem Petrum, primogenitum et heredem nostrum et dilectam Blancam carissimorum consanguineorum clare memorie Philipi quondam regis et Johanne ejus relicte regine Navarre filiam, neptemque consanguinei nostri regis Francorum invicem, auctore Domino contrahendo, contentis in tribus paribus litterarum sub data prime diei mensis julii, anno Domini infrascripto confectarum, sigillis venerabilis patris Johannis archiepiscopi Remensis, Johannis de Timaro, abbatis Beate Marie de Columbis, Reginaldi de Viana, thesaurarii Ecclesie Remensis, fratris dicti archiepiscopi et nobilis Savarini de Viona, militis, domini de Torcio, dicti consanguinei nostri nunciorum, ac venerabilis patris Gundisalvi episcopi Segontini et Ferrandi Sancii de Valleoleti, militis, majoris notarii nostri in regno Castelle, consiliariorum nostrorum per nos in hac parte deputatorum, sigillatarum, oblatarum et expositarum nobis. Igitur cum ipsa tractata et concordata velud honesta et acomoda de ipsius regis Francorum atque nostro speciali mandato processerint et assensu, hinc est quod tenoribus et formis litterarum hujusmodi contractus continencium attentis et intellectis, volentes quod omnia et singula in ipsis litteris contenta, debitum et concordatum sorciantur effectum et que circa illa agenda sunt ad tractatos et concordatos fines et effectus in predictis tribus litteris declaratos, execucioni mandentur et compleantur bona fide, ex nostra certa scientia facimus, constituimus et ordinamus nostros veros et certos ac legitimos procuratores generales, negociorum gestores et nuncios speciales venerabilem patrem Egidium, archiepiscopum Toletanum et Alfonsum Fernandi Coronel, militem ac Fernandum Sancii de Valleoleti, militem, majorem

notarium nostrum in regno Castelle, consiliarios nostros, omne-
insimul et duos ipsorum in solidum ita quod occupantis seu occu-
pantium melior condicio non existat, dantes ipsis procuratoribus
nostris et ipsorum duobus in solidum in et super premissis omnibus et singulis et ea tangentibus plenam potestatem et speciale
mandatum illa ex contentis in predictis litteris tractatuum que eis
declaranda, supplenda et complenda videbuntur, resumendi, declarandi, supplendi et complendi et cetera omnia premissa tangentia
et ex eis dependentia agendi que et prout eis seu duobus ipsorum
pro nobis visum fuerit, faciendi etiam novos si opus fuerit tractatus,
ineundi, perficiendi et complendi cum procuratoribus seu tractatoribus prefati regis Francorum pro ipso et suis, et omnia et singula premissa tractata et concordata et quecumque alia premissa
tangenciaque ipsis procuratoribus et nunciis nostris et duobus
ipsorum pro nobis videbuntur, in animam nostram et pro nobis
quantum in nobis est et ad nos et heredes et successores nostros
pertinet et pertinere poterit in futurum, promittendi et etiam
jurandi tenere, observare, facere et complere sine infractione
quacunque, nosque et nostros atque omnia bona nostra et nostrorum obligandi aliaque universa omnia et singula que in premissis
et circa ea necessaria seu oportuna fuerint et que et prout ipsis
nunciis et procuratoribus nostris et eorum duobus in solidum
videbuntur expedire, nostri nomine et pro nobis facienda, procuranda et concordanda, promittendi et jurandi etiam illa que mandatum exigunt speciale et que nos faceremus aut facere possemus
si presentes ad illa agenda adessemus, vices nostras eisdem procuratoribus et duobus ipsorum in et super permissis et ea tangentibus insuper committentes, rata habentes et grata et perpetuo
habituri omnia et singula que in et super premissis et ea tangentibus per dictos procuratores et nuncios nostros et duos ipsorum
acta, tractata, concordata, promissa, jurata et firmata fuerint aut
alias modo quolibet procurata, ipsos procuratores et nuncios nostros in et super premissis omnibus et singulis et ipsa tangentibus
expresse relevantes ab omni onere satisdandi. Et hec omnia premissa significamus omnibus et singulis quorum interest et intererit per presentes litteras sigilli nostri plumbei munimine in premissorum fidem et testimonium roboratas. Datum apud Majoritum,
die decima decembris, anno Domini millesimo trecentesimo quadragesimo quinto.

(Bulle de plomb sur lacs de soie rouge, blanche et verte.)
Archives Nat., J 602, n° 45 [3].

19

Clément VI prie le roi de Castille de ne pas écouter ceux de ses conseillers qui sont contraires au mariage de l'infant avec Blanche de Navarre.

Avignon, 27 février 1346.

Carissimo in Christo filio Alfonso regi Castelle illustri.

Sicut alias celsitudini regali scripsisse meminimus, quanto profondius bona immunera ex matrimonio inter dilectum filium Infantem inclitum Petrum primogenitum tuum ex parte una et dilectam in Christo filiam puellam nobilem Blancham de Navarra ex altera, sicut prolocutum et tractatum est, auctore Domino, contrahendo, et innovatione et ampliatione confederationum olim inter te, fili carissime ac carissimum in Christo filium nostrum Philippum regem Francie illustrem invicem initarum, tuis ac ejusdem regis, regnis et subitis proventura, intra precordia nostra revolvimus, tanto nos qui tuam et ipsius regis domos inclitas paterne dilectionis affectu prosequimur, amplius in Domino exultamus. Et quia, fili dilectissime, tenemus indubie quod ad predicta preces et exhortationes nostre excellentiam regiam non modicum induxerunt, exinde gratiarum actiones referre serenitati tue regie non cessamus, eam attentius deprecantes quatinus illa que super facto dicti matrimonii restant agenda, velit prompte ac benivole attendere et complere, quibusvis detractoribus qui honorem non creduntur querere in hac parte regium, sed propria lucra venari pocius, aures regias obturando. Audivimus quidem etiam a tuis nunciis, fili carissime, puellam predictam honestis moribus elegancia et circunspectione provida et carissimam in Christo filiam nostram Johannam reginam Navarre illustrem, ejusdem puelle genitricem, maturitate circunspectionis et prudentie fama celebri commendari.

Datum Avinione, iii kalendas martii, anno quarto.

Reg. Vat., 139, n° DCCCCL.

20

Clément VI engage Ferrand Sanchez de Valladolid, à user de son influence pour que le mariage projeté de l'infant D. Pedro avec Blanche de Navarre s'accomplisse.

Avignon, 27 février 1346.

Dilecto filio nobili viro Fernando Sancii, militi, consiliario carissimi in Christo filii nostri Alfonsi regis Castelle illustris.

Operosam diligentiam quam circa tractatus matrimonii, actore Domino, inter dilectum filium Infantem inclitum Petrum carissimi in Christo filii nostri Alfonsi regis Castelle illustris primogenitum ex parte una et dilectam in Christo filiam puellam nobilem Blancham de Navarra ex altera, contrahendi, ac initis olim inter regem ipsum et carissimum in Christo filium nostrum Philippum regem Francie illustrem confederationibus invicem roborandis, adhibere prudenter et fideliter, sicut relatibus percepimus fidedignis, tua curavit nobilitas, cum gratiarum actionibus plurimum in Domino commendantes, eandem nobilitatem rogamus attente quatinus, attentis variis comodis et honoribus ex premissis eisdem regibus eorumque regnis et subditis proventuris ut illud quod super facto matrimonii predicti restat complendum, sublatis impedimentis et sinistris turbationibus, ad felicem et votivum deducatur effectum, partes tue solicitudinis efficaciter interponas.

Datum ut supra.

Reg. Vat., 139, n° DCCCCLIIII.

21

Clément VI engage l'archevêque de Tolède à insister pour que le projet du mariage de l'infant avec Blanche de Navarre ne soit pas abandonné.

Avignon, 27 février 1346.

Venerabili fratri Egidio archiepiscopo Toletano.

Quam prudenter, diligenter et benivole super negociis tractatus matrimonii, actore Domino, inter dilectum filium Infantem inclitum Petrum carissimi in Christo filii nostri Alfonsi regis Castelle illustris primogenitum ex parte una et dilectam in Christo filiam puellam nobilem Blancham de Navarra ex altera contrahendi, necnon confederationibus olim inter regem ipsum et carissimum in Christo filium nostrum Philippum regem Francie illustrem initis invicem roborandis noviter et etiam ampliandis, te gesseris, letis nobis admodum relatibus repetitis sepius intellecto, exinde tue circumspectionis et studiose solicitudinis prudentiam multipliciter in Domino commendamus. Sane quia, sicut intelleximus, adhuc aliqua super facto matrimonii predicti restant complenda, fraternitatem tuam rogamus attentius quatinus quantum poteris et honestati tue congruerit, ut illa compleantur et perficiantur, quodque rex Castelle predictus, quibusvis in hac parte detractoribus non accomodet credulas aures suas, partes tue solicitudinis efficaciter interponas. Audivimus quidem etiam....., etc..... *ut supra* (pièce n° 19).

Datum ut supra.

Reg. Vat., 139, n° DCCCCLIII.

22

D. Juan Martinez de Leyva, D. Juan Alfonso de Benavides, D. Martin Ferrandez et Ferrand Sanchez de Valladolid affirment qu'à Toro, le 10 juillet 1346, D. Gil de Albornoz archevêque de Tolède, D. Blas évêque de Palencia, D. Barnabas évêque d'Osma, D. Juan Manuel, D. Juan Nuñez de Lara, D. Juan Alfonso de Alburquerque et l'infant D. Pedro, autorisé spécialement par son père, ont, sur l'ordre du roi, juré d'observer les alliances conclues avec la France.

Toro, 10 juillet 1346.

Universis presentes litteras inspecturis, Johannes Martini de Leyva, custos major corporis serenissimi principis domini Alfonsi Dei gracia regis Castelle et Legionis illustris, Johannes Alfonsi de Benavides, magister hospicii incliti Infantis domini Petri primogeniti et heredis dicti domini regis, Martinus Ferrandi, judex major

Toleti et Ferrandus Sancii de Valleoleti, major notarius in regno Castelle, milites, consiliarii dicti domini nostri regis, salutem et fidem perpetuam presentibus adhibere. Notum facimus presentibus perhibentes quod anno, die et loco infrascriptis, nobis vocatis et in presencia dictorum dominorum nostrorum regis et Infantis primogeniti et heredis in consilio suo existencium, lectis ibidem et lingua layca castellana plene expositis pactis et conventionibus scriptis et contentis in quibusdam litteris dicti domini regis suo sigillo plumbeo in filo cerico sigillatis, continentibus certas confederaciones seu alliguancias perpetuas et pacta inita pariter et contracta inter dictum dominum nostrum regem Castelle et Legionis et serenissimum principem dominum Philippum eadem gracia Francorum regem illustrem vice mutua, pro se, heredibus, successoribus, regnis, dominiis, terris et subditis suis, dictus dominus rex Castelle volens sicut et prius corporaliter juraverat predictas confederaciones seu alliguancias et pacta tenere et observare tenerique et observari facere de puncto in punctum et que scripta sunt in suis predictis litteris omnia et singula adimplere, precepit cum debita et solita sollempnitate dicto domino Infanti primogenito et heredi, necnon venerabilibus in Christo patribus dominis Egidio archiepiscopo Toletano, primati Hispaniarum et cancellario majori regni Castelle, consiliario suo, Blasino Palentino et Barnabe Oxomensi episcopis ac magnifficis et potentibus viris dominis Johanni filio Infantis domini Manuelis, Johanni Nunii, domino de Viscaya et de Lara et Johanni Alfonsii *(sic)* de Albuquerque, domino de Medelina, ibidem astantibus, licencia et auctoritate sua regia et paterna predicto domino Infanti primogenito super hoc data deffectum etatis sue quem patitur auctoritate sua regia supplendo et ipsum etatis esse legitime quo ad hoc decernendo, quod dictas confederationes et alliguancias jurarent, prout in certo ipsarum articulo hoc ita fieri est expressum. Prefatus dominus Infans et alii prenominati prelati et barones juramentum hujusmodi ut sequitur prestiterunt, Infans videlicet et barones predicti ad Sancta Dei Evangelia manibus propriis libro tacto, et prelati manibus positis ad pectora, ut moris est prelatorum, et per ipsos suo ordine semper salvo atque de licito ab ipsis in omnibus protestato, scilicet dictus dominus Infans quod dictas confederaciones, seu alliguantias et pacta omnia et singula tenebit, observabit et complebit tenerique, observari et compleri faciet de puncto in punctum, perpetuo, bona fide, prelati vero et barones prenominati quod nichil in contrarium facient seque effecturos perpetuo toto posse suo quod dicti domini rex et Infans suique successores, subditi, regna, terre et dominia ipsorum easdem confederaciones. alliguancias et pacta predicta teneant, observent et compleant ad plenum sine infractione aliqua, prout scripte sunt et contente in litteris supradictis consimilibus quibusdam aliis dicti domini Francorum regis suo magno sigillo in cera viridi sigillatis super eisdem confectis, traditis et liberatis ibidem domino nostro regi Castelle predicto. In cujus rei testimonium, presentes litteras, ad jussum dicti domini regis Castelle fieri fecimus et sigillorum nostrorum munimine roborari.

Actum et datum apud Taurum, die decima mensis julii, anno Domini millesimo trecentesimo quadragesimo sexto.

(Les quatre sceaux sur cordelettes de chanvre).
Archives Nat., J 602, n° 49.

23

Alphonse XI déclare que son héritier, l'infant D. Pedro, habilité spécialement pour cette circonstance à prêter serment, a juré d'observer les alliances conclues avec la France.

Toro, 17 juillet 1346

Alfonsus Dei gracia Castelle, Legionis, Toleti, Guallecie, Sibilie, Cordube, Murcie, Giennii, Algarbii et Algezire rex ac comitatus Moline dominus, universis presentes litteras inspecturis, salutem in Domino.

Notum facimus quod cum in certis confederacionibus et pactis mutuis et perpetuis inter serenissimum principem Philippum eadem gratia Francorum regem illustrem consanguineum nostrum carissimum pro se, heredibus, successoribus, regno, terris, dominiis et subditis suis ex parte una et nos pro nobis, heredibus, successoribus, regnis, terris, dominiis et subditis nostris ex parte altera, initis, concordatis, confirmatis et tam per ipsum consanguineum nostrum quam nos corporaliter juratis tenere et observare perpetuo, inter cetera contineatur expresse quod archiepiscopi et episcopi exempti, decem barones et comitatus decem civitatum de majoribus utriusque dicti consanguinei ac nostri regnorum confederaciones predictas ac omnia in ipsis contenta jurare, tenere et observare de puncto in punctum, hujusmodi juramentum, nos ad instanciam nunciorum et procuratorum, prefati regis Francorum mandamus et fecimus in nostra presencia per carissimum primogenitum et heredem nostrum Petrum Infantem Castelle corporaliter prestari, modo in dictis confederacionibus ibidem in vulgari expositis declarato, cuiquidem Infanti ad dictum prestandum juramentum auctoritatem nostram et licenciam regiam et paternam dedimus et damus per presentes, eundem nichilominus, considerata ejus capacitate persone, etatis esse legitime quo ad hoc auctoritate nostra regia decernentes, deffectum etatis sue supplendo pariter in hac parte, lege seu statuto in contrarium editis vel edendis non obstantibus quibuscunque. In cujus rei testimonium, presentes litteras fieri fecimus et sigilli nostri plumbei munimine roborari. Actum et datum apud Taurum, die decima septima mensis julii, anno Domini millesimo trecentesimo quadragesimo sexto. Ego Matheus Ferrandi notarius serenissimi principis domini regis Castelle et Legionis feci ista scribi, de ejus mandato, in consilio suo.

(Scellé d'une bulle de plomb sur cordelettes de soie jaune, verte et rouge).

Archives Nat., J 602, n° 48.

24

D. Barnabas évêque d'Osma, D. Juan Martinez de Leyva, D. Martin Ferrandez et Ferrand Sanchez de Valladolid affirment que le roi a prêté serment d'observer les alliances conclues avec la France.

Toro, 17 juillet 1346.

Universis presentes litteras inspecturis, Barnabas Dei gracia episcopus Oxomensis, Johannes Martini de Leyva, custos major corporis domini regis Castelle, majordomus domine regine Aragonum, Martinus Ferrandi, major regis notarius in regno Vandalie, major alcas Toletanus et Ferrandus Sancii de Valleoleti, major notarius regis in regno Castelle, milites, ac dicti domini nostri regis consiliarii, salutem et fidem presentibus adhibere. Volentes, veritati testimonium perhibere, omnibus et singulis quorum interest, tenore presencium notum facimus quod anno et die infrascriptis, nobis simul vocatis et in presencia serenissimi principis domini Alfonsi Dei gracia regis Castelle et Legionis apud locum de Toro constitutis, expositis ibidem et intellectis quibusdam certis confederationibus et alliganciis initis noviter et confectis inter ipsum dominum nostrum regem, pro se, heredibus, successoribus, regno, terris, dominiis et subditis suis ex parte una et serenissimum principem dominum Philippum eadem gracia regem Francorum pro se, heredibus, successoribus, regno, terris, dominiis et subditis suis ex altera, dictus dominus noster rex Castelle, volens alligancias et confederaciones predictas tenere, observare et complere de puncto ad punctum, ipsas juravit ad sancta Dei Evangelia corporaliter libro tacto, tenere et observare, prout scripte sunt et contente in quibusdam binis litteris ipsius domini nostri regis, una videlicet suo sigillo plumbeo, alia vero sigillo cere pendenti sigillatis, consimilibus in effectu aliis quibusdam binis litteris dicti domini regis Francorum super eisdem confectis et modo, forma in predictis litteris regiis lacius declaratis. In cujus rei testimonium, nos prenominati episcopus et milites, sigilla nostra duximus litteris presentibus apponenda.

Datum et actum apud locum de Toro, in domo Fratruum *(sic)* Predicatorum, die decima septima mensis julii, anno millesimo trecentesimo quadragesimo sexto et secundum morem Ispanicum, Era millesima trecentesima octogesima quarta.

(Quatre sceaux sur cordelettes de chanvre tressées bleu et blanc).
Archives Nat., J 602, n° 50.

25

Clément VI engage Pierre Ier à conserver l'alliance française.

Avignon, 13 juin 1350.

Carissimo in Christo filio Petro regi Castelle ac Legionis illustri.
Desideramus, fili carissime, quod sic regio fastigio et culmine illustraris sic principum roboretur amicicia, thronus tuus regnumque tuum in ipsis tuis primordiis fundamentis fortioribus stabilitum votivis, prestante Domino, augeatur continue incrementis. Cum

autem accepimus clare memorie Alfonsus rex Castelle et Legionis, pater tuus, dum viveret et carissimus in Christo filius noster Philippus rex Francie illustris, pro statu et utilitate communi dictorum regum regnorumque suorum, certas ligas et confederationes invicem inivissent, nos considerantes attente quod inter ceteros principes orbis terre idem rex Francie, si tibi quondam specialis unionis et amicicie federe conjungatur, tibi et eidem regno tuo esse poterit sicut tumet potes advertere fructuosius, serenitatem tuam attente rogamus paternis tibi et sinceris affectibus suadentes, quatinus dicti patris tui vestigia prosequens, eidem regi Francie aut ligarum aut unionum innovandorum hujusmodi aut iniendorum de novo inter te et ipsum aut matrimonii nexu te inire procures. In quo, pro parte tua et ejus regis ac publica utilitate quam in hac parte prosequimur, partes apostolici favoris offerimus et dispensationis gratiam, si necessaria fuerit, liberaliter pollicemur.

Datum ut supra.

Reg. Vat., 144, f° xxix verso.

26

Clément VI prie Marie d'user de son influence pour que son fils conserve l'alliance française.

Avignon, 13 juin 1350.

Carissime in Christo filie Marie regine Castelle et Legionis illustri.

Inter ceteros principes orbis terre, ad carissimum in Christo filium nostrum Petrum regem Castelle ac Legionis, illustrem natum tuum, zelum paterne caritatis habentes, summopere cupimus et desideramus attencius quod sicut ipse regio fastigio preminet sic roboratur principum et potentum *(sic)* amicicia, thronus ejus regnumque suum in ipsis ejusdem primordiis stabilitum solidioribus fundamentis felicibus, prestante Domino, successibus augeatur. Cum autem, sicut accepimus, carissimus in Christo filius noster Philippus rex Francie illustris et clare memorie Alfonsus rex Castelle et Legionis vir tuus, dum viveret, pro statu et utilitate communi dictorum regum ac regnorum subditorumque suorum, certas confederationes et ligas invicem inivissent, nos considerantes attente quam utilis memorato regi nato tuo esse poterit dicti regis Francie potencia, si ipse prefato regi nato tuo aut ligarum aut unionum innovandarum hujusmodi aut iniendarum de novo inter eos invicem aut matrimonii federe specialius conjungatur, serenitatem tuam attente rogamus, paternis et sinceris affectibus suadentes, quatinus eundem Petrum regem, interventionis nostre et publice utilitatis obtentu quam eciam in hac parte, prosequimur, moneas et inducas quod ipse in hiis que sibi super hoc scribimus nostris consiliis acquiescat, ad quod partes apostolici favoris offerimus et dispensationis gratiam, si oportuna fuerit, liberaliter pollicemur.

Datum ut supra.

Reg. Vat., 144, f° xxix recto.

27

Clément VI engage Pierre Ier à épouser Jeanne de Navarre.

Avignon, 5 juillet 1350.

Carissimo in Christo filio Petro regi Castelle ac Legionis illustri.

Sicut scripsimus excellencie tue, nuper carissimus in Christo filius noster Philippus rex Francie illustris et clare memorie Alfonsus rex Castelle ac Legionis pater tuus, dum viveret, attendentes quod ex eorum mutua caritate poterant non solum regnis et subditis eorum sed et circumpositis fidelium nationibus comoda provenire, inter se invicem quanquam essent proxima consanguinitate conjuncti, unionis amicicie federa inierunt. Quorum te in hac parte prudenciam probabiliter extimantes et ex paterne caritatis affectu quo te regnaque tua et subditos tibi populos prosequimur, cupientes summopere imitari, serenitatem tuam attente rogamus, paternis tibi et sanis utique consiliis suadentes, quatinus cum memorato rege Francie aut inita dudum innovare aut inire de novo unionis et lige federa, serenitas ipsa velit. Ceterum, intuentes quod decet et expedit quod excellencia tua aliquam tibi notabilem mulierem que, faciente Domino, instauret solium regium fecunditate sobolis jungat copula maritali, precibus et suasionibus nostris adicimus ut dilectam in Christo filiam nobilem mulierem Johannam de Navarra domicellam, carissimi in Christo filii nostri Caroli regis Navarre illustris germanam, que de ipsius regis Francie stirpe duxit originem, ad thalamum regium adducere velis uxorem. In cujus matrimonio eo tuo et regni tui statui credimus utilius provideri, quo per illud duos tibi reges fortioris caritatis vinculo colligabis, et nos ad tua beneplacita constitues promptiores. Si autem dispensationis gracia in hoc fuerit oportuna, eam liberaliter pollicemur.

Datum Avinione, III nonas julii, anno nono.

Reg. Vat., 144, f° XL verso.

28

Clément VI recommande à Pierre Ier les ambassadeurs français.

Avignon, 5 janvier 1351.

Carissimo in Christo filio Petro regi Castelle et Legionis illustri.

Carissimus in Christo filius noster Johannes rex Francie illustris cupiens amiciciam et caritatem que inter progenitorem tuum et suum hactenus viguit inter te ac eum innovandi federis vinculo roborari, venerabilem fratrem nostrum Guidonem episcopum Eduensem et dilectos filios nobiles viros Guillelmum de Barreria et Guillelmum de Ambrana dominos, milites, consiliarios suos, pro quibusdam negociis honorem ac regnorum statum utriusque concernentibus, pro quibus tibi frequenter scripsisse recolimus, ad magnitudinem tuam mittit. Nos autem, utilitatem in hiis publicam prosequentes, serenitatem tuam attente rogamus quatinus episcopum et milites ipsos, premissorum intuitu et nostre intervenționis obtentu, benigne recipere et super eisdem negociis dicti regis condescendere votis sublimitas tua velit; super quibus, partes favoris apostolici, si expediens fuerit, tam prompte quam liberaliter exhibemus.

Datum Avinione, nonis januarii, anno nono.

Reg. Vat., 144, f° CLXXXXVI verso.

Carissime in Christo filie Marie regine Castelle et Legionis illustri. Super eodem.

Item, in eodem modo, mutatis mutandis, dilecto filio nobili viro Fernando, nato clare memorie Jacobi regis Aragonum illustris, marchioni Dertusensi. Datum ut supra.

Ibidem, f° CLXXXXVII recto.

29

Clément VI recommande à Jean II les ambassadeurs castillans.

Avignon, 20 septembre 1351.

Carissimo in Christo filio Johanni regi Francie illustri, salutem, etc...

Dilecti filii Johannes Sancii, canonicus Tholetanus et nobilis vir Alvarus Garsie de Albornos, miles, ambassiatores carissimi in Christo filii nostri Petri regis Castelle ac Legionis illustris, exhibitores presentium ad te prosecuturi ambassiate ipsorum negocia, dirigunt gressus suos. Quapropter, serenitatem tuam attente rogamus quatinus ambassiatores ipsos nostre interventionis obtentu et consideratione regis ipsius velis benigne recipere ac celeriter et feliciter expedire, ita quod habite inter tuos et ipsius regis progenitores dilectionis vinculum roboretur, ex quo, prestante Domino, utriusque regno adiciatur comodis et honori.

Datum Avinione, XII kalendas octobris, anno decimo.

Reg. Vat., 145, f° LXXXIV verso.

30

Clément VI recommande à Pierre de la Foret, évêque de Paris, les deux ambassadeurs castillans.

Avignon, 20 septembre 1351.

Venerabili fratri Petro, episcopo Parisiensi, cancellario carissimi in Christo filii nostri Johannis regis Francie illustris salutem, etc.....

Dilecti filii Johannes Sancii, canonicus Tholetanus et nobilis vir, etc..... *(ut supra)* presentium ad carissimum in Christo filium nostrum Johannem regem Francie illustrem prosecuturi, etc...;. *(ut supra)*..... gressus suos. Quocirca, fraternitatem tuam attente rogamus quatinus ambassiatores ipsos pro nostra et apostolice Sedis reverencia et ejusdem regis Castelle ac Legionis obtentu, grate recipias et apud ipsum regem Francie quod eos celeriter et favorabiliter expediat, des operam efficacem.

Datum ut supra.

In eodem modo, venerabili fratri Guidoni episcopo Eduensi.

Item, in eodem modo, venerabili fratri Hugoni episcopo Laudunensi.

Item, in eodem modo, mutatis mutandis, dilecto filio nobili viro Guillelmo Flote, domino de Revello, militi.

Item, in eodem modo, dilecto filio nobili viro Roberto de Lorriaco, militi, cambellano carissimi in Christo filii nostri Johannis regis Francie illustris.

Reg., 145, f° LXXXIV verso et LXXXV recto.

31

Charles V promet d'observer le traité d'alliance conclu avec Henri II.

Paris, 6 avril 1369 (n. st.).

Karolus Dei gracia Francorum rex, universis presentes litteras inspecturis, salutem. Notum facimus quod ad perpetuam fraternitatis, confederacionis et amicicie inter illustrem et magnificum principem Henricum eadem gracia regem Castelle et Legionis fratrem nostrum carissimum ex parte una et nos Karolum predictum ex parte altera initarum memoriam, et ut nonnullorum demencium more serpentis inficientis venenose terras, cornibus elatis et efrenato capite, discurrencium hinc inde insanie et furore *(sic)* nutu divino totaliter extirpatis, populus fidelis in transquillitate *(sic)* vivat, dictusque rex Castelle et Legionis frater noster carissimus et nos vires corporis substanciam et subditos, nullo obviante contrario, contra infideles exponere valeamus, lige, confederaciones, pacta, fraternitates, amicicie, convenciones et tractatus facte et facti sunt inter nos predictum Karolum regem Francie ex una parte et dictum fratrem nostrum Henricum regem Castelle et Legionis ex altera que et qui secuntur.

Primo videlicet quod nos Karolus rex Francie predictus filiusque noster primogenitus natus aut nasciturus, regna, terre, patria et subditi nostri, sumus ex nunc et erimus de cetero una cum dicto Henrico rege Castelle et Legionis, fratre nostro carissimo filioque suo primogenito nato aut nascituro seu primo regni sui heredi, regnis, terris, patriis et subditis suis boni, veri, fideles, confederati et adherentes, amici tanquam nostro vero fratri naturali et germano, tali modo videlicet quod nos et filius noster primogenitus natus aut nasciturus, dampnum, vituperium, detrimentum aut dedecus dicti fratris nostri carissimi regis Castelle et Legionis filii primogeniti nati aut nascituri seu primi regni sui heredis, regnorum, terre, patrie et subditorum suorum non procurabimus ullo modo, nec cuicunque persone viventi cujuscunque status, condicionis, preeminencie aut dignitatis existat eciam si persona regalis fuerit aut alia que dicto fratri nostro carissimo regi Castelle et Legionis, filio primogenito nato aut nascituro seu primo regni sui heredi, regno, terre, patrie et subditis suis, guerram, dampnum, vituperium, detrimentum aut dedecus facere, perpetrare voluerit, voluerint aut inferre, consilium, auxilium prestabimus seu favorem. Quequidem lige, confederaciones, pacta, amicicie, convenciones et tractatus supra et infra scripte et scripta durabunt quo ad vitam fratris nostri carissimi regis Castelle et Legionis, filii masculi primogeniti nati aut nascituri aut primi regni heredis suorum nostrique regis Francie filii primogeniti nati aut nascituri nostri predictorum et quamdiu ipsi et nos vitam duxerint sive duxerimus in humanis.

Item, predictum fratrem nostrum carissimum regem Castelle et Legionis, primogenitum natum aut nasciturum et primum regni sui heredem, regna, terras et subditos suos tam per mare quam per terram contra quascunque personas que possint vivere sive mori, cujuscunque status, condicionis, preeminencie aut dignitatis existant, eciam si persona regalis fuerit aut alia que dicto fratri nostro carissimo regi Castelle et Legionis, filio primogenito nato aut nascituro et primi regni sui heredi, regnis, terris, patriis et subditis suis guerram, dampnum, vituperium, detrimentum aut dedecus, facere, perpetrare voluerint aut inferre, bona fide juvabimus et juvare tenebimur absque fraude, nosque et filius noster primogenitus natus aut nasciturus guerram dicti fratris nostri carissimi regis Castelle et Legionis, filii primogeniti nati aut nascituri aut primi regni heredis suorum motam vel que movebitur contra ipsos vel per ipsos, in nos et in personam nostram tanquam propriam nostram recipiemus et recipere tenebimur ac in regno et terris nostris tanquam propriam nostram facere preconizari et jubere ; sic tamen quod si dictus frater noster carissimus rex Castelle et Legionis, primogenitus aut regni sui heres primus predicti sive alter eorumdem nos aut primogenitum nostrum natum aut nasciturum requisierit seu per eos aut eorum alterum fuerimus de certo regni nostri et subditorum nostrorum armatorum numero ad opus guerre sue subvenire requisiti, nos, primogetus noster natus aut nasciturus hoc facere, ipsasque gentes ad servicium et juvamen fratris nostri carissimi regis Castelle et Legionis, filii primogeniti nati aut nascituri et primi regni heredis suorum predictorum, eorum tamen sumptibus et expensis, mittere teneamur.

Item, guerra nomine fratris nostri carissimi regis Castelle et Legionis filiique primogeniti nati aut nascituri seu primi regni sui heredis aut nostri nomine sive filii nostri primogeniti nati aut nascituri contra quemcunque incepta vel incipienda, nos et primogenitus noster seu primus heres regni nostri cum parte adversa, pactum, tractatum, accordum, treugam seu pacem facere, tractare, accordare seu firmare absque consensu et voluntate expressis dicti fratris nostri carissimi regis Castelle et Legionis aut in casu filii primogeniti nati aut nascituri seu primi regni heredis, non poterimus seu poterit quomodolibet aut inire.

Item, si contingat quod pro guerra per nos, primogenitum nostrum seu primum regni nostri heredem contra regem Anglie, principem Wallie aut ipsorum heredes et successores reges Anglie vel ipsorum aliquem, seu regnum, patriam et subditos ipsorum facienda, navigium habuerimus aut habeamus supra mare, in quoquidem facto navigii, Henricus rex Castelle frater noster predictus et ejus primogenitus, certis modo et condicionibus, tenentur nos juvare prout in ipsius fratris nostri ligis et confederacionibus nobiscum factis per eumdem latius continetur ; volumus quod admiralli pro utraque parte in dicto facto navigii ordinandi et eorum quilibet de consensu, licencia et mandato expressis dicti fratris nostri carissimi regis Castelle et Legionis, primogeniti aut primi heredis nostrique primogeniti aut heredis primi nostri predictorum, juramentum solempne facient et prestabunt quod ipsi et eorum quilibet, utilitatem, comodum et honorem ambarum partium procurabunt et tam unius quam alterius communiter et divisim bona fide totaliter observabunt, factaque navium et galearum armata predicta, admiralli predicti guerram habeant facere in partibus et locis illis ac pro tanto tempore quibus pro ambarum partium comodo et utilitate eis magis videbitur faciendum, ita tamen quod quamdiu guerra habebitur contra prefatos regem Anglie, principem Wallie heredesque ipsorum aut eorum alterius, naves et galee predicte habeant servire ad utilitatem illius guerre.

Item, volumus quod quamdiu dicti admiralli comitive navigabunt insimul, quicquid super inimicos tam in terra quam in mari acquisiverint, inter ipsos duos admirallos per medium dividetur equali porcione distribuendum, secundum morem et consuetudinem regnorum Francie et Castelle predictorum, excepto quod si per ipsos sic insimul navigantes comitive aut alias eciam per nos, gentes nostras vel nostri primogeniti aut heredis predicti patrie sive regni, aliquis de sanguine regali Anglie captus fuerit, ad arbitrium, ordinacionem et voluntatem nostram, primogeniti aut primi heredis regni nostrorum [erit]. Si vero Petrus, qui se olim regem Castelle nominavit, similiter quocumque modo in guerra predicta captus fuerit, dicti fratris nostri aut filii sui primogeniti nati aut nascituri captivus tenebitur, poterimusque et noster filius primogenitus vel primus heres super expedicione et deliberacione captivi de sanguine Anglie et dictus frater noster ejusque primogenitus de dicto Petro ordinare, prout cujuslibet parcium placuerit voluntati, absque eo quod nos in dicto Petro aut dictus frater noster ejusque primogenitus in illis de sanguine Anglie predictis possint sibi jus vel potestatem aliquam vendicare ; quippe cum dicti admiralli non comitive sed particulatim navigabunt, quicquid eorum alter tam in mari quam in terra acquisiverit, exceptis captivis predictis, erit suum absque parte alteri admirallo facienda et hoc secundum consuetudinem regnorum Francie et Castelle prelibatam.

Item, castra, civitates, ville, fortalicia sive loca que et quas nos aut gentes nostre in regnis Castelle et Legionis et aliis regnis et terris dicti fratris nostri acquisiverint seu occupaverint, nos dicto fratri nostro carissimo regi Castelle, primogenito aut primo heredi sive suo certo nuncio aut mandato, nos et gentes nostre predicte et filius primogenitus noster libere dare et restituere tenebimur incontinenti, non expectato fine guerre aut alia dilacione quacunque. Supra quibus et eorum quolibet tam super guerra quam personis supradictis et omnibus aliis ad hoc neccessariis secundum guerre utilitatem et comodum dicti fratris nostri carissimi regis Castelle et Legionis, primogeniti nati aut nascituri sive primi regni sui heredis, regnorum, terrarum et subditorum suorum concernentibus, nos aut primogenitus noster relacioni simplici et assercioni per dictum fratrem nostrum carissimum regem Castelle aut primogenitum sive regni sui primum heredem sive litteris suis super hoc aut suo certo nuncio ad hoc habenti specialem potestatem nobis aut primogenito nostro factis, absque alia probacione seu informacione quacunque per dictum fratrem nostrum carissimum aut primogenitum et primum heredem suos faciendis, fidem indubiam plenarie tenebimur et tenebitur ut promittimus adhibere, intimacioneque prout predicitur nobis facta, nos et primogenitus noster predictum fratrem nostrum carissimum, primogenitum et primum heredem, regna, terras et subditos suos secundum formam superius preinsertam, de facto tenebimur et tenebitur viriliter adjuvare.

Sane a ligis, confederacionibus, pactis, convencionibus et tractatibus predictis excipimus et excipi volumus personas sanctissimi in Christo patris romani Pontificis et apostolicam sanctam Sedem et illustrissimi principis Karoli Imperatoris semper augusti pro nunc viventis, necnon similiter regem Arragonum et filium suum primogenitum qui nunc sunt, dum tamen iidem rex Arragonum et filius suus primogenitus eorumve alter contra fratrem nostrum carissimum regem Castelle, primogenitum natum aut nasciturum sive regni sui heredem, regna, terras et subditos suos sive nos, primogenitum natum aut nasciturum, regnum, terras et subditos nostros, guerram, dampnum, vituperium aut dedecus sive detrimentum non faciant, inferant aut procurent, faciat, inferat aut procuret, sive fieri, inferri aut procurari faciant aut faciat per alium quovismodo vel cum facientibus fuerint alligati ; quod si, quod absit, iidem rex Arragonum aut suus primogenitus contrarium facerent, cessabit predicta excepcio, et nos et primogenitus noster cum dicto fratre nostro carissimo rege Castelle et Legionis, primogenito et primo heredi erimus, prout sumus, unanimiter confederati contra regem Arragonum et suum primogenitum predictos.

Que omnia predicta et singula, nos Karolus predictus rex Francorum, sana et provisa deliberacione consilii super hoc prehabita, pro nobis, primogenito nato aut nascituro, regno, terris et subditis nostris, juramus in animam nostram super ymaginem et memoriam Domini nostri Jhesus Christi crucifixi Euvangeliaque sua sancta corporaliter tactam et tacta, promittimusque verbo regis, bona fide tenere et de puncto ad punctum, fraude et malo ingenio cessantibus, adimplere ac inviolabiliter observare, et hoc sub obligacione omnium bonorum nostrorum, heredum et successorum nostrorum futurorum, necnon sub pena perjurii quam rex potest incurrere tali casu, insuperque sub pena centum mille marcarum auri, in quibus obligacionibus et penis, nos dictus rex Francie regnum et omnia bona nostra, heredum et successorum nostrorum dicto fratri nostro carissimo regi Castelle et Legionis ejusque primogenito nato aut nascituro applicanda tanquam pro judicato, condempnato et confesso, et in ipsas penas si contra predicta nos aut primogenitus noster fecerimus aut fecerit, confitemur nos et nostrum primogenitum ac judicamus incurrisse et tam de jure quam de facto totaliter incidisse, et nos ipsos, primogenitum, heredes et successores nostros, regnum et bona nostra heredum et successorum nostrorum presentia et futura pro premissis firmiter adimplendum, supposuimus ac supponimus cohercioni et compulsioni camere Sedis apostolice, volumusque et consentimus quod ad majorem firmitatem predictorum omnium et singulorum litteras apostolicas et publicas super ipsis forciores et meliores dicto sapientum, forma non mutata, nos et dictus primogenitus noster natus aut nasciturus dicto fratri nostro carissimo regi Castelle et Legionis, filio primogenito nato aut nascituro sive primo regni heredi suis facere et concedere teneamur et eciam teneantur quociens per dictum regem Castelle fratrem nostrum carissimum sive primogenitum aut primum regni heredem suos, nos aut primogenitus noster fuerimus aut fuerit requisiti seu eciam requisitus.

In quorum omnium et singulorum predictorum testimonium, presentes nostras litteras magni nostri sigilli fecimus appensione communiri.

Datum Parisius, die sexta aprilis, anno Domini millesimo trecentesimo sexagesimo nono et regni nostri sexto.

(Sur le repli): Dupplicata, per regem in suo consilio.

T. Hocie.

(Scellé sur double queue de parchemin)
Archives Nat., J 603, n° 59 *bis*.

32

Grégoire XI annonce à Charles V l'arrivée de trois ambassadeurs castillans.

Avignon, 13 juin 1371.

Carissimo in Christo filio Karolo regi Francorum illustri, salutem, etc.....

Venerabilem fratrem nostrum Johannem episcopum Pacensem, cancellarium majorem et dilectos filios nobiles viros Johannem

Fernandi, camerarium primogeniti carissimi in Christo filii nostri Henricy regis Castelle et Legionis illustris necnon Leonem de Boccanegra, majorem capitaneum maris, ipsius regis ambaxiatores, pro parte sua ad nos destinatos, gratanter re[ce]pimus, et que super pace inter ipsum et carissimum in Christo filium nostrum Ferdinandum regem Portugalie illustrem, optante Illo qui in sublimibus suis concordiam parat reformata, et eciam qualiter idem rex Castelle domum tuam Francie a Domino benedictam sicut se ipsum in pace et concordia hujusmodi inclusit et cum rege Portugalie confederavit, nolens aliter concordiam facere, retulerunt, letanter audivimus, videntes bonam intencionem regis Castelle quem magnitudinem tuam decet ea benivolencia prosequi, ei generose rescribendo ut eciam tua dilectione firmatus, a te et dicta domo tua nequeat quavis occasione divelli. Ea propter, cum iidem ambaxiatores ad tuam accedant presenciam, excellenciam regiam nobis caram attente rogamus quatinus ambaxiatores ipsos benigne recipias et regalis favore benignitatis eciam mittentis et tui honoris intuitu prosequaris, ita quod proinde apud Deum et homines humane laudis attolli preconio merearis.

Datum Avinione, idibus junii, anno primo.

Reg. Vat., 263, f° LXI recto.

33

*Jean I*er* confirme et jure d'observer les conventions passées avec la France le 2 avril 1381.*

Ségovie, 23 novembre 1386.

Johannes Dei gracia rex Castelle, Legionis et Portugalie, universsis et singulis has nostras litteras inspecturis, tam presentibus quam futuris, notum facimus et testamur, quod cum olim eterni Regis providencia disponente, inter serenissimos principes clare memorie Carolum regem quondam Francorum et ejusdem memorie dominum dominum Henricum quondam Castelle et Legionis regem, genitorem nostrum, ordinate, concepte, inite et firmate fuissent certe lige, conffederaciones, composiciones, convenciones et pacta ad exterminium malorum et utriusque reipublice pacificum incrementum, nos post obitum dicti clare recordacionis domini genitoris nostri, qui sicut eidem in regni cura et gubernacione successimus, ita in felici proposito, Altissimo disponente, successsisse speramus, certos procuratores, nuncios et ambaxiatores nostros constituimus et ordinavimus ad firmandum, ratificandum et innovandum dictas ligas, composiciones et pacta cum illustrissimo principe domino Carolo nunc rege Francie, prefactique quondam bone memorie domini Caroli filio, videlicet Petrum Luppi de Ayala, militem et Fernandum Alfonssi del Algana, decretorum doctorem decanumque Burgensem, fideles nostros; quiquidem procuratores et ambaxiatores nostri, easdem ligas, composiciones, confederaciones et pacta, nostro et primogeniti nostri nati vel nascituri nomine necnon pro terris, regnis et subditis nostris innovaverunt, acceptaverunt, approbaverunt et confirmaverunt, prout hec et alia continentur in quodam publico instrumento per nobiles et circumspectos viros dominos Johannem, dominum de Foleville, magistrum Robertum Cordelier, consiliarios necnon magistrum Theobaldum Hocie, secretarium, speciales procuratores, nuncios et ambaxatores dicti serenissimi principis regis Francorum, de quorum procuracione constat per litteras dicti regis Francorum, suo sigillo munitas, nostre excellencie presentatas, cujus tenore presentibus mandavimus anotari; ad quorumquidem procuratorum et ambaxatorum requisicionem et instanciam, nos qui supra Johannes rex Castelle, Legionis et Portugalie, pro nobis et primogenito ac herede nostro nato vel nascituro, terris, regnis et subditis nostris prefactas ligas, tractatus, composiciones, confederaciones, convenciones et pacta et omnia alia et singula in predictis et circa predicta per memoratos procuratores et ambaxatores nostros acta, gesta, habita et conventa approbamus, ratificamus, acceptamus et ex certa sciencia confirmamus eaque et eorum singula propositis nobis, tactis sacrosanctis Evangeliis et venerabili signo crucis, semper et omni tempore custodire, manutenere et inviolabiliter observare pro nobis et dicto filio ac herede nostro nato vel nascituro, regnis, terris et subditis nostris in verbo regio promittimus, et firmiter policemur, et nunquam contra facere vel venire per nos vel per alium seu alios, aliqua racione vel causa, publice vel oculte, sub ypotheca et obligacione regnorum et omnium bonorum nostrorum ; ad quorum testimonium presentes litteras fieri mandavimus et regii sigilli munimine roboratas. Actum Segobie, in castro regio, anno a nativitate Domini millesimo trecentesimo octuagesimo sexto, die vicesima tercia menssis novembris. Presentibus reverendis in Christo patribus: P. archiepiscopo Toletano et G. Ovetensi et D. Abulensi episcopis, necnon religiosis viris Martino Johannis, magistro de Alcantara et fratre Fernando confessore nostro, ordinis sancti Francisci. Tenor vero dicti instrumenti de quo supra habita est mencio sequitur in hec verba :

In nomine Domini amen. Hoc est fidele transcriptum quarumdam litterarum nobilis et potentis viri Petri Luppi de Ayala, militis et vexillarii illustrissimi et potentissimi principis et domini domini Johannis regis Castelle et Legionis, presidisque sui in Guipusca atque Fernandi Alfonsi de Algana, decretorum doctoris et Burgensis ecclesie decani, procuratorum prefati domini regis, eorumque sigillis in duplici cauda pargameni in pendenti in cera rubea sigillatarum, forme que sequitur et tenoris :

Petrus Luppi de Ayala, millites *(sic)* et vexillarius illustrissimi principis et domini nostri domini Johannis regis Castelle et Legionis, presesque suus in Guipusca et Fernandus Alfonssi de Algana, decretorum doctor et Burgensis ecclesie decanus, procuratores et procuratorio nomine dicti domini nostri regis habentes ad infrascripta speciale mandatum, prout constat per litteras dicti domini nostri regis super hoc confectas quarum tenor scribitur inferius, notum [facimus] universis presentibus et futuris quod cum dudum inter illustrissimum principem et dominum felicis recordacionis dominum Henricum quondam regem Castelle et Legionis pro se et pro dicto domino rege qui tunc erat suus primogenitus ex parte una, et clare memorie dominum Carolum tunc regem Francie pro se et pro illustrissimo principe domino Carolo nunc rege Francie, suo primogenito et herede ex altera, certe lige et confederaciones concepte et habite fuerint sub certis condicionibus atque modis, prout in litteris super hoc ex utraque parte conffectis lacius continetur, nos, ligas, conffederaciones et amicicias predictas sub modis, condicionibus et excepcionibus contentis in litteris conffectis super hoc, ceteraque universsa et singula in eisdem litteris contenta, nomine procuratorio dicti domini nostri regis Castelle et Legionis pro eodem domino nostro rege Castelle moderno et primogenito, herede et successore nato seu nascituro, regnis, terris et subditis suis cum dicto domino Carolo rege Francie moderno pro se et pro primogenito, herede et successore nato seu nascituro, regno, terris et subditis suis, ad quos primogenitos, heredes et successores hinc inde ligas et conffederaciones hujusmodi extendi volumus et extendimus, quo supra nomine ratas et gratas habentes eas et ea tenore presencium confirmamus, excipientes tamen ab hujusmodi federe cum ceteris alias exceptis Wyncelaum nunc Romanorum regem, loco deffuncti Karoli, Romanorum dum viveret imperatorem, patris sui qui exceptus fuerat in conffederacionibus memoratis, sane quoniam in eisdem conffederacionibus cavetur expresse deffunctum Petrum qui dum viveret se regem Castelle dicebat, si quomodocumque captus fuisset in guerra dicti domini regis Henrici aut sui primogeniti captivum debuisse teneri, nostre intencionis existit hocque dictus dominus Carolus rex Francie voluit et consenciit quod si contingat ducem Lencastrie qui nunc se regem Castelle nominat, in guerra quomodocumque capi, idem dux Lencastrie efficiatur dicti domini nostri regis Castelle et Legionis suive predicti primogeniti et heredis captivus, possitque dictus dominus noster rex vel suus predictus primogenitus et heres de eodem duce, prout de dicto deffuncto Petro virtute dictarum conffederacionum potuisset, ordinare sue beneplacitum voluntatis, predictis conffederacionibus quo ad alios de sanguine regali Anglie qui in casu sue capcionis debent esse dicti domini regis Francie suive primogeniti et successoris captivi, insuper et quo ad alios universsos et singulos articulos in eis comprehenssos, in suo robore duraturis. Que omnia et singula predicta, nos Petrus et Fernandus procuratores predicti quo supra nomine pro dicto domino nostro rege et pro primogenito, herede et successore nato aut nascituro, regnis terris et subditis suis, juramus in animam dicti domini nostri regis super ymaginem sancte crucis, tactis per nos sacrosanctis Evangeliis promittimusque bona fide tenere et teneri ac, omni fraude et malo ingenio cessantibus, adimpleri et inviolabiliter observari sub obligacione et penis in predictis litteris expressatis. Tenor vero procuratorii et potestatis nostre sequitur in hec verba. In Dei nomine amen. Noverint universi presentes litteras seu presens publicum instrumentum inspecturi quod anno a nativitate ejusdem Domini millesimo CCC° LXXX°, indictione quarta, die vero XVIII° menssis decembris, constitutus personaliter serenissimus princeps et dominus dominus Johannes Dei gracia Castelle et Legionis rex, me Petro Fernandi publico notario et testibus infrascriptis coram sui presencia existentibus et ad infrascripta specialiter convocatis, fecit, constituit ac eciam ordinavit, facit, constituit et ordinat omnibus melioribus modo, via et forma quibus de jure potuit et debuit suos veros, certos, legitimos et indubitatos procuratores actores, factores negociorum suorum gestores et nuncios speciales et ambaxiatores videlicet nobilem virum dominum Petrum Luppi de Ayala, etc..... Acta fuerunt hec aput Metinam del Campo, in camera dicti domini regis..... Presentibus nobilibus viris domino Petro Fernandi de Valasco, dicti domini regis primo camerario ac Fernando Sancii de Tovar, amirallo Castelle et Didaco

Luppi de Aztuñega, milite, testibus ad premissa vocatis specialiter et rogatis. Et ego Petrus Fernandi, clericus Burgensis, publicus apostolica auctoritate notarius qui premissis omnibus et singulis supradictis dum sic, ut premittitur, agerentur et fierent, una cum prenominatis testibus presens interfui et de mandato, requisicione dicti domini regis constituentis, hanc litteram procuratorii manu mea propria scripssi et in hanc publicam formam redegi signoque nostro solito et conssueto, una cum appensione sigilli et roboracione nominis dicti domini regis constituentis signavi rogatus, in testimonium premissorum pariter et requisitus. Nos el Rey. De mandato regis in suo conssilio Petrus Fernandi, secretarius. In quorum testimonium presentes litteras nostrorum sigillorum fecimus appensione muniri.

Datum apud Wincestre *(sic)* prope Parisius, die vicesima secunda aprilis post Pasca, anno Domini millesimo trecentesimo octuagesimo primo. Factum autem fuit presens transcriptum Parisius, anno Domini millesimo trecentesimo octuagesimo sexto, indictione IX[a], pontificatus sanctissimi in Christo Patris et domini Clementis divina providencia pape VII, anno octavo. Et ego Gerardus de Monteacuto, clericus Laudunensis diocesis, publicus apostolica et imperiali auctoritate notarius, de presenti transcripto per alium scripto ad originale in eodem insertum in thesauro privillegiorum, cartarum et registrorum precellentissimi et serenissimi principis et domini domini regis Francorum in sacra capella regali in palacio suo Parisius existens, cum fideli clerico collacionem feci et hic me subscripssi signumque meum solitum apposui in veritatis testimonium requisitus, rasuras sub certis condicionibus, excepcionibus pro hujusmodi approbando.

Archives Nat., J 603, n° 62 *bis*.

34

Déjà publ., je crois par Douët d'Arcq.

Charles VI désigne les plénipotentiaires qui doivent le représenter aux conférences qui seront tenues entre Jean Ier et le duc de Lancastre.

Amiens, 11 septembre 1386.

Charles par la grace de Dieu, roy de France. A touz ceulx qui ces présentes lettres verront, salut. Savoir faisons que comme nagaires aiens entendu que le duc de Lencastre, adversaire commun de nous et de nostre tres chier et tres amé frere le roy de Cas-

telle, de Léon et de Portugal, a fait offrir a ycelui nostre frere
certains traittiez esquelx nostredit frere n'a volu entendre senz
nostre sceu et consentement si comme faire ne le povoit, ne devoit,
attendues les confederacions et alliances d'entre nous et nostre dit
frere : nous, désirans le bien et proufit d'icelui nostre frere et son
royaume comme de nous-mesmes et de nostre royaume, confians
a plain du senz, loyauté et diligence de noz amez et féaulx Jehan
sire de Folevile, chevalier, maistre Robert Cordelier, noz conseillers
et maistre Thibaut Hocie, arcediacre de Dunoys, nostre secretaire,
iceulx et les deux d'eulx avons fait, ordenné, commis et establi et
par la teneur de ces présentes faisons, ordenons, establissons et
commettons noz procureurs généraulx et espéciaulx messages et
leur avons donné et ottroyé, donnons et ottroyons plain povoir, auctorité et mandement espécial de estre et comparoir es diz traittiez,
de faire pour et ou nom de nous par le moyen de nostredit frere
avec ledit duc de Lencastre toutes manieres de confédéracions et
alliances, comunes a nous et a nostredit frere, teles comme bon
semblera a noz diz messages et qu'ils verront estre a faire pour le
bien de paix, pourveu toutevoies que les traittiez, confédéracions
et alliances qui, comme dit est, sont entre nous et nostredit frere
demeurent tousjours en leur estat, force et vertu selon leur fourme
et teneur et que par ce ne leur soit ou puist estre fait, porté ou
engendré aucun préjudice ores ne ou temps a venir; et généraul-
ment de faire es choses dessusdictes et en leurs circunstances et
dépendances quelconques pour et ou nom de nous, autant et si
avant comme nous mesmes faire pourriens si présens y estiens en
personne, supposé que ce requist mandement plus espécial ; et
nous promettons en bonne foy et en parole de roy avoir ferme,
agréable et estable tout ce qui par noz diz messages ou les deux
d'iceulx sera fait, traittié, promis et accordé pour et ou nom de
nous en et sur les choses dessusdictes et chascune d'icelles, sanz
faire ou venir aucunement au contraire soubz obligacion de touz
noz biens, présens et avenir.

En tesmoing de ce, nous avons fait mettre nostre seel a ces présentes. Donné a Amiens, le xie jour de septembre, l'an de grace mil
trois cenz quatrevins et six et le siziesme de nostre regne.

(*Sur le repli*): Par le roy, monseigneur le duc de Bourgoigne,
vous et pluseurs du conseil présens.
Manhac.

(Scellé sur double queue de parchemin. Le sceau manque).
Archives Nat., J. 603, n° 64.

35

Charles VI déclare que Guillaume de Naillac et Gaucher de Passac, envoyés en Espagne au secours du roi de Castille, ont touché une somme de trente mille francs, sur les cent mille qui leur sont dus.

Paris, 12 mars 1387, n. st.

Karolus Dei gracia Francorum rex, universis presentes litteras inspecturis, salutem. Cum ad suplicacionem, instanciam et requestam dilecti nostri magistri Petri Luppi, decretorum doctoris, archidiaconi de Alcaraz in ecclesia Toletana, tanquam ambaxiatoris, nuncii et procuratoris carissimi fratris nostri Castelle, Legionis et Portugalie regis, ad ipsum fratrem nostrum destinemus dilectos et fideles cambellanos nostros Guillelmum de Naillaco et Gaucherium de Passaco, milites, cum duobus milibus hominum armorum, in ipsius fratris nostri auxilium et succursum, eisdemque cambellanis nostris occasione pretacta tradi fecimus triginta milia francorum auri, et alia triginta milia in Lugduno vicesima die presentis mensis et quadraginta milia in Capistagno in fine ipsius mensis tradi facere debeamus, summas ipsas que faciunt centum milia francorum, ad suplicacionem, instanciam ac requestam et ad opus predictas concedendo jamdicto fratri nostro in mutuum sive prestum, dieque date presencium prelibatus ambaxiator, nuncius et procurator hujusmodi nomine promiserit nobis seu nostris ipsa centum milia francorum per dictum fratrem nostrum aut suos exsolvi infra certum terminum statutum super hoc et prefixum, eumdem fratrem nostrum ac suos ipsorumque regna, terras, possessiones et bona quecunque obligando et ypothecando expresse, prout hec in litteris seu instrumento publico confectis super hoc lacius sunt expressa: notum facimus quod de dictis centum milibus francis auri nondum est quidquam traditum ultra triginta milia de quibus pretangitur, quodque residuum tradi debet modo et forma superius annotatis, sub modis tamen et condicionibus que sequntur, videlicet quod si in predeclaratis pecuniarum traditionibus fiendis, ut predicitur, in locis de Lugduno et Capistagno predictis in eisdem terminis vel eorum aliquo interveniret deffectus, ita quod cambellani nostri et gentes armorum predicte in supradicto impedirentur servicio sive facto, obligacio antedicta et littere seu instrumentum confecte super hoc, ut est dictum, quo ad centum milia francorum predicta, irrite et casse remaneant neque suum sorciantur effectum, quodque si dictus frater noster scriberet aut alias faceret debite intimari nobis aut gentibus nostris ante dictos terminos vel corum aliquem, se nolle quod dicte gentes armorum ad eum et partes Castelle graderentur seu accederent, ipse frater noster quod de dictis centum milibus francis foret dictis nostris cambellanis tunc traditum duntaxat solvere teneatur, virtute obligacionis predicte, de residuo remanens in hoc casu quittus penitus atque liber. In cujus rei testimonium, nostrum hiis presentibus jussimus apponi sigillum.

Datum Parisius, duodecima die marcii, anno Domini millesimo ccc octogesimo sexto, regni vero nostri septimo.

(Sur le repli): Per regem ad relacionem consilii in quo dominus cardinalis Laudunensis, vos Ebroicensisque episcopus ac Stephanus de Monasterio eratis.

Manhac.

(Scellé sur double queue de parchemin).
Archives Nat., J 603, n° 63.

37 [1]

Jean Ier fixe certains détails des conventions passées avec l'amiral de France, touchant la flotte qui sera armée contre l'Angleterre.

San Pedro de Yanguas, 14 février 1388.

Nos el rey de Castiella, de Leon e de Portogal enbianos mucho saludar a vos los nuestros bien amados mosen Johan, almirante de Francia e mosen Morlet de Montmors e maestre Guillen secretario, enbaxadores del rey de Francia nuestro muy caro e muy amado hermano, como aquellos para quien mucha onrra, buena ventura querriamos. Fazemos vos saber que llego aqui oy viernes en la tarde el arcediano de Cordova con un escrito de algunas razones que se vos olvidaron de nos dezir sobre lo que fue ordenado del

---

1. Par suite d'une erreur dans le numérotage des pièces justificatives, nous sommes obligé de passer du n° 35 au n° 37, afin que les renvois demeurent exacts.

armada de las galeas, las quales razones eran estas : la primera, que nos plugiese quel rey de Francia pusiese almirante o capitan o la gente quel plugiera en la meytad de las galeas, sabed que nos plaze mucho quel ponga quien quisiera en las sus galeas e aun en las nuestras, si entendiere que a su servicio cumple, poniendo aquella gente quel entendiere que pueden llevar, non tirando de los patronos e gentes que en las nuestras galeas e suyas fueren, por quanto se oviesen a mudar se podria seguir dello algunos inconvenientes; otrosi, a lo que nos enbiastes dezir en razon de las ganancias que se partiesen por medio, sabed que nos plaze que se parten por medio todas las ganancias, asi por el tiempo que an estado como por el que estudieren de aqui adelante por esta armada. E porque desto seades ciertos, enbiamos vos esta nuestra carta firmada de nuestro nombre, e es menester que dexades vuestra carta de prometimiento en que el rey de Francia enbie su carta tal como esta, en que ratefique esto con las otras cosas que ha de ratificar fasta mediad el mes de agosto.

Dada en San Pedro de Yanguas, catorze dias de febrero.

Nos el Rey.

Arch. Nat., J 916, n° 7.

38

Charles VI désigne Moreau de Montmor pour se rendre en Castille afin de préparer une nouvelle expédition maritime.

Châlons, 2 septembre 1388.

Charles par la grace de Dieu roy de France, a touz ceulz qui ces présentes lettres verront, salut.

Come nous aiens entencion et propoz de mettre suz a l'aide de Dieu, au bien, honneur et proufit de nous et de noz royaume, subgiez, aidans, alliez et bienveillans a la saison nouvelle prochain avenir certain nombre de navire pour le fait de la guerre commune a nous et a notre tres chier et tres amé frere le roy de Castelle, de Léon et de Portugal a l'encontre de noz adversaires, savoir fai-

sons que nous, aians plaine confiance es senz, proudomie, loyauté
et diligence de nostre amé et féal chevalier et chambellan Moreau
de Montmor, icelui avons ordenné et commis, ordennons et commettons par ces présentes pour prier, demander et requérir pour et
ou nom de nous a nostre dit frere que pour le fait dessusdit il nous
vueille aidier et secourir a la dicte saison de seize galées, et ycelles
nous envoier bien armées et abillées, d'en convenir et accorder
pour et ou nom de nous avec nostre dit frere ou ceulx que il y
commettroit, ainsi et par la maniere qu'il lui semblera et verra
estre bon a faire, et de et sur ce passer, donner et ottroier lettres
en convenable fourme et aussi de veoir et oir le compte des galées
qui darrenierement nous ont esté envoiées par nostredit frere et
le nous rapporter pour en ordenner si comme il appartiendra et
sera a faire par raison, et généraument a faire, procurer et pour-
chacier pour et ou nom de nous toutes autres choses qui en et sur
les besoingnes et matieres devant dictes et chascune d'icelles et en
leurs circonstances et deppendances seront nécessaires, expédiens
et convenables et que nous feriens et faire pourriens se présens et
estiens, ja soit ce que elles requeissent mandement espécial. De
toutes lesquelles choses et chascune d'icelles lui avons donné et
ottroyé, donnons et ottroyons par la teneur de ces présentes especial mandement, auctorité et puissance, promettans en bonne
foy et soubz obligacion de noz biens et senz faire ou venir, ne
souffrir estre fait ou venu au contraire, ores ne ou temps a venir,
avoir ferme et agréable a tousjours tout ce qui par nostre dit chevalier et chambellan sera es choses dessusdictes et chascune d'icelles et en leurs circonstances et dépendances, prié, demandé, requiz,
convenu, passé et accordé et par noz lettres approuver et confermer se mestier est et requiz en sommes.

En tesmoing de ce, nous avons fait mettre nostre seel a ces présentes. Donné a Chaalons, le second jour de septembre l'an de grace
mil ccc quatrevins et huit et le huitiesme de nostre regne.

   (*Sur le repli*): Par le roy, messeigneurs les ducs de Berry et de
    Bourgogne, le cardinal de Laon et vous présens.

            Manhac.

    (Scellé sur double queue de parchemin)
    Archives Nat., J 603, n° 67.

39

Henri III annonce à Charles VI la mort de son père.

Madrid, 18 octobre 1390.

Al muy alto e muy poderoso prinçipe don Carlos par la graçia de Dios rey de Francia, my muy caro e muy amado hermano, don Enrrique por essa mesma gracia rey de Castiella e de Leon, ssalud e acreçentamiento de toda buena andança.

Muy caro e muy amado hermano, fago vos ssaber que el domingo que passo que sse contaron nueve dias deste mes de otubre, estando el rey mi padre e señor, que Dios perdone, en Alcala de Henares, despues que ovo oydo missa, cavalgo en un cavallo e ssalio fuera de la villa e corriendolo por un canpo cayo con el, de loqual plogo a Nuestro Señor Dios de lo levar deste mundo, loqual yo vos fago ssaber porque sso çierto que avredes dello enojo e desplazer por la hermandat e buen amorio e verdadero que con el aviades, e pero a lo que Dios ordena e faze, non deven los omes fazer al, ssalvo dar las graçias por ello. E despues desto, todos los grandes que ally sse açertaron, vinieron aqui a Madrit do yo estava e conosçiendo aquello que buenos e leales vassalos et naturales deven fazer, yo fuy alçado e rescebido por todos ellos por rey e señor, assy como es derecho e rrazon. E esso mesmo en todas las çibdades e villas destos mis regnos tomaron mi bos en la manera que devian, assy que, loado ssea Dios, todos estan muy ssossegados e en la manera que cumple a mi sserviçio e a onrra e bien dellos, loqual vos fago ssaber por que sso çierto que vos plazera. E muy caro e muy amado hermano, agora a lo present, yo no vos escrivo otras cosas algunas, por quanto algunos de los grandes de mis regnos non estavan aqui comigo, a los quales yo he enbiado llamar. E tanto que ssean ayuntados, yo entiendo enbiar a vos mis enbaxadores ssolepnes ssobre algunas cosas que cumplen a sserviçio e onrra de nos amos e a provecho e bien de nuestros regnos. E muy caro e muy amado hermano, ssy vos plazen algunas cosas que yo por onrra vuestra pueda fazer, enbiad me lo dezir e yo fazer las he de muy buen talante.

Dada en Madrit, dies e ocho dias de otubre.

Yo el Rey.

(Lettre close sur papier.)

Archives Nat., J 916, n° 1.

40

Henri III confirme les alliances conclues par son père avec la France.

Ségovie, 27 mai 1391.

Henricus Dei gracia Castelle et Legionis rex, universis et singulis has nostras litteras inspecturis tam presentibus quam futuris. Notum facimus quod cum olim, eterni Regis providentia disponente, inter serenissimos principes clare memorie dominos Karolum Francorum et ejusdem memorie Henricum avum nostrum, quondam Castelle et Legionis reges, necnon dominum Karolum regem Francorum nunc regnantem fratrem nostrum carissimum, ac Johannem dictorum Castelle et Legionis quondam regem, dominum et progenitorem nostrum, pro se et suis primogenitis, natis et nascituris certe lige, confederaciones, amicicie, composiciones, convenciones et pacta ad exterminum malorum et utriusque regni rei publicæ pacificum incrementum, facte, inhite, confirmate ac per ipsos jurate fuerint, prout per litteras dictorum dominorum regum super hoc confectas hec possunt latius apparere : nos, qui post dicti domini progenitoris nostri Johannis obitum sicut eidem in regni cura et gubernacione successimus, ita in felici suo proposito, Altissimo disponente, speramus successisse, ad requisicionem, peticionem Bernardi, episcopi Lingonensis, consiliarii, Moreleti de Monmor, militis et cambellani, ac Theobaldi Hocie, secretarii fratris nostri predicti, procuratorum et nunciorum specialium pro dicto fratre nostro et ipsius nomine nobis factam, ac super hoc cum gentibus nostri consilii matura et diligenti deliberacione prius habita et de ipsorum consensu, prefatas ligas, tractatus, convenciones, pacta, confederaciones et amicicias ac omnia et singula in prefatis litteris contenta, pro nobis et filio nostro primogenito nascituro, approbamus, ratificamus et acceptamus, facimusque et inhimus cum dicto fratre nostro ex nostra certa sciencia per presentes, ipsasque ligas ac omnia et singula in dictis confederacionum litteris contenta, proposita coram nobis, tactisque sacrosanctis Euvangeliis et venerabili signo crucis semper et omni tempore servare, custodire, manu tenere et inviolabiliter observare pro nobis et filio nostro primogenito nascituro, regnis, terris et subditis nostris et juxta dictarum litterarum tenorem in verbo regio promittimus, juramus et firmiter pollicemur et nunquam contra facere vel venire per nos vel alium seu alios, aliqua ratione vel causa, publice vel occulte, sub ypotheca et obligacione bonorum nostrorum et sub penis, securitatibus et obligacionibus in dictis litteris latius expressatis. In quorum omnium et singulorum testimonium, sigillum nostrum, una cum signo nostro ac quorumdam consiliariorum nostrorum predictorum signis manualibus subscriptis inferius presentibus, duximus apponendum.

Datum et actum Segobie, vicesima septima die mensis madii, anno a Nativitate Domini millesimo trecentesimo nonagesimo primo, regni nostri primo.

Presentibus ad hec : fratre Dominico de Florencia, episcopo Sancti Poncii ac Petro Polonis, domini nostri Summi Pontificis nunciis necnon dilectis et fidelibus consiliariis nostris Johanne, archiepiscopo Compostellano, cancellario majore nostro, comite Petro de Trastamara, Laurencio Xuerii, magistro sancti Jacobi, Johanne Furtati de Mendoça, majore domus nostre, Petro Luppi de Ayala, Johanne de Velasco, camerario majore nostro, Petro Xuerii de Quiñones, senescallo majore Legionis et Asturiarum, Johanne Gundissalvi de Avellaneda, Remigio Nunnii de Guzman, Didaco Luppi de Astuñega, justiciario nostro majore, Didaco Fernandi, mariscallo nostro ac Petro Fernandi de Villegas Burgensis, Alfonso Fernandi Legionensis, Didaco Fernandi de Mendoça Ispalensis, Luppo Gomecii Cordubensis, Sancio Roderici de Palenciola Murcie, Benedicto Fernandi Salamantine civitatum et villarum procuratoribus ac predicti fratris nostri procuratoribus necnon Roberto de Noyers, electo confirmato Eworacensi et nobilibus Petro de Villaynes cambellano dicti fratris nostri, Robino de Braquemont ac Bernardo de Grisegnac, militibus, Johanne Droyn, Mondison Bernart, domicellis,

Yo el Rey.

Yo el Conde. Archiepiscopus Compostolanus.   Diego Fernandez Mariscal.

Pero Lopes.

El Maestre.   (Le sceau manque.)
Johan Gaycan.

Archives Nat., J 603, n° 70.

41

Henri III désigne l'évêque de Zamora, Diego Fernandez et Ruy Bernard, pour se rendre en France et régler certains comptes.

Ségovie, 10 juillet 1391.

Henricus Dei gracia Castelle et Legionis rex, universis et singulis presentes litteras inspecturis, salutem. Notum facimus quod nos de fidelitate, circunspectione et diligencia dilectorum et fidelium nostrorum reverendi in Christo patris domini Alfonsi, episcopi Zamorensis, Didaci Fernandi, mariscalli nostri ac Roderici Bernardi, nostre audiencie auditoris, ad plenum confidentes, dictos fideles nostros, tres aut duos ipsorum, habita super hoc cum gentibus nostri consilii matura ac diligenti deliberacione, nostros ambaxiatores, actores, factores, negociorum nostrorum gestores ac indubitatos procuratores et nuncios speciales, melioribus modo et forma quibus possumus et debemus, ita quod generalitas specialitati non deroget nec e contra, facimus, constituimus, ordinamus et creamus ex nostra certa sciencia per presentes ad petendum, requirendum, recipiendum et exigendum nostro nomine et pro nobis quascumque et singulas peccuniarum summas et quantitates nobis debitas qualitercumque et ex quacumque causa seu titulo, racione vel occasione per quascumque personas tam ecclesiasticas quam seculares cujuscumque status, gradus, condicionis, dignitatis et preheminencie existant, eciam si pontificali vel regali prefulgeant dignitate, dictasque peccunias sic nobis debitas quascumque pro nobis et nostro nomine donandum, dandum, quittandum et remittendum omnino et perpetuo cum causa vel sine causa in totum vel in partem et in animam nostram juramentum et pactum de ulterius non petendo super hiis faciendum et prestandum, tractandum, componendum, transigendum, conveniendum, pasciscendum, ordinandum seu eciam transigendum circa premissa et eorum quodlibet, modo et forma quibus dictis nostris procuratoribus aut duobus ipsorum prout ipsis placuerit et fiendum videbitur expedire, eciam cum mera, generali et libera administracione premissorum ; et insuper ad habendum, petendum et recipiendum nostro nomine et pro nobis a serenissimo principe et fratre nostro carissimo Francorum rege suas confirmatorias litteras certarum treugarum per carissimum dominum et progenitorem nostrum dominum Johannem quondam Castelle, Legionis et Portugalie regem cum adversario suo Portugalie factarum et inhitarum, quarum tenorem fratri nostro predicto transmisimus, et ad nos obligandum, promittendum et in animam nostram jurandum nostro nomine pro nobis fratri nostro predicto regi Francie, quod dicte sue treugarum predictarum littere confirmatorie nobis misse, nullatenus adversario nostro Portugalie predicto tradentur aut reddentur donec ipse noster adversarius suas super dictis treugis consimiles litteras suo munitas sigillo nobis pro dicto fratre nostro aut suis gentibus ad hoc deputatis tradiderit, quas sic nobis traditas eidem fratri nostro carissimo transmittere vel gentibus suis tradere bona fide promittimus et juramus cicius quam poterimus bono modo ; et quod si dictus adversarius Portugalie dictas suas treugarum litteras, ut dictum est, non tradiderit, quod nos dicto fratri nostro vel suis dictis gentibus suas confirmacionis litteras treugarum predictas transmittemus et reddemus ; et generaliter ad omnia alia et singula faciendum, dicendum et procurandum que in premissis et circa premissa necessaria fuerint vel alias quomodolibet opportuna, eciam si nostram presentiam vel mandatum magis exigerent speciale et que nosmet faceremus et facere possemus, si nos personaliter contingeret interesse in eisdem, omnes etquos cumque deffectus in potestate hujusmodi habitos ex nostra certa sciencia et regia auctoritate supplentes, promittentes insuper tenore presencium in verbo regio et sub obligacione bonorum nostrorum mobilium et immobilium heredumque et successorum nostrorum quorumcumque tenere, adimplere et habere ratum, gratum atque firmum totum et quidquid per dictos tres procuratores nostros aut duos ipsorum nostro nomine et pro nobis datum, quitatum, remissum, actum, factum et conventumve fuerit in premissis et quolibet premissorum nec contra ea vel aliquod ipsorum facere vel venire nec procurare fieri per alium vel alios palam vel publice quoquomodo.

Datum Segobie, decima die julii, anno a Nativitate Domini millesimo trecentesimo nonagesimo primo, regni vero nostri anno primo.

Yo el Rey.

(Scellé d'une bulle de plomb sur lacs de soie.)

Archives Nat., J 603, n° 69.

42

D. Fadrique, duc de Benavente, D. Pedro Tenorio, archevêque de Tolède, D. Martin Yañez de Barbudo et D. Diego Hurtado de Mendoza, promettent d'observer les alliances récemment renouvelées avec la France.

Simancas (?), 16 août 1391.

In nomine Domini, amen. Noverint universi presentes pariterque futuri, quod **anno** a Nativitate Domini millesimo trecentesimo nonagesimo primo, indictione decima quarta et die decima sexta mensis augusti, Pontificatus sanctissimi in Christo Patris et domini nostri domini Clementis divina Providencia Pape septimi anno tercio decimo, in revendissimi in Christo patris et domini domini Dominici miseracione divina Sancti Poncii Thomeriarum ad regna Castelle et Legionis Sedis apostolice nuncii, reverendique patris domini Johannis eadem gracia Columbriensis episcoporum, nobilibusque viris dominis Robineti de Braquemonte et Fernandi Alvari de Tholeto, militibus, testibus ad hec vocatis, meique notarii publici infrascripti presencia, personaliter constituti illustris princeps et dominus dominus Fredericus dux Beneventanus necnon reverendissimus in Christo pater et dominus dominus Petrus simili miseracione archiepiscopus Tholetanus, Ispaniarum primas ac cancellarius major regni Castelle necnon magnificus et potens vir dominus Martinus Johannis de Barvuda, magister milicie de Alcantara ac nobilis et potens vir Didacus Furtadi de Mendoza, dominus de la Vega, in loco infrascripto, proposuit prefatus dominus archiepiscopus, sua spontanea ac mera voluntate, in presencia dominorum testiumque suprascriptorum, quod cum olim inter serenissimum ac illustrissimum principem dominum regem Francie et recolende memorie dominum Henricum regem Castelle et Legionis rebus humanis exemptum, certe confederaciones, lige, pactiones, convenciones fuerunt inhite, convente et concordate et per eciam felicis recordacionis dominum Johannem dicti Henrici filium, jam vita functum, dicte lige, confederaciones, pactiones et convenciones inter prelibatos reges eciam, ut premittitur, fuerunt confirmate et corroborate; et demum per illustrissimum principem et dominum dominum Henricum dicti domini Johannis filium, modernum regem Castelle et Legionis, lige, pactiones, confederaciones et convenciones prescripte fuerunt et sunt prout supra confirmate et eciam corroborate, prout et quemadmodum in instrumentis seu litteris hinc inde pro utraque parte confectis et ordinatis lacius dicitur contineri, prefati domini dux, archiepiscopus, magister Alcantere et Didacus Furtadi dictas ligas, pactiones, convenciones, confederaciones eo modo quo per dictum dominum Henricum regem modernum Castelle inhite, convente, confederate fuerunt quovismodo ac per quascunque personas, promiserunt et juraverunt, et tenore hujus publici instrumenti promittunt et jurant servare, custodire, tenere, nec ullo unquam tempore contra dictas ligas, pactiones, convenciones, confederaciones per se vel per alium seu per interpositam personam venient nec facient nec contra ea seu earum aliqua venire volentibus dabunt auxilium, consilium aut favorem, quinymo totis suis conatibus dictas ligas, pactiones, confederationes et conventiones servabunt, tenebunt et custodient in futurum inviolabiliter et bona fide. De quibus omnibus et singulis suprascriptis, prefati domini dux, archiepiscopus, magister Alcantere et Didacus Furtadi voluerunt et michi notario publico infrascripto preceperunt et me eciam requisiverunt fieri unum vel plura publicum seu publica instrumentum vel instrumenta.

Acta fuerunt hec et dicta in ortis de Simantes (?), Palentine diocesis, ubi pro tunc dicti domini dux, archiepiscopus et magister Alcantere et Didacus Furtadi cum suis exercitibus ac gencium armigerarum strepitu in multitudine copiosa degebant, sub anno, indictione, die, mense et pontificatu predictis, presentibus quibus supra. Et ad majorem firmitatem premissorum, prelibati domini dux, archiepiscopus et magister Alcantare ac Didacus Furtado presenti instrumento, cum suorum propriorum nominum subscriptione, sigilla sua duxerunt apponenda.

  (Signatures autographes:)
  Yo el Duque S. Petrus Archiepiscopus S. Toletanus.
  Martin Yañez de Barbudo. Diego S. Furtado.
(Signum notarii).

Et ego Gerardus Rebolli, clericus Lemovicensis diocesis, apostolica et imperiali auctoritatibus notarius, premissis omnibus et singulis, dum ut sic premittitur dicerentur, una cum dominis suprascriptis, presens personaliter interfui, hicque me, una cum ipsorum dominorum predictorum sigillorum appensione, signo quo in talibus utor subscripsi et signavi, rogatus et requisitus, in fidem et testimonium omnium et singulorum premissorum.

(Quatre sceaux sur double queue de parchemin : celui de l'archevêque de Tolède et celui de Diego Furtado de Mendoza manque.)

Archives Nat., J 603, n° 68.

43

L'évêque de Zamora et Ruy Bernard déclarent avoir reçu la lettre du roi de France approuvant les trêves conclues entre la Castille et le Portugal.

Paris, 7 mai 1392.

Alfonsus Dei gratia episcopus Zamorensis et Rodricus Bernardi, auditor audiencie, ambaxiatores et procuratores illustrissimi principis et domini nostri domini Henrici Dei gratia Castelle et Legionis regis ad infrascripta specialiter constituti, universis presentes litteras inspecturis, salutem. Cum serenissimus princeps et dominus dominus Karolus Dei gratia rex Francorum, ad nostram peticionem seu requisicionem sibi pro parte dicti domini nostri Henrici regis per nos suos procuratores predictos factas, certas treugas inter clare memorie dominum nostrum dominum Johannem quondam Castelle, Legionis et Portugalie regem et adversarium suum Portugalie factas et initas ratificaverit et confirmaverit, suas super hoc confirmacionis litteras suo sigillo roboratas generose concedendo nobisque dictas confirmacionis litteras tradiderit dicto Portugalie adversario juxta treugarum tenorem defferendas et tradendas : notum facimus quod nos prefato domino regi Francie, virtute dicte nostre procurationis pro et nomine dicti domini nostri regis Castelle et Legionis et nostro singulari nomine, promisimus prefato domino regi Francie et juravimus promittimusque et juramus per presentes ad sancta Dei Evangelia corporaliter per nos tacta, quod dicte sue confirmacionis littere non traderentur nec tradi paciemur adversario Portugalie predicto nec ad manus suas et in ejus potestate devenire, donec primitus et antea dictus adversarius Portugalie suas dictarum treugarum consimiles litteras suo sigillo roboratas, pro et nomine dicti domini regis Francie dicto domino nostro regi Henrico vel suis gentibus tradiderit et liberaverit seu tradi et liberari fecerit, promisimusque et promittimus quod ipsas prefato domino regi Francie vel gentibus suis pro ipso bona fide mittemus vel per dictum dominum nostrum regem Castelle tradi vel mitti procurabimus cum effectu tempore quo fieri poterit breviori. Ad que omnia supradicta per dictum dominum nostrum regem Henricum sic fienda, tenenda et complenda, ipsum virtute dicte nostre procuracionis litterarum, quarum tenorem dicto domino regi Francie sub sigillis nostris roboratum tradidimus, bonaque sua heredum et successorum suorum, quantum possumus, efficaciter obligamus. In cujus rei testimonium, presentes nostras litteras per notarios publicos infrascriptos subscriptas et signatas, nostrorum appensione sigillorum, fecimus munimine roborari. Datum et actum Parisius, in domo domini cancellarii Francie, septima die mensis madii, anno a Nativitate Domini millesimo trecentessimo *(sic)* nonagesimo secundo, pontificatus sanctissimi in Christo Patris et domini nostri domini Clementis divina providencia Pape VII^{timi} anno quarto decimo, presentibus ibidem discretis viris dominis Petro Fernandi, canonico nostre Ecclesie Zamorensis et Berthino Pulcrifamuli, Johanne de Farbus ac Johanne Vigerii Ambianensis, Atrebatensis et Claromontensis diocesum presbiteris, testibus ad premissa vocatis specialiter et rogatis.

(Signum Johannis Roderici de Villaycan.)
Et ego Johannes Roderici de Villaycan, clericus etc..... etc..... in testimonium premissorum.
(Signum Theobaldi Hocie.)
Et ego Theobaldus Hocie, etc..... etc..... requisitus et rogatus.
(Deux sceaux sur double queue de parchemin.)

Archives Nat., J 604, n° 71.

44

Règlement de comptes entre le roi de France et de Castille.

Paris, 7 mai 1392.

Alfonsus Dei gracia episcopus Zamorensis et Rodericus Bernardi auditor audiencie serenissimi principis domini nostri domini Henrici Dei gracia Castelle et Legionis regis ad infrascripta procuratores, notum facimus universis presentes litteras inspecturis quod cum prefatus dominus noster Henricus rex nos ambos et nobilem Didacum Fernandi, mariscallum suum, tres aut duos nostrum per suas patentes litteras procuratores suos et nuncios speciales fecerit et constituerit, prout in procuratoriis litteris prelibati domini regis latius continetur quarum tenor de verbo ad verbum sequitur qui est talis :

Henricus, etc. . . . . (comme les précédentes datées de Ségovie, 10 juillet 1391) . . . .
Nos vero multis causis justis et legitimis nostros animos ad hec moventibus, specialiter cum prefatus dominus Karolus rex Francorum modernus suis liberalitate regia et gracia fraternali dominum nostrum Henricum regem Castelle et Legionis fratrem suum predictum nunc regnantem preveniens, totum et quidquid de summa centum millium francorum auri quam dicto domino Johanni regi dum viveret mutuaverat graciose deberetur sibi, deductis tamen et exceptis certis donis et assignacionibus per ipsum et suas litteras super dicta summa centum millium francorum factis, prout in litteris quitancie dicti domini regis expressius continetur, eidem domino nostro Henrico regi fratri suo donaverit, quitaverit et remiserit suas quitancie seu remissionis sufficientes litteras necnon instrumenta seu litteras obligatorias super hoc debito confectas graciose concedendo nobis, tradendas realiter et de facto cancellatas, cupientes hujusmodi largicioni grata et fraternali vicissitudine respondere, omnes et quascumque peccuniarum summas ad quantamcumque quantitatem ascendere possunt in quibus prelibatus dominus Karolus Francorum rex modernus, pro et racione serviciorum certarum galearum armatarum quas dominus Johannes quondam rex prefatus dum viveret, quondam domino Karolo regi Francorum ultimo deffuncto progenitori suo ac domino Karolo nunc Francorum regi predicto ad opus et servicium ipsorum diversis temporibus transmiserit, domino nostro Henrico regi predicto moderno sicut dicimus tenetur, prefato domino Karolo regi Francorum moderno nomine prefati domini nostri domini Henrici Castelle et Legionis regis et pro ipso, dictarum nostrarum procuratoriarum litterarum virtute, ex causa predicta remittimus, quitamus et donamus perpetuo, per presentes ipsum heredesque et successores suos quoscumque a debito hujusmodi totaliter absolventes ; et juramus in animam dicti domini nostri Henrici regis

quod ipse contra presentem remissionem, quitacionem et donacionem nunquam veniet nec venire procurabit palam vel publice quoquomodo et quod quitantie seu remissionis super hoc litteras sui sigilli munimine roboratas dicto domino regi Francorum concedet opportunas, statim cum super hoc pro parte dicti domini regis Francie fuerit requisitus, dictum dominum regem Henricum bonaque sua mobilia et inmobilia quecumque heredumque et successorum suorum ad hec tenenda, fienda, et firmiter adimplenda, tenore presencium efficaciter obligantes. In quorum omnium testimonium, presentes nostras litteras per notarios publicos infrascriptos, subscriptas et signatas, nostrorum appensione sigillorum mandavimus communiri.

Datum Parisius, in domo domini cancellarii Francie, septima die mensis madii, anno a Nativitate Domini millesimo trecentesimo nonagesimo secundo, pontificatus sanctissimi in Christo Patris et domini nostri domini Clementis divina Providencia Pape septimi, anno quarto decimo.

Presentibus ibidem discretis dominis Petro Fernandi, canonico nostre Ecclesie Zamorensis et Berthino Pulcrifamuli, Johanne de Farbus ac Johanne Vigerii, Ambianensis, Atrebatensis et Claromontensis diocesum presbiteris, testibus ad premissa vocatis specialiter et rogatis.

(Signum Johannis Roderici de Villaycan.)

Et ego Johannes Roderici de Villaycan, clericus Burgensis diocesis, publicus apostolica et imperiali auctoritate notarius et secretarius domini Castelle et Legionis regis, premissis remissioni, quitacioni, donacioni et juramento omnibusque aliis et singulis supradictis una cum testibus et notario publico supra et infrascriptis presens fui, eaque sic fieri vidi et audivi, et exinde presens publicum instrumentum propria manu scriptum signo meo, una cum dictorum dominorum episcopi et Roderici Bernardi procuratorum appensis sigillis, signavi solito, requisitus, in testimonium omnium premisfrorum.

(Signum Theobaldi Hocie.)

Et ego Theobaldus Hocie clericus Autissiodorensis dyocesis, publicus auctoritate apostolica notarius et secretarius dicti domini regis Francorum, promissionibus, juramentis ac omnibus et singulis suprascriptis cum testibus et notario publico supra nominatis, presens interfui eaque sic fieri vidi et audivi, et in hanc publicam formam quam per alium, aliis occupatus negociis, scribi feci fideliter redegi, signum meum solitum cum dictorum dominorum procuratorum appensione sigillorum ibidem apponens in testimonium premissorum, requisitus et rogatus.

(Scellé sur double queue de parchemin des deux sceaux de l'évêque de Zamora et de Ruy Bernard).

Archives Nat., J 603, n° 69 *ter*.

45

Suite de règlement de comptes entre les rois de France et de Castille.

Paris, 18 mai 1392.

Cum ad peticionem et requestam domini Alphoncii, episcopi Zamorensis et domini Roderici Bernardi, ambaxiatorum et procuratorum serenissimi principis domini Henrici regis Castelle et Legionis, et per ipsum dominum regem ad illustrissimum principem et dominum dominum Karolum regem Francorum transmissorum, idem dominus rex Francorum totum et quidquid sibi de summa centum mille francorum auri quam bone memorie Domino Johanni quondam regi Castelle, Legionis et Portugalie, dicti domini Henrici regis progenitori, graciose mutuaverat, debeatur et possit deberi, mera et fraternali liberalitate seu gracia, certis causis in suis super hoc confectis litteris donaverit, quittaverit et remiserit, exceptis tamen triginta quinque mille francis per ipsum dominum regem Francorum, super dicta summa centum mille francorum et in ipsius deductionem, certis personis datis et assignatis, videlicet dominis Guillermo de Nailhac et Galchero de Passac, militibus, viginti mille, dominis Jacobo et Moreleto de Monmor fratribus ac Johanni de Baisy eciam militibus, tribus mille, Petro Luppi d'Ayale, militi, decem mille, magistro Roberto de Noyers, electo Evoracensi et archidiacono Cordubensi, duobus mille, prout hec per donorum et assignacionum litteras per dictum dominum regem Francie super hoc confectas lacius possunt apparere. Et insuper, prefati procuratores et ambaxiatores Castelle, tante liberalitatis et fraternalis dilectionis beneficium et graciam cognoscentes et ei correspondere grata vicissitudine volentes, ad prefati domini regis Francie gencium consilii peticionem mutuam sibi factam, totum et quidquid causa et occasione certarum galearum per dictos dominos Johannem patrem et Henricum ejus primogenitum Castelle et Legionis reges clare memorie domino Karolo quondam Francorum regi ultimo deffuncto ac dicto domino Karolo regi Francorum ejus primogenito, ad ipsorum servicium diversis temporibus transmissarum debeatur et possit deberi, virtute suarum procuracionis litterarum, mutua fraternali dilectione et certis causis in suis super hoc confectis litteris prefato domino Karolo regi Francorum moderno liberaliter donaverint, quittaverint et remiserint, prout hec omnia per litteras donacionum, quittacionum et remissionum hinc inde super hoc confectas lacius possunt apparere; verum cum hinc inde graciis et remissionibus predictis sic factis et concessis, gentes consilii dicti domini regis Francorum predictis procuratoribus et ambaxiatoribus Castelle dixerint et exposuerint quod prefato domino regi Francie propter factum dictarum galearum certis causis legitimis, summa decem et novem mille francorum auri debebatur, prout inspectione compotorum super hoc per partes confectorum dicebant apparere, petentes illam summam persolvi, dicerent insuper quod de et super dicta summa centum mille francorum auri prefatus dominus rex Francie per suas litteras Petro de Vilanis, militi et cambellano ipsius ac domino Robineto de Braquemont summam octo mille francorum, certis causis dederat et assignaverat, videlicet dicto domino Petro summam trium mille francorum et dicto domino Robineto summam quinque mille francorum, prout hec per prefati domini regis Francie donacionis et assignacionis litteras super hoc confectas eciam poterant apparere, petentes ut supra et ad opus dictarum assignacionum requirentes quatinus dicta summa vel quantitas octo mille francorum, non obstante quod propter inadvertenciam et absenciam dictorum millitum *(sic)* in excepcione triginta quinque mille francorum predicta non foret expressata, per dictum dominum regem Castelle predictis militibus haberet persolvi, dictis procuratoribus et ambaxiatoribus dicti domini regis Castelle ex contrario hoc facere renuentibus et asserentibus quod nec id facere nonnullis causis per ipsos allegatis poterant seu debebant; tandem inter gentes consilii dicti domini regis Francie ac procuratores et ambaxiatores Castelle predictos, ad tollendum super hiis inter prefatos dominos omnem discencionis et discordie materiam, concordatum fuit et conventum, quod prefati procuratores et ambaxiatores de premissis prefato domino regi Castelle et Legionis et gentibus sui consilii relacionem facient et bona fide totis suis conatibus erga dictum dominum regem Castelle et suum dictum consilium, medio juramento super hoc per ipsos prestito, procurabunt et laborabunt ad hoc quod summa octo mille francorum predicta prefatis domino Petro et Robineto juxta suas assignaciones sibi super hoc factas per ipsum dominum regem Castelle persolvetur et habeat persolvi, non obstante quod in dictorum centum mille francorum donacionis seu remissionis litteris predicte octo mille francorum assignaciones non fuerint cum aliis triginta quinque mille francis, ut dictum est, comprehense. Et in casu quo dicto domino regi Castelle placebit hoc facere et suas super hoc litteras mittere sufficientes, gentes consilii dicti domini regis Francie, totis viribus suis, bona fide, prestito super hoc per ipsos juramento, eciam procurabunt et laborabunt ad hoc quod dictus dominus rex Francorum summam decem novem mille francorum predictam dicto domino regi Castelle fratri suo totaliter remittat et qu'ttet, suas super hoc litteras opportunas concedendo.

Acta fuerunt hec inter dictas partes, facta et concordata Parisius, die octava maii, anno Domini millesimo ccc^{mo} nonagesimo secundo, presentibus ibidem discretis viris dominis Petro Fernandi, canonico ecclesie Zamorensis et Berthyno Pulcrifamuli, Johanne de Farbus ac Johanne Vigerii, Ambianensis, Atrebatensis et Claromontensis diocesum presbiteris, testibus ad premissa vocatis specialiter et rogatis.

(Signum Theobaldi Hocie). Et ego Theobaldus Hocie, clericus Autissiodorensis dyocesis, publicus auctoritate apostolica notarius secretariusque domini regis Francie predicti, tractatibus conventionibus, promissionibus, juramentis ac omnibus et singulis suprascriptis dum sic agerentur et fierent, una cum testibus suprascriptis et notario publico infrascripto, presens interfui eaque omnia et singula sic fieri vidi et audivi et in hanc formam publicam redegi quam aliis occupatus negociis per alium scribi feci, signum meum ibidem apponens consuetum, requisitus et rogatus.

(Signum Johannis Roderici de Villaycan). Et ego Johannes Roderici de Villaycan, clericus Burgensis diocesis, publicus apostolica et imperiali auctoritate notarius et secretarius prefati domini regis Castelle et Legionis, tractatibus, convencionibus, promissionibus, juramentis omnibusque aliis et singulis supradictis, una cum testibus et notario prescriptis presens fui eaque sic fieri vidi et audivi et deinde presens publicum instrumentum, me aliis occupato negociis, per alium fideliter scriptum, signo meo una cum magistro Theobaldo notario prescripto signavi solito, requisitus, in testimonium premissorum.

Archives Nat., J 603, n° 69 *bis*.

46

Henri III promet de conserver les alliances avec la France.

Madrid, 16 janvier 1394.

Henricus Dei gracia rex Castelle et Legionis universis et singulis has nostras litteras inspecturis tam presentibus quam futuris, notum facimus et testamur quod cum olim, eterni Regis providencia disponente, inter serenissimos principes clare memorie dominum Karolum Francorum et ejusdem memorie dominum Henricum avum Castelle et Legionis et Johannem genitorem nostros Castelle, Legionis et Portugalie quondam reges, et postea inter illustrissimos principes Karolum supradicti domini Karoli quondam Francorum regis genitum nunc regnantem ac Johannem genitorem nostrum predictos reges, ordinate, concepte, inhite et firmate fuissent certe lige, confederaciones, composiciones, convenciones et pacta ad exterminium malorum et utriusque rei publice pacificum incrementum, nos, post obitum dicte clare recordacionis domini genitoris nostri, qui sicut eidem in regni cura et gubernacione successimus, ita in felici proposito, Altissimo disponente, successisse speramus, nos qui supra, Henricus rex Castelle et Legionis, pro nobis ac herede nostro nato vel nascituro, terris, regnis et subditis nostris prefatas ligas, tractatus, composiciones, confederaciones et pacta ac omnia alia et singula in predictis et circa predicta per memoratos parentes nostros acta, gesta, habita et conventa, approbamus, ratifficamus, acceptamus et ex certa sciencia in nostro pleno consilio confirmamus eaque et eorum singula propositis nobis tactisque sacrosanctis Euvangeliis et venerabili signo crucis, semper et omni tempore custodire, manutenere et inviolabiliter observare pro nobis et dicto herede nostro nato vel nascituro, regnis, terris et subditis nostris in verbo regio promittimus et firmiter pollicemur et nunquam contra facere vel venire per nos vel alium seu alios, aliqua racione vel causa, publice vel occulte, sub ypotheca et obligacione regnorum et omnium bonorum nostrorum.

In quorum omnium testimonium, presentes nostras litteras per notarium publicum nostrumque secretarium infrascriptum fieri et publicari mandavimus ac nominis sigillique regii munimine roborari. Datum in villa de Maiorito, in nostra domo regia, anno a Nativitate Domini millesimo trecentesimo nonagesimo quarto, regni nostri quarto et die sexta decima mensis januarii, indictione secunda. Presentibus ibidem reverendis in Christo patribus ac dominis dominis Petro Tholetano et Johanne Compostellano archiepiscopis, ac Petro Oxomensi et Johanne Calagurritano episcopis et magnificis et potentibus viris dominis Petro Comite et Laurencio Sugerii, magistro milicie ordinis Sancti Jacobi et Alvaro Petri de Guzman necnon nobilibus militibus Didaco Furtati de Mendoza et Petro Luppi de Ayala, domino de Salvaterra ac Didaco Luppi de Astuñiga et aliis de consilio nostro, testibus ad premissa vocatis specialiter et rogatis.

YO EL REY.

(Signum notarii) Et ego Johannes Roderici de Villaycan, canonicus Burgensis, publicus, apostolica et imperiali auctoritate notarius ac secretarius dicti domini regis, premissis omnibus et singulis una cum prenominatis testibus presens fui eaque sic fieri vidi et audivi et exinde hoc presens publicum instrumentum de mandato dicti domini regis propria manu scriptum signo meo una cum nomine et sigilli appensione ipsius domini regis signavi solito requisitus, in testimonium omnium premissorum.

(Scellé d'une bulle de plomb sur lacs de soie).
Archives Nat., J 604, n° 70.

47ᵃ

Charles VI déclare ne pouvoir prononcer sa sentence arbitrale dans le différend élevé entre Henri III et D. Alfonso comte de Gijon et Noroña.

Paris, 8 mai 1395.

Karolus, etc..... Universis presentes litteras inspecturis salutem. Notum facimus quod cum serenissimus princeps carissimus frater noster Henricus rex Castelle ex una parte et comes Alfonsus, comes de Nuruena ex altera, de et super certis debatis, questionibus, dissensionibus et controversiis, racione terre Esturiarum quam uterque ipsorum dicit ad se pertinere, inter eos motis et moveri sperandis, ocasione quarum dictus rex frater noster jam ad arma processerat contra dictum comitem Alfonsum, prout fertur, in nos tamquam arbitrum compromiserint et nos judicem arbitrum elegerint, receperint et acceptaverint unanimiter in hac parte, ita quod de debatis et questionibus supradictis, partibus auditis in hiis que una contra aliam super eisdem debatis dicere, proponere, raciocinari et allegare vellent, cognoscere infra sex menses a data compromissi hujusmodi computandos secundum forum, jura et judicia regnorum Castelle et Legionis et non alio modo, dictamque sentenciam et prononciacionem nostras super ipsis questionibus et debatis infra tempus predictum dixisse, sentenciasse et pronunciasse deberemus, prout hec in dicto compromisso de quo et de modo ipsius per certum instrumentum publicum in idiomate vulgari Castelle scriptum signisque et subscripsionibus Johannis Lupi de Villa Regali et Ruys Lupi notariorum publicorum signatum, nobis facta fides extitit, plenius continentur. Tandem die xvi[a] mensis aprilis ultimo preteriti, comparuit coram nobis in civitate nostra Parisii Vincensius Arie, legum doctor, archidiaconus Tholetanus, auditor in curia procuratorque, nuncius et ambaxiator una cum Petro Lupi de Ayala, milite, domino de Salvatera et Dominico Ferrandi, decretorum doctore, thesaurario ecclesie Ovetensis, referendario dicti regis Castelle fratris nostri, asserens se militem et thesaurarium predictos qui certis de causis ipsum regem fratrem nostrum tangentibus in curia romana aliquantulum remanserant, de eorum voluntate et mandato processisse se ut nobis cicius de dicto compromisso et forma ipsius eciam et de procuratorio seu potestate quam ipsi et quilibet ipsorum in solidum habebat comparendi coram nobis, ad exequendum omnia in dicto compromisso contenta possemus plenius informari, ipsosque militem et thesaurarium se ipsos in brevi secuturos et nobis de compromisso et procuratorio seu potestate predictis fidem fecit, petens cum instancia quod in absencia alterius partis procederemus in vim dicti compromissi dictique comitis contumaciam acusans, obtulit certum libellum in scriptis cum certis articulis et aliis instrumentis, offerens se paratum procedere juxta leges et statuta dictorum regnorum Castelle et Legionis, et demum satis cito postea, videlicet die xxii[a] dicti mensis aprilis, miles et thesaurarius jamdicti et cum eis eciam dictus archidiaconus cum litteris clausis ipsius regis fratris nostri credenciam in personas trium procuratorum, nunciorum seu ambaxiatorum suorum predictorum continentes, ad nostram presenciam accesserunt litterisque predictis per ipsos nobis presentatis et de dicto compromisso et procuratorio nobis per eos denuo facta fide, ambaxiatores seu procuratores ipsi contumaciam dicti comitis coram nobis iterum accusarunt nobisque dictas scripturas et alias ad jus et raciones dicti regis Castelle fratris nostri faciencia porrexerunt, parati coram nobis contra dictum comitem juxta formam dicti compromissi procedere et adhuc alias raciones pro dicto rege fratre nostro ulterius oretenus et alias allegare et proponere si opus esset et nos super hoc ipsos audire vellemus ut dicebant, nosque cum instancia requisierunt quatenus nos tamquam arbiter per dictam sentenciam et judicium nostra decernere, declarare et determinare vellemus dictam terram Esturiarum ad prefatum regem fratrem nostrum pertinere et pertinere debere, dictumque comitem Alfonsum in dicta terra nullum jus habere et si quod jus in ipsa per ante habuerit, ab eo cecidisse, et ipsa terra fuisse et esse indignum ; accesserunt eciam ad nos et nostram presenciam Alfonsus Rodrigue et Petrus de Saint-Ander, asserentes se esse servitores dicti comitis Alfonsi, qui nobis pro parte ipsius comitis quasdam litteras clausas credenciam in personam dilecti et fidelis militis et cambellani nostri Petri de Vilanis continentes presentarunt, licet dictus cambellanus noster nondum extunc coram nobis se representaverit nec super hoc eum audiverimus neque noticiam de hiis ab ipso habuerimus aliqualem. Quiquidem Alfonsus et Petrus ab ipso comite Alfonso de aliquo procuratorio seu aliis litteris alicujus potestatis ab eo nullam fidem fecerunt, sed solum quandam cedulam papiream dilecto et fideli cancellario nostro tradiderent continentem inter cetera quod licet ipse comes Alfonsus semper fuerit bonus et fidelis subditus, nichilominus rex Castelle omnia bona sua fecit arrestari, quamobrem ipse ordinaverat ad nos venire ad se excusandum, nisi dominus rex Castelle duas barchas quas idem comes habebat fecisset comburi, et eciam bene brevis erat terminus compromissi, nos requirentes quod ordinare vellemus ut scriberetur dicto regi Castelle quatenus dictus terminus qui multum brevis erat prorogaretur usque ad sex menses a dicto termino computandos, vel si nobis placeret ad terminum longiorem ut medio tempore comes ipse ad se excusandum habeat apud nos spacium veniendi et ad tenendum ordinacionem quam sibi super hoc per nostras litteras mandaremus, submittebat se dictus comes, et si opus esset propter hoc daret obsides uxorem et liberos suos pendente jam termino supradicto ; quamquidem cedulam sic per dictos Alfonsum et Petrum traditam ostendi mandavimus ambaxiatoribus et procuratoribus supradictis, qua per eos visa, dixerunt nomine dicti regis fratris nostri ipsam ex falsis et frivolis causis compositam et a non habentibus potestatem dicendi, componendi, petendi nec agendi seu asserendi aliquid nomine dicti comitis traditam fuisse, et maxime cum barche de quibus in ea fit mencio, si combuste fuerint, combuste fuerunt durante obsidione quam fecit et tenuit dictus rex Castelle frater noster castrum de Gijon contra dictum comitem Alfonsum et satis longo tempore ante datam dicti compromissi, eciam et quod habebat alia navigia per que et cum quibus si voluisset ad nos potuisset accessisse, dicte cedule quantum poterant contradicentes et concludentes ac eciam requirentes pro dicto rege Castelle fratre nosto prout supra. Verum, quia in dicto compromisso cavetur expresse quod de debatis et questionibus supratactis deberemus tamquam arbiter judicare partibus auditis, secundum jura, forum et judicia regnorum Castelle et Legionis et non alio modo ut dictum est, et infra sex menses a data ipsius compromissi computandos partesque predictas audire et de debatis predictis cognoscere nequiverimus, prout nec poteramus dicto compromisso durante, tam propter absenciam dicti comitis et quia dicti servitores sui qui huc, ut dictum est, accesserunt, nullam ab ipso procedendi in dicto negocio ostenderent potestatem, cum quia inter partes predictas aliqua dies acceptata non extitit nec eis infra tempus dicti compromissi coram nobis alios assignata cum eciam quia dictum compromissum tunc in brevi, scilicet die tercia mensis presentis finire debebat, idcirco ex hiis et eciam ex aliis causis et racionibus alias in hujusmodi negocio procedere nullatenus potuimus nec possemus, verumtamen de premissis presentes litteras testimoniales fieri mandavimus, valituras loco et tempore oportunis quicquid valere poterunt et debebunt.

In cujus rei testimonium, presentibus litteris nostrum fecimus apponi sigillum.

Datum Parisius die viii^a maii, anno Domini MCCC^{mo} nonagesimo quinto.

(Minute sur papier.)

Archives Nat., J 994, n° 6.

47ᵇ

Charles VI expose à Henri III les raisons pour lesquelles il ne peut rendre sa sentence arbitrale et lui demande de proroger le délai fixé.

Paris, 15 mai (1395).

A tres hault et puissant prince Henry par la grace de Dieu roy de Castelle, nostre tres cher et tres amé frere, Charles par celle mesme grace roy de France, salut et vraye fraternité.

Tres hault et puissant prince, tres cher et tres amé frere, nous sommes tous jours désirans savoir vostre bon estat, si vous prions que souvent nous en vuilliez certifier et Dieu par sa grace le veuille faire si bon comme vous mesmes vouldriez. Et pour ce que semblablement tenons que vous desirez savoir le nostre, nous vous signifions que au partir de cestes, nous estions en bonne santé de nostre personne, la mercy de Nostre Seigneur, qui ce vous vuille ottroyer. Tres hault et puissant prince, tres cher et tres amé frere, nous avons receu voz lettres par Pierre Lope de Ayala, vostre chevalier et conseiller, Dominique Ferrand, docteur en decrez, trésorier de Ovedo, vostre référendaire et Vincent Arie, docteur en loys, archidiacre de Tholete et auditeur de vostre court, voz messages et procureurs par vous envoiez devers nous et oÿ ce qu'ilz nous ont voulu dire de vostre part, aussi avons nous veu et fait veoir par nostre conseil l'instrument par lequel il appert, vous d'une part et le conte don Alfons d'autre, vous estre compromiz en nous des débaz qui sont entre vous et ledit conte et plusieurs autres instrumens et escriptures faisans a vostre fait contre le dit conte, a nous bailliez par voz messages et procureurs dessusdiz, mais icellui conte n'est point venu par deça ne ne y a envoié aucun aiant puissance de lui, forsque soulement par deux ses serviteurs nous a envoié unes lettres closes de par lui contenans créance en la personne de nostre amé et féal chevalier et chambellan Pierre de Vilaines, lequel toutes voies n'est point venu depuis devers nous, ne ne nous a aucune chose signifié de la dite créance par lettres ne par message, et depuis que lesdiz serviteurs nous orent présenté lesdites lettres, ont baillié a nostre amé et féal chancellier une cédule de papier par maniere de requeste ou supplicacion contenant entre autres choses que combien que le dit conte Alfons ait esté tous jours bon et loyal subgiet, nientmoins vous avez fait arrester tous ses biens, pourquoy il s'estoit ordené venir devers nous pour soy excuser si vous ne lui eussiez fait ardoir et destruire deux barges qu'il avoit, et aussi estoit le terme du compromiz bien brief ; et contenoit ladite cédule la conclusion que nous vous voulsissions escrire que ledit terme qui estoit bien brief, fust proroguié jusques a six mois ou plus afin que ce pendant ledit conte peust avoir espace de venir devers nous pour soy excuser, et que l'ordenance qu'il nous plera lui mander il se soubmettoit enteriner et acomplir, et se mestiers est bailler en ostage pendant ledit compromis sa femme et ses enfans. Laquele cédule nous avons fait monstrer a vozdites gens qui ont dit qu'elle est composée de fausses causes et mauveses et que supposé que aucunes barges ou autres naviges du dit conte aient esté arses, ce fu fait longtemps avant la date dudit compromis et si en avoit et povoit avoir assez pour venir devers nous. Et pour ce, tres cher et tres amé frere, que le dit terme d'icellui compromis estoit prez de la fin quant voz dites gens sont venuz devers nous, lesquelx y vindrent, c'est assavoir ledit archidiacre le xvie jour et lesdiz Pierre et trésorier le xxiie jour d'avril derrein passé et ledit compromis devoit faillir le tiers jour de ce présent moys de may et que ou compromis dessusdit a contenu par expres que nous comme arbitre doions jugier desdiz débas, parties oÿes en ce que elles vouldroient dire l'une contre l'autre et selon les droiz et jugemens de vostre royaume et non en autre maniere et que ledit conte Alfons n'est point comparu par devant nous, ne ne y a envoié aucun procureur, et mesmement aussi que aucune journée n'estoit emprinse ne assignée aux parties a comparoir par devant nous par ledit compromis ne autrement, nous ne avons peu procéder oudit fait combien que tousjours vouldrions nous labourer en ce que nous saurions que vous seroit plaisant et aggréable et a vostre profit, et vous mercions de la confiance que vous nous avez monstré en vous soubmettant en nous comme arbitre des débaz dessusdiz. Toutesvoies, tres cher et tres amé frere, pour ce que nous désirons la paix et tranquillité de vostre royaume et espécialment d'entre vous et voz subgiez, se il vous plest proroguer ledit compromis jusques oudit terme de six mois, il nous semble que vous feriez bien pour monstrer tousjours la clémence et bénignité que vous avez eu et voulez avoir avecques voz subgiez et nous mettrons volentiers diligence que lesdiz débas preignent fin par la meilleur maniere que nous pourrons ; mais, tres cher et tres amé frere, où cas que la dite prorogacion seroit faite, il seroit expédient que le dit compromis fust en bonne et forte fourme, et que vous et la partie adverse, du consentement de chascun, acceptissiez certaine journée dedens le temps dudit compromis a comparoir devant nous pour assigner les raisons de l'une part et de l'autre, laquelle journée soit tele et si convenable, que nous puissons dedens ledit temps oïr les parties et que icelles oÿes une fois, nous puissions procéder a séquestracion des terres ou aultrement et desdiz débas ordener, jugier et déterminer comme nous verrons qu'il sera a faire en présence desdites parties ou de leurs procureurs, ou en l'absence d'icelles, et que non obstant l'absence ou contumace de l'une desdites parties, nostre sentence et ordenance tiegne et vaille et soit mise a exécucion comme si elle estoit présente; et que ou cas que dedans le temps dudit compromis nous n'en pourrions avoir ordené, nous puissions proroguier ledit compromis jusques a aucun terme ensuiant dedens lequel nous en pourrons avoir determiné; et nous semble aussi que vous deveriez avoir seurté dudit conte Alfons de tenir nostre ordenance et que par lui ne des chastiaux qu'il tient, ne vendra mal ne dommage a vous, a vostre royaume ne a voz subgiez durant ledit compromiz, et de ceste matiere escrivons semblablement audit conte, si comme ces choses et autres touchent ceste matiere, avons dit et fait dire plus a plein a voz dites gens, lesqueles ilz vous pourront reporter plus largement, auxquelx nous avons fait monstrer les lettres que nous escrivons au conte dessusdit, et tousjours, tres cher et tres amé frere, nous vuilliez signifier féablement voz bons plesirs, lesquelx nous acomplirons de bon vouloir.

Donné a Paris le xv° jour de may.

(Minute sur papier.)

Archives Nat., J 994, n° 6.

47°

Requête adressée au chancelier de France par deux serviteurs du comte D. Alfonso.

(1395.)

A Monseigneur le chancellier de France.

Supplie humblement Alfonse Rodrigue et Pierre de Saint-Ander, serviteurs du conte don Alfonce, comme par l'ordenande dudit conte ilz soient venuz en France et presenté au roy des la veille de Pasques derrein passé certaines lettres touchans aucune des besoignes du dit conte, lesquelz supplians ont depuis vacquié sans avoir eu aucune response desdites lettres, et combien que ledit conte ait tous jours esté bon et loyal subgiet, le roy d'Espaigne ait fait arrester tous les biens dudit conte, parquoy il estoit appointtié pour venir devers le roy pour soy excuser, se le dit roy d'Espaigne ne lui eust fait ardre et destruire deux barges qu'il avoit, et aussi qu'il avoit journée bien briefve si comme plus a plein est déclaré es dites lettres, qu'il vous plese de vostre bénigne grace ordener qu'il soit mandé audit roy d'Espaigne que la journée qui est moult briefve plus a plein declarée es dites lettres soit prolongiée jusques a six mois prochain venans ou plus s'il vous vient a plesir, afin que ce pendant le dit conte puisse avoir espace a venir devers le roy soy excuser, et aussi tous ses biens lui soient délivrez, et de l'ordenance qu'il vous plera mander par voz lettres au dit conte, il se soubmest a le entériner et se mestre et bailler en ostaige pendant ladite journée sa femme et ses enfans et de ce bailler briefve response a iceulx supplians afin de eulx retourner devers ledit conte leur maistre, mesmement qu'ilz n'auroient de quoy plus séjourner ne eulx retourner, si ferez aumosne et prieront Dieu pour vous toute leur vie.

(Copie sur papier.)

Archives Nat., J 994, n° 6.

48

Charles VI désigne les plénipotentiaires qui doivent aller en Castille solliciter le renouvellement des alliances.

Paris, 15 février 1396 n. st.

Charles par la grace de Dieu Roy de France, à tous ceulx qui ces lettres verront, salut. Pour ce que en ensuivant les voies et manieres de noz prédécesseurs et espécialement de feu nostre tres chier seigneur et pere, que Dieux absoille, nous désirons amistiez et union estre gardées entre nous et tres haut et puissant prince nostre tres chier et tres amé frere le roy de Castelle et nostre royaume et le sien, et considérans que plusieurs confédéracions et alliances ont esté faites es temps passez entre noz prédecesseurs roys et ceulx de nostredit frere, lesqueles nous et nostredit frere avons eu aggréables et lesqueles ont esté moult fructueuses a chascune des parties, savoir faisons que afin que lesdictes amistez et union puissent continuer et persévérer de mieulx en mieulx, nous, confians a plein des sens, loyautez, discrécions et diligences de noz amez et féaulx conseillers Symon, patriarche d'Alexandrie, Colart de Caleville, nostre chevalier et chambellan, maistre Gille des Champs, maistre en théologie et maistre Thiébaut Hocie, nostre secrétaire, lesquelz pour ces causes et autres nous envoions de présent devers nostredit frere le roy de Castelle, a iceulx ou a trois ou a deux d'eulx avons donné et donnons povoir, auctorité et mandement espécial par ces présentes de renouveller pour nous et de par nous avecques nostredit frere le roy de Castelle lesdictes confédéracions et alliances ainsi et par la maniere que autres fois ont esté faites entre noz prédecesseurs et les siens, de icelles traittier, fermer et acorder de nouvel se mestiers est, de y adjouxter ou diminuer selon ce qu'ilz verront que il sera a faire pour nourrir l'amour et union dessusdictes, de [jurer] pour nous et en nostre ame de tenir de nostre part lesdictes confédéracions et alliances sans les enfraindre ne faire ou souffrir enfraindre comment que ce soit, de requérir semblablement serement estre fait de la partie de nostredit frere, et généralement de faire es choses dessusdictes et leurs circonstances et dépendances tout ce que ce verront estre expédient et nécessaire et autant comme nous y ferions et faire pourrions se nous y estions présens en nostre personne, supposé que les choses requeissent mandement plus espécial, promettans en bonne foy et en parole de roy avoir, tenir et faire tenir ferme et aggréable tout ce que par les dessusdiz ou trois ou deux d'eulx sera fait, traittié, fermé et acordé es dictes choses et en leurs dépendances et non venir, ne faire venir encontre en quelque maniere que ce soit, et que les choses que noz diz conseillers et secrétaire ou trois ou deux d'eulx auront sur ce faites, traitiées et acordées et leurs lettres que pour ce auront bailliées nous ratifierons et confermerons par les nostres toutes fois que nous en serons requis. En tesmoing de ce, nous avons fait mettre a ces lettres nostre seel. Donné à Paris le xve jour de fevrier, l'an de grace mil ccc iiii^{xx} et quinze et le seiziesme de nostre regne.

(Le sceau manque).

(Sur le repli): Par le roy en son conseil : de Sanctis.
Archives Nat., K 1638 D^2.

49

*Henri III promet d'observer les alliances conclues
avec la France.*

Ségovie, 20 septembre 1396.

Henricus Dei gratia rex Castelle et Legionis universis et singulis presentes litteras inspecturis. Quod cum nos, vestigiis predecessorum nostrorum regum Castelle et Legionis, presertim clare memorie carissimorum Henrici avi nostri et Johannis progenitorum nostrorum quondam Castelle et Legionis regum insequentes, et totis affectibus cupientes unionis fraternalis confederaciones, ligas et convenciones inter prefatos progenitores nostros et ejusdem memorie Karolum Francorum regem ultino defunctum et fratrem nostrum carissimum Karolum ejus filium Francorum regem nunc regnantem factas et initas totis dessideriis et affectibus conservare et in melius semper ad utriusque nostrum, regnorum bonum et profectum aumentare, nos dictas confederaciones, ligas et convenciones quas in presentibus volumus pro expressis haberi, cum reverendo patre Simone, patriarcha Alexandrino, Colardo de Caleville, milite, Egidio de Campis, magistro in theologia, consiliariis necnon Theobaldo Hocie, secretario prefacti fratris nostri ac ipsius nunciis et procuratoribus ad hec ab ipso protestatem et speciale mandatum habentibus, ad peticionem et requestam pro parte dicti fratris nostri nobis factam et in eorum presentia ratifficaverimus, confirmaverimus et de novo facientes si sit oppus ampliaverimus ac ipsas juramento vallatas firmaverimus, prout hec in nostris litteris super his confectis lacius describuntur, notum facimus quod nos de legalitate, prudencia atque diligencia fidelium ac dilectorum consiliariorum nostrorum Luppi, episcopi Mindoniensis, nostre chancellerie auditoris, Petri Luppi de Ayala, domini de Salvatierra, fratris Fernandi quondam Johannis regis progenitoris nostri confessoris, Alfonsi Rodia, legum doctoris, chancellerie predicte auditoris, ad plenum confidentes, ipsos quatuor, tres aut ipsorum duos procuratores, factores et negociorum gestores et nuncios et ambaxiatores nostros speciales de nostra certa sciencia et auctoritate regali facimus, constituimus et tenore presentium ordinamus ad petendum et requirendum nostro nomine et pro nobis a dicto carissimo fratre nostro dictarum confederacionum, ligarum et convencionum per nos sic cum eodem fratre nostro et suis dictis procuratoribus confectarum et inhitarum ratifficacionem, comprobacionem et de novo confectionem et ampliacionem, modo et forma quibus in dictis nostris litteris hec plenius continentur e[t] generaliter ad omnia et singula predicta et quecumque alia que in premissis et circa premissa necessaria fuerint seu quomodolibet et dictis nostris procuratoribus fienda videbuntur opportuna et que nosmet faceremus et facere possemus si presentes essemus in eisdem, eciam si talia sint que de sui natura mandatum magis speciale requirant et exposcant, promittentes insuper bona fide et verbo regio firmum, ratum et gratum habere quidquid per dictos nostros procuratores et nuncios, tres aut ipsorum duos in premissis et circa premissa facta fuerint atque gesta et sub regnorum et nostrorum obligacione bonorum, justa dictarum nostrarum litterarum seriem et tenorem. In quorum omnium testimonium presentibus litteris nos subscripsimus manu propria et eisdem fecimus plumbeum nostrum sigillum apponi.

Datum in nostra Segobiensi civitate, vicessima *(sic)* septembris, anno a nativitate Domini millesimo ccc°xc°vi°.

Yo el Rey.

(Scellé d'une bulle de plomb sur lacs de soie verte et rouge.)
Archives Nat., J 604, n° 73.

50

Lettre du Duc de Bourgogne à Henri III.

(Septembre 1398 ?)

Tres hault et puissant prince, mon tres cher et tres amé cousin, plaise vous savoir que j'ay receues voz gracieuses lettres par messire Ventrin Boussan, vostre chevalier et maistre de sale, porteur de cestes, et par ycelles sceu vostre bon estat dont je suiz tres liez et joyeux et pri au tres doulz filz de Dieu que tousjours le veuille continuer de bien en mieulx, comme vostre noble cuer le désire,

et que pour moy mesmes le vouldroye, si vous prie affectueusement
que souvent et par tous les venans par deça m'en veuilliez rescrire
et faire savoir la certaineté, car ce m'est et sera tres grant joye et
parfaicte consolacion que d'en oïr souvent en bien, et pour ce que
je sçay que vous estes tres désirant de savoir de l'estat de par deça,
plaise vous savoir que a la façon de cestes, monseigneur le roy,
madame la royne, monseigneur le daulphin, beau frere de Berry
estoient en bonne santé de corps, la mercy de Nostre Seigneur, et
aussy estoye-je et Anthoine mon filz, laquele chose Dieux par sa
saincte grace vous vueille tousjours octroyer. Et pour ce, tres hault
et puissant prince, mon tres cher et tres amé cousin, que vos dictes
letres contiennent créance de vostredit chevalier et maistre de
sale, vueilliez savoir que mondit seigneur a oÿ ce que par ledit
chevalier li avez fait savoir, et moy aussi, en ce qui touche la
guerre de vous et de l'adversaire de Portugal, et en verité par ce
que vostre dit chevalier a dit a mondit seigneur et a moy, il me
semble que ledit adversaire ne vuelt mie estre content de raison,
considéré mesmement que vous li avez offert les cinquante mile
doubles que aucuns de voz subgez li devoient, a quoy avoient esté
condempnez par ses juges comme il disoit, et de ce n'a voulu estre
content, ne vous rendre vostre cité de Badejoux par lui prise, se
vous encore ne li confermez certaines treves que voz tuteurs avoient
faictes et accordées avecques lui pour le temps que les Grans de
vostre royaume estoient en division et descort et estiez de petit
aage, a quoy vous n'estiez en riens tenuz pour ce qu'il vous a cra-
vanté et rompues les dictes treves, si comme plus largement vostre
dit maistre de sale a bien et sagement exposé a mondit seigneur
et a moy. Et pour ce, tres hault et puissant prince, mon tres cher
et tres amé cousin, que j'ay apparceu par le rapport que vostredit
chevalier a fait a mondit seigneur et a moy que se ledit adversaire
vous rendoit vostre dicte cité et réparoit les autres attemptas qu'il
a faiz durant les dictes treves, vous li paieriez les cinquante mille
doubles dessusdiz et seriez content de non entrer en guerre
avecques lui et affin d'eschever les maulx que viennent et s'ensuivent
des guerres et aussy pour mettre tousjours Dieu avecques vous,
mondit seigneur et moy avec son conseil avons avisé d'envoier
devers mon tres cher seigneur et neveu le roy d'Angleterre, affin de
savoir par lui se ledit adversaire de Portugal vuelt estre compris es
treves de xxx ans nagueres prinses entre mondit seigneur et
ledit roy d'Angleterre, et se ledit adversaire de Portugal y vuelt estre
compris, mondit seigneur requerra a son filz le roy d'Angleterre

dessusdit qu'il escrive audit adversaire de Portugal comment il vous rende vostre dicte cité et répare les attentas qu'il a faiz durant les dictes treves ; et se ainsy le vuelt faire, vous aurez, si comme il semble a mon dit seigneur et a moy vostre entencion, et se ledit adversaire ne vuelt estre compris es dictes treves, il sera exclus en toutes manieres du benefice d'icelles et tousjours, se Dieu plaist, mondit seigneur fera envers vous ce que faire devra de sa part, et vous feray aussy savoir le plus brief que je pourray la responce que mondit seigneur et neveu le roy d'Angleterre dessusdit aura sur ce faicte a mondit seigneur, affin que sur tout puissiez mieulx adviser ce qui sera a faire en ceste matiere. Tres hault et puissant prince, mon tres cher et tres amé cousin, s'aucune chose vous plaist par deça que faire puisse, faites le moy savoir et je le feray de tres bon cuer. Nostre Seigneur vous ait en sa saincte garde et vous doint bonne vie et longue. Escript a. (Le nom de lieu et la date manquent.)

Vostre cousin le duc de Bourgogne, conte de Flandres, d'Artois et de Bourgogne.

(Lettre close sur papier.) Archives Nat., K 1482 B¹.

51

Lettre du duc d'Orléans à Henri III.

Paris, 22 septembre (1398?)

Tres hault et puissant prince, tres cher et tres amé cousin, j'ay voz lettres de lie cuer receu que vostre maistre de sale, pourteur de ces présentes retournant par devers vous m'avoit presentees, par lesquelles vous est pleu me faire certain de la santé et prosperité de vostre estat et de vostre campaigne la royne, de quoy pour la bonne et cordiel amour et affection que j'ay envers vous, mon cuer a esté de grant et singulier joye et consolacion rempliz ; et certes je y ay l'affection si grande que bien souvent et continuement je en voulisisse et moult désire d'en avoir et oyr plaisantes et joieuses nouvelles. Si vous pry si tres de cuer que je puiz plus, que escript ou autrement faire savoir m'en vueillez le plus souvent que vous pourrez, car en verité ce me sera un moult grant et parfait plaisir. Et pour ce que je croy certainement que de oÿr du bon estat de monseigneur le roy estez désirant et serez moult joieux et liez, plaise vous savoir que quant ces lettres furent escriptes, il estoit sain et en bon point, et aussi madame la royne et leurs enfans, et pareillement estoy-je, la Dieu mercy, qui par sa saincte grace vous vueille tous temps samblement *(sic)* ottroyer au desir de vostre cuer ainsi que je le vouldroie. Tres haut et puissant prince, tres cher et tres amé cousin, j'ay aussi oÿ et plainement entendu ce que vostredit maistre de sale m'a sur la créance de vos dictes letres de par vous prudenment et de bonne maniere relaté, touchant la matiere d'aucunes voz besoingnes que vous avez a faire au roy de Portegal pour cause de vostre guerre, de quoy pour briefté me passe de faire plus large mencion, si vueillez savoir que mondit seigneur le roy, tant par ses lettres comme par vostredit maistre de sale vous envoit sur ce a plain sa bonne response, et pour ce que par le contenu d'icelles lettres et la relacion de vostredit maistre de sale saurez et verrez mielx et plus a plain que escrire ne vous pourroye, je me passe de vous en escrire autre chose par ces présentes, car d'en escrire me semble non estre besoing ne nécessaire fors que je y ay fait et en toutes voz autres besoingnes vouldroye faire tout le bien et amendement que en aucune maniere pourroie et sauroye. Et s'aucune chose avez et aurez a cuer et désir que faire je puisse, vueillez la moy tousjours féablement mander et requérir, car tres voulentiers et de bon cuer je me emploieray et feray tous temps tout ce que je pourray pour vous en toutes choses que soient de vostre plaisir, honnour et accroissement, et je prye au beneoit filz de Dieu qu'il vous ait en sa bonne et glorieuse garde. Escript a Paris le xxiie jour de septembre.

Le duc d'Orléans, conte de Valois et de Beaumont.

Des Millez.

(Lettre close, sur papier.)

Archives Nat., K 1482 B¹.

52

Lettre du duc de Bourbon à Henri III.

15 décembre (1401 ?)

A tres hault, tres excellent et puissant prince le roy de Castelle et de Léon.

Tres hault, tres excellent et puissant prince, plaise vous savoir que j'ay receu voz gracieuses et tres aimables lettres par lesquelles et aussi par ce que m'ont dit Fernant Peres de Ayala et frere Alfonse vostre confesseur, voz solempnelz messages j'ay sceu le bon estat et prosperité de vostre royale magnificence, dont je suy tres parfaictement joyeux, priant a Nostre Seigneur que tousjours le vueille faire et permaintenir en toutes choses selon le désir de vostre cuer, et vous prie, tres hault, tres excellent et puissant prince, que souvant par les venans par deça, il vous plaise moy en escrire la certaineté, car ce m'est tres-grant joye et consolacion toutes les fois que oïr en puis bonnes nouvelles ; et du mien estat, dont de vostre courtoisie oïr vous plaist vostre mercy, plaise vous savoir, tres hault, tres excellent et puissant prince, que a l'escriture de ces lettres j'estoye sain et en bon point de ma personne, loué en soit Nostre Seigneur qui le semblable vous vueille tous diz octroyer. Tres hault, tres excellent et puissant prince, quant ad ce que par vos dictes lettres escript m'avés et que vos dictes gens m'ont élégantment exposé de vostre part touchans les debbas et discors qui ont esté par deça entre monseigneur le duc d'Orliens et mon cousin le duc de Bourgogne dont vous avez eu grant desplaisir et qu'il vous a pleu moy exhorter que je voulsisse trevaillier a y mettre bonne paix et accort, dont je vous mercie tant a certes et de cuer comme je puis, car en ce et en toutes autres choses avez bien monstré toujours la tres grant, singuliere et parfaicte amour que tous temps avés a monseigneur le roy, a entre nous tous de son sang et lignaige, au bien du royaume et a la couronne de France, dont mondit seigneur le roy et entre nous tous nous en sommes moult tenus et obligiés, plaise vous savoir, tres hault, tres excellent et puissant prince, que mondit seigneur d'Orliens et mondit cousin le duc de Bourgogne sont de présent en tres bonne paix, accort, amour et union ensemble et entendent et vacquent maintenant concordablement et d'une mesme voulenté et consentement aux besoignes de mondit seigneur le roy et de son royaume dont beaucop de biens s'ensuyveront au plaisir Nostre Seigneur, ainsi et par la maniere que mondit seigneur le roy et messeigneurs de par deça vous escrivent et que plus a plein vous diront vos dictes gens, dont je sçay de certain que vous serés bien lyé et joyeux vostre mercy ; tres hault, tres excellent et puissant prince, je vous prie tres acertes qu'il vous plaise moy escrire et signifier se chose quelconque vous plaist que faire puisse, car pour certain je le feray et acompliray de tres bonne voulenté, et prie a Nostre Seigneur que vous ait en sa tres saincte et benoite garde et vous doint tres bonne vie et longue.

Escript a Paris, le xvᵉ jour de decembre.

Le duc de Bourbonnois, conte de Faurez et seigneur de Beaujeu.

LOYS.

(Lettre close sur papier.)

Archives Nat., K 1482 B¹.

53

Lettre d'Olivier de Mauny à Henri III, pour l'informer de ce qui se passe à la cour de France.

Paris, 25 août (1405?)

Au roy de Castelle et de Léon, mon tres redoubté et tres puissant seigneur.

Mon tres redoubté et tres puissant seigneur, je me recommende a vous tant humblement comme je puis, et vous plaise sçavoir, mon tres redoubté seigneur, que le roy n'est pas en si bon point comme vous vouldriez, et estoit la royne a Meleun laquelle avoit envoyé querir monseigneur le daulphin lequel estoit ja a trois lieues de Paris ou environ quant monseigneur de Bourgongne vint hastivement par devers lui, acompaignié de nˣ chevaulx ou environ, lequel l'en admena a Paris au chastel du Louvre ou quel il est bien et honourablement gardé par monseigneur de Berry auquel mondit seigneur de Bourgongne l'a baillié en garde ; et vous plaise sçavoir, mon tres redoubté et tres puissant seigneur, qu'il en a moult grandement despleu a monseigneur d'Orliens et tant qu'il a mandé partout gens d'armes, et semblablement a fait mon dit seigneur de Bourgongne et se doubte l'en qu'il n'y ait autre chose que bien, mais je cuide que le roy et son conseil y remédieront telement qu'ilz demourront bons amis, se Dieu plaist. Et a l'en deffendu a mondit seigneur de Bourgongne et crié par tout Paris de par le roy qu'il n'assemble, ne tiegne nulles gens d'armes pour ceste cause, et aussi mon tres redoubté seigneur, vous plaise sçavoir que monseigneur de Bourbon et autres du conseil du roy sont alez a Meleun par devers mondit seigneur d'Orliens pour lui faire semblable deffense que l'en a fait a mondit seigneur de Bourgongne ;

si ne sçavoie encore quelle response mondit seigneur d'Orliens feroit sur ce, quant ces lettres furent escriptes. Et quant est d'autres nouvelles, mon tres redoubté seigneur, plaise vous sçavoir que le roy Loys estoit parti pour aler a Gennes par devers le Pappe et a grant foison de gens d'armes pour faire son voyage en Itale, mais le roy l'a mandé et s'en retourne par deça. Et aussi mon tres redoubté seigneur, vous plaise sçavoir que les gens que le roy avoit envoiez en Galles sont descenduz ou pays sanz avoir trouvé aucun empeschement et la ont esté receuz bien et honourablement. Et aussi monseigneur de Cleremont, le conte de Fouez et le conte d'Armegnac qui estoient ensemble, ont prins ou pays de Guyenne pluseurs forterestes si comme le port de Saincte Marie, la cité de Daire et III ou IIII autres chasteaulx; ne autre chose ne sçay de présent qui vous face a escripre, mais se il survient riens de nouvel, je le vous feray sçavoir le plus tost que je pourray. Et aussi, mon tres redoubté seigneur, vous plaise a moy pardonner de ce que je m'enhardis a si plainement vous escripre car en bonne foy je le faiz plus seurement pour ce que je sçay de certain que vous estes tousjours moult desirant d'oïr nouvelles de par deça; mon tres redoubté et tres puissant seigneur, je me recommende a vous tant humblement de cuer comme je puis que il vous plaise m'avoir tousjours en vostre tres bonne grace et pour tout recommendé en moy commendant tout ce qu'il vous plaira comme a cellui qui est tousjours prest et appareillié de faire et acomplir tous voz bons commendemens et plaisirs comme vostre petit vassal; mon tres redoubté seigneur, je prie Nostre Seigneur qu'il vous ait en sa saincte garde et qu'il vous doint bonne vie et longue.

Escript a Paris, le xxve jour d'aoust.

Vostre tres humble et tres obeissant serviteur,

OLIVIER DE MAUNY.

(Lettre close sur papier.)

Archives Nat., K 1482.

54

Traité d'alliance entre Jean II et Charles VI.

Valladolid, 7 décembre 1408.

Johannes Dei gratia rex Castelle et Legionis, universis et singulis

Christi fidelibus presencium seriem inspecturis et audituris, salutem et graciam in Domino cum habundacia transquillitatis et pacis. Notum facimus et cunctis fieri volumus manifestum quod cum eterna providente clemencia, multis jam evolutis annorum curriculis, inter preclare memorie deffunctos reges Karolum quondam Francie et Henricum quondam Castelle et Legionis proavum nostrum quorum gesta magnifica per universa mundi climata solenniter divulgantur, certe confederaciones, pactiones, lige, convenciones et amicicie inite, concepte et ordinate fuerint et firmate et postmodum per serenissimum ac christianissimum principem Karolum regem Francie modernum, precarissimum fratrem nostrum, pro ipso et primogenito suo vel primo regni sui herede ex parte una et tam per inclite recordacionis serenissimum Johannem avum quam Henricum genitorem nostros reges Castelle, pro ipso genitore nostro et nobis ex parte altera, approbate, confirmate, renovate et roborate, sicut per eorum litteras patentes et autentiquas suis magnis sigillis debite communitas potest luculentius apparere, quarum siquidem litterarum originalia in archivis utriusque partis non immerito diligenter conservantur ipsarumque tenores hic haberi volumus pro expressis et insertis, nos revolventes in animam quam laudabile, quam salubre quamque dulce semper extitit in unitatis amore vinculum caritatis observare, que sue virtutis efficacia Ecclesie membra fortiter ligat ad invicem et cum Christo, nec permittit eos quos perfecte semel junxit ab invicem separari, neque consilium et auxilium sibi mutuo denegare, quin potius eorum omnia facit esse communia et insuper operatur in ipsis yndemptitatem *(sic)* voluntatum, nostreque consideracionis aciem dirigentes ad utilitates innumeras et inenarrabilia beneficia que, retrolapsis temporibus, regibus et regnicolis utriusque regnorum ex amiciciis hujusmodi provenerunt, cupientes et desiderabiliter affectantes memoratam fraterne caritatis unionem que tamdiu permansit illibata non diminucionem nostris temporibus recipere, sed crescere semper et proficere potius in augmentum omnemque cujuslibet occasionis amputare materiam que tam ex verborum quam sentenciarum dictarum litterarum antiquarum obscuritate, ambiguitate aut forsam *(sic)* inequalitate vel alio quovismodo, causam afferre posset dissencionis, altercacionis seu contencionis in futurum, constitutis in nostre majestatis presencia necnon preclarissime genitricis nostre Katherine regine et illustris patrui nostri Fernandi, infantis Castelle, gerencium ad presens nostri regnorumque nostrorum regimen, curam et tutelam, ambaxiatoribus, procuratoribus et nunciis predicti carissimi germani nostri regis Francie ad nos propter hoc specialiter destinatis, videlicet reverendo patre Gerardo Dei gratia episcopo Sancti Flori necnon domino Robino de Braquemonte, domino de Granivilla, milite et magistro Johanne Huonis, archidiacono Avalonensi, ipsisque virtute potestatis eis attribute per litteras prefati germani nostri regis Francie suo magno sigillo roboratas, quarum tenor inferius inseretur nomine prefati germani nostri et pro eo proque filio suo primogenito nato vel nascituro aut primo regni sui herede ac pro regno, terris, dominiis, subditis et adherentibus suis et aliis omnibus et singulis quorum interest vel interesse poterit quomodolibet in futurum, recipientibus, acceptantibus et solenniter stipulantibus, confederaciones, tractatus, composiciones, pactiones, ligas et amicicias tam ex nostra certa sciencia quam de predictorum genitricis et patrui, tutorum nostrorum necnon aliorum prelatorum, baronum, magnatum et peritorum regni et consilii nostri, propter hoc specialiter et personaliter vocatorum consilio, voluntate pariter et assensu tractamus, inimus, facimus et firmamus sub forma et modis infrascriptis.

Primo, videlicet quod nos rex Johannes, rex Castelle et Legionis predictus filiusque noster primogenitus nasciturus sive primus regnorum heres, regna, terre, patrie, dominia et subditi nostri sumus ex nunc et erimus de cetero una cum dicto Karolo Francorum rege, fratre nostro carissimo filioque suo primogenito nato aut nascituro seu primo regni sui herede, regno, terris, patriis, dominiis et subditis suis, boni, veri, fideles, confederati et adherentes, amici tanquam nostro vero fratri naturali et germano, tali modo videlicet quod nos et filius noster primogenitus nasciturus seu primus regnorum nostrorum heres dampnum, vituperium, detrimentum aut dedecus dicti fratris nostri carissimi regis Francorum, filii primogeniti nati aut nascituri seu primi regni sui heredis, regni, terrarum, patriarum, dominiorum et subditorum suorum non procurabimus ullo modo nec cuiquam persone viventi cujuscunque status, condicionis, preeminencie aut dignitatis existat, eciam si persona fuerit regalis aut alia quevis que dicto fratri nostro carissimo regi Francorum, filio primogenito nato aut nascituro seu primo regni sui heredi, regno, terris, patriis, dominiis et subditis suis guerram, dampnum, vituperium, detrimentum aut dedecus facere, perpetrare voluerit, voluerint aut inferre consilium, auxilium prestabimus seu favorem. Quequidem lige, confederaciones, pacta, amicicie, convenciones, tractatus supra et infrascripte et scripti durabunt quo ad vitam fratris nostri carissimi regis Francie, filii primogeniti nati aut nascituri et primi regni sui heredis nostrique regis Castelle et Legionis, prefati filii primogeniti nascituri sive primi regnorum nostrorum heredis predictorum et quamdiu ipsi et nos vitam duxerint seu duxerimus in humanis.

Item, predictum fratrem nostrum carissimum regem Francie, filium primogenitum natum aut nasciturum sive primum regni sui heredem, tam per mare quam per terram contra quascunque personas que possunt vivere sive mori cujuscunque status, condicionis, preeminencie aut dignitatis existant, eciam si persona fuerit regalis aut alia quevis que dicto fratri nostro carissimo regi Francie, filio primogenito nato aut nascituro sive primo regni sui heredi, regno, terris, patriis, dominiis et subditis suis guerram, dampnum, vituperium, detrimentum aut dedecus facere, perpetrare voluerint aut inferre, bona fide juvabimus et juvare tenebimur absque fraude, nosque guerram dicti fratris nostri carissimi regis Francorum, filii primogeniti nati aut nascituri seu primi regni sui heredis in nos et in personam nostram, tanquam propriam nostram recipiemus et ut caput guerre recipere tenebimur, ac in regnis et dominiis nostris tanquam nostram propriam, cum per litteras patentes sigillo dicti regis Francie fratris nostri carissimi aut filii sui primogeniti nati aut nascituri sive primi regni sui heredis certifficati fuerimus quod guerra fuerit apperta et in regno Francie preconizata inter eundem regem Francie aut suum primogenitum natum sive nasciturum seu primum regni sui heredem ex una parte et regem Anglie seu quemcunque alium ex parte alia, infra decem dies a die predicte certifficacionis nobis facte, facere preconizari jubere tenebimur, sic tamen quod si dictus frater noster carissimus rex Francie filiusque primogenitus natus aut nasciturus seu primus regni sui heres sive alter eurumdem nos aut primogenitum nostrum nasciturum seu primum regnorum nostrorum heredem requisierint seu per eos aut eorum alterum, fuerimus de juvamine subditorum nostrorum armatorum seu galearum aut aliorum navigiorum ad opus dicte guerre subvenire requisiti, nos, primogenitus noster nasciturus seu primus regnorum nostrorum heres hoc facere, galeasque ac alia navigia et gentes armorum tam per terram quam per mare ad servicium et juvamen dicti fratris nostri carissimi regis Francie, filii primogeniti nati aut nascituri et primi regni sui heredis predictorum, ejus tamen vel eorum sumptibus et expensis, fideliter et efficaciter, omni fraude cessante, mittere tenebimur, jurabuntque capitanei armatarum hujusmodi tam per terram quam per mare sint admiraldi vel alii quicunque et facient sollenne juramentum coram persona vel personis per dictum fratrem nostrum ad hoc deputata vel deputatis quod ambarum parcium honorem, utilitatem et commodum diligenter observabunt ac totis viribus fideliter procurabunt.

Item, poterunt vassalli et subditi nostri, libere et absque offensa qualibet per eos incurrenda, ad servicium et juvamen dicti fratris nostri carissimi, filii primogeniti nati aut nascituri seu primi regni sui heredis, tam per terram quam per mare, ad opus dicte guerre, nostra tamen aut regnorum et dominiorum nostrorum neccessitate cessante, quociens eis placuerit se transferre.

Item, guerra nomine fratris nostri carissimi regis Francorum predicti filiique primogeniti nati aut nascituri sive primi regni sui heredis seu nomine nostri sive primogeniti nostri nascituri aut primi regnorum nostrorum heredis contra quemcunque incepta sive incipienda, nos, primogenitus noster nasciturus aut regnorum nostrorum primus heres cum parte adversa pactum, tractatum, accordum, treugam seu pacem facere, tractare, accordare absque consensu et voluntate expressis predicti fratris nostri carissimi seu primogeniti nati aut nascituri sive primi regni sui heredis firmare non poterimus sive poterit quomodolibet aut inire poterit; tamen predictus germanus noster, primogenitus natus aut nasciturus sive primus regni sui heres, causis exigentibus, treugas particulares ad annum vel aliud brevius tempus citra tractare et inire si et quando sibi videbitur expedire, proviso quod dictas treugas particulares nobis aut primogenito nascituro vel heredi nostro significare teneatur et quod in eisdem nos, primogenitus nasciturus vel heres cum patriis et subditis nostris comprehendamur, si nobis placuerit comprehendi, quodque predicte treuge particulares unius anni vel temporis brevioris nequeant ulterius ad longius tempus sine expresso consensu nostro, primogeniti nascituri aut primi regnorum nostrorum heredis prorogari vel extendi, cessantibus in premissis et ceteris sequentibus universis omni fraude atque dolo.

Item, castra, civitates, ville, fortalicia sive loca que et quas nos, primogenitus aut heres sive gentes nostre, tam in regno et terra Anglie et ducatu Acquitanie quam in aliis regnis, terris et dominiis contra que et quas dictus frater noster, primogenitus natus aut nasciturus sive primus regni sui heres guerram inceptam habuerit vel inceperit acquisiverimus, occupaverimus acquisiverit seu occupaverit per mare vel per terram, dicto fratri nostro carissimo regi Francie ejusque primogenito nato sive nascituro aut primo regni sui heredi seu suo certo nuncio aut mandato, nos et gentes nostre predicte et filius noster primogenitus nasciturus sive primus regnorum nostrorum heres libere dare et restituere tenebimur ac eciam tenebuntur, bona tamen mobilia capta vel occupata efficientur capientis et eidem concedentur, secundum morem et consuetudinem regnorum Francie et Castelle predictorum.

Item, volumus quod si rex Anglie aut suus primogenitus seu quicunque regni sui heres et ducatus Acquitanie aut aliquis alius de sanguine regali Anglie fuerit captus per nos, primogenitum nasciturum aut primum regnorum nostrorum heredem sive per gentes nostras, tam per mare quam per terram, vel quicunque alius rex, dux vel comes contra quem principaliter dictus frater noster rex Francie ejusque primogenitus natus aut nasciturus sive primus regni sui heres guerram inceptam habuerit vel inceperit, ad arbitrium, voluntatem et ordinacionem dicti fratris nostri carissimi regis Francie vel ejus primogeniti nati aut nascituri sive primi regni sui heredis nostrique vel primogeniti nostri nascituri aut primi regnorum nostrorum heredis teneatur captus et captivus insimulque poterimus una cum dicto fratre nostro carissimo super expedicione dicti capti sive captivi ordinare, prout ambarum parcium placuerit voluntati; quicunque vero alius a predictis captus sive captivus extiterit, consentimus et volumus quod sit et efficiatur capientis et eidem concedatur.

Super quibus et eorum quolibet, tam super guerra quam personis supradictis et omnibus aliis ad hoc neccessariis factum guerre, utilitatem et commodum dicti fratris nostri carissimi regis Francie, filii promogeniti nati aut nascituri sive primi regni sui heredis, regni, terrarum et subditorum suorum concernentibus, nos aut primogenitus noster nasciturus sive primus regnorum nostrorum heres, relacioni simplici et assercioni per dictum fratrem nostrum regem Francie aut primogenitum natum sive nasciturum seu primum regni sui heredem sive litteris super hoc aut suo certo nuncio, ad hoc specialem potestatem habenti, nobis aut primogenito nostro nascituro seu primo regnorum nostrorum heredi factis absque alia probacione seu informacione quacunque per predictum fratrem nostrum carissimum regem Francorum aut primogenitum natum seu nasciturum sive primum regni sui heredem faciendis, fidem indubiam tenebimur et tenebitur adhibere intimacioneque, prout predicitur nobis facta, nos et primogenitus nasciturus aut primus regnorum nostrorum heres predictum fratrem nostrum carissimum regem Francie, primogenitum suum natum aut nasciturum seu primum regni sui heredem, regnum, terras, dominia et subditos suos, secundum formam superius preinsertam, de facto tenebimur et tenebitur utiliter adjuvare.

Sane a ligis, confederacionibus, pactis, convencionibus et tractatibus predictis excipimus et excipi volumus personam sanctissimi in Christo Patris romani Pontificis, necnon similiter regem Arragonum et filium suum primogenitum qui nunc sunt, dumtamen idem rex Arragonum et filius suus primogenitus eorumve alter contra dictum fratrem nostrum carissimum regem Francie, primogenitum natum aut nasciturum seu primum regni sui heredem, regnum, terras, dominia et subditos suos sive nos, primogenitum nasciturum aut primum regnorum nostrorum heredem, regna, terras, dominia et subditos nostros guerram, dampnum, vituperium aut dedecus sive detrimentum non faciant, inferant aut procurent, faciat, inferat aut procuret sive fieri, inferri aut procurari faciant per alium quovismodo ; quod si, quod absit, idem rex Arragonum aut suus primogenitus contrarium facerent, cessabit predicta excepcio et nos, primogenitus noster nasciturus aut primus regnorum nostrorum heres cum dicto fratre nostro carissimo rege Francie ejusque primogenito nato vel nascituro seu primo regni sui herede erimus, prout sumus, unanimiter confederati contra regem Arragonum et suum primogenitum prelibatos.

Que omnia et singula nos, predictus rex Johannes, sana et provisa deliberacione consilii super hoc habita, pro nobis, primogenito nascituro et primo regnorum nostrorum herede, regnis, terris, dominiis et subditis nostris promittimus et juramus in animam nostram promiseruntque et jurarunt prenominati genitrix et patrinus nostro tuteleque nostre nomine, super ymaginem et memoriam Domini nostri Jhesu Christi crucifici, Euvangeliaque sua sancta per nos et ipsos corporaliter tactam et tacta, promittimusque verbo regio, bona fide, fidemque et homagium eidem prefato carissimo fratri nostro Karolo Francorum regi, primogenito nato aut nascurito seu primo regni sui herede prestando, tenere, facere et de puncto ad punctum, fraude et malo ingenio cessantibus quibuscunque, adimplere et inviolabiliter observare, et hoc sub ypotheca et obligacione omnium bonorum nostrorum, heredum et successorum nostrorum presencium et futurorum necnon et sub pena parjurii quam rex potest incurrere tali causa, insuper sub pena c^M marcarum auri ; in quibus obligacionibus et penis nos, dictus rex Castelle et Legionis, interveniente dictorum tutorum nostrorum auctoritate et consensu, regna et omnia bona nostra, heredum et successorum nostrorum dicto fratri nostro carissimo regi Francie ejusque primogenito nato seu nascituro sive primo regni sui heredi applicando pro judicato, condempnato, confessato et in ipsas penas si contra predicta nos aut primogenitus noster nasciturus sive primus regnorum nostrorum heres fecerimus aut fecerit, confitemur nos et primogenitum nasciturum primumque regnorum nostrorum heredem incurrisse et tam de jure quam de facto adjudicamus totaliter incidisse, et nos ipsos, de auctoritate et consensu predictis, primogenitum nasciturum regnorumque nostrorum heredes et successores, regna, dominia, terras et bona nostra heredum et successorum nostrorum presencia et futura pro premissis firmiter adimplendis, subponimus et subposuimus cohercioni et compulsioni camere Sedis apostolice, volumusque et consentimus quod ad majorem firmitatem predictorum omnium et singulorum litteras apostolicas super ipsis forciores et meliores dicto sapientum, substancia non mutata, nos et dictus primogenitus nasciturus primusque regnorum heres dicto fratri nostro carissimo regi Francie ejusque primogenito nato aut nascituro primoque heredi regni sui facere et concedere teneamur ac eciam teneantur, quociens per dictum regem Francie fratrem nostrum carissimum seu primogenitum natum aut nasciturum sive primum heredem regni sui nos aut primogenitus noster nasciturus sive primus regnorum nostrorum heres fuerimus aut fuerint requisiti ; cetera vero alia omnia et singula inter utriusque nostrum predecessores ipsumque fratrem nostrum carissimum Francorum regem et nostros progenitores hactenus hinc inde per quecunque instrumenta, litteras et tractatus publicos vel privatos conjunctim vel divisim qualitercunque inita, firmata, ratifficata seu declarata, eciam si juramentis et promissionibus sint vallata que hiis in tractatibus non sunt inserta, volumus deinceps esse nulla, irrita et cassata et cassamus, irritamus, revocamus et penitus adnullamus.

Tenor vero litterarum potestatis date nunciis memoratis sequitur in hac forma :

Karolus Dei gracia Francorum rex, omnibus presentes litteras inspecturis salutem. Notum facimus quod nos animo revolventes quantopere curandum sit universis et hiis precipue qui regendis populis preferuntur, veram inter se caritatis amiciciam conservare, que profecto semper solet cercior quanto vetustior reperiri, et recogitantes attencius sinceras et fideles amicicias, confederaciones et ligas a longe retrolapsis temporibus inter celebris recordacionis et memorie progenitores nostros Francorum reges et reges Castelle et Legionis et eorum regna, subditos, dominia, principatus atque terras, sapientum et proborum utriusque partis virorum consilio initas salubriter et inviolabiliter observatas, desiderantes ex intimis amicicias hujusmodi ad Dei laudem et honorem subditorumque transquillitatem et pacem indissolubili nexu perdurare ac ad plenum confidentes de sapiencia, fidelitate, circonspectione et diligencia dilectorum et fidelium Gerardi de Podio, episcopi Sancti Flori, Guillermi de Monte Revelli dicti Heremite, militis et cambellani, magistri Petri Trousselli, archidiaconi Parisiensis, magistri requestarum hospicii, Roberti dicti de Braquemont, militis et cambellani, consiliariorum necnon magistri Johannis Huonis, archidiaconi Avalonensis, secretarii nostrorum, exhibitorum presentium litterarum quos in presenciarum ad serenissimi principis et amantissimi fratris nostri Johannis regis Castelle et Legionis *(sic)* pro nonnullis arduis negociis que non parum cordi gerimus, duximus destinandos, ipsos ex certa sciencia maturoque precedente consilio nostros procuratores, tractatores et nuncios speciales facimus, constituimus, deputamus et ordinamus per presentes, dantes et concedentes eisdem sive quatuor aut tribus ipsorum, quorum idem episcopus et in ejus absencia dictorum militum alter remaneat semper unus, plenam et liberam potestatem, facultatem, auctoritatem et mandatum speciale faciendi, ineundi, tractandi, firmandi, renovandi et confirmandi pro nobis et nomine nostro heredumque, subditorum et adherencium nostrorum cum dicto fratre nostro pro se et nomine suo heredumque, subditorum et adherencium suorum necnon cum Katherina, regina Castelle, matre sua, carissima sorore nostra et illustri consanguineo nostro Fernando, Infante Castelle, patruo predicti fratris nostri aut cum alio vel aliis ad hoc ab ipso fratre nostro cum sufficienti et ydonea potestate deputato seu deputatis ac cum ceteris aliis quibuscunque quorum interierit *(sic)* et interesse poterit amicicias, confederaciones et ligas imperpetuum vel ad tempus, inter dictum fratrem nostrum suosque heredes, successores, subditos et adherentes et nos heredesque, successores, subditos et adherentes nostros sub ejusdem vel alterius cujuslibet tenoris forma sub qua fuerint olim inter predecessores suos et nostros observate vel alia que videbitur dictorum nunciorum et procuratorum nostrorum discrecionibus pocius expedire, necnon declarandi, interpretandi et in alia forma redigendi et mutandi, si que videantur eis in dictis confederacionibus antiquis ambigua vel obscura vel eciam inmutanda, tractatusque per eos super hoc habitos, amicicias, pacta, convenciones, declaraciones, confederaciones atque ligas promissionibus, juramentis, stipulacionibus, obligacionibus sive penis et aliis securitatibus quibuscunque hinc et inde firmandi, muniendi, vallandi et roborandi ac jurandi in animam nostram, quod omnia per eos simul, quatuor aut tres ex ipsis quorum idem episcopus aut in ejus absencia dictorum militum alter sit semper unus, ut prefertur, super hoc tractata et concordata tenebimus et faciemus firmiter, constanter et irrefragabiliter observari, simileque juramentum ab alia parte petendi, requirendi et recipiendi, ac insuper omnia alia et singula gerendi, exercendi et expediendi que in premissis et circa ea fuerint neccessaria seu quomodolibet opportuna et que faceremus seu facere possemus si presentes interessemus, eciam si talia sint que mandatum exigant speciale, promittentes bona fide et in verbo regio, sub obligacione omnium bonorum nostrorum, pro nobis, heredibus, successoribus, subditis et adherentibus nostris stabile, ratum et firmum habituros quicquid per dictos procuratores et nuncios nostros actum, tractatum, declaratum seu gestum in premissis et eorum singulis fuerit ac per nostras patentes litteras ad majus robur, quociens opus fuerit et requiremur, confirmare. In cujus rei testimonium, presentes litteras sigilli nostri fecimus appensione muniri. Datum Parisius, die xxiiii^a mensis aprilis, anno Domini millesimo cccc° octavo, regni vero nostri xxviii°. Sic signatum : Per regem in suo consilio, Neauville.

In quorum omnium fidem et testimonium, presentes litteras sigilli nostri munimine, necnon ad amplioris certitudinis firmitatem prefatorum genitricis et patrui nomine, subscripcione sigillisque, una cum signo notarii publici fecimus et jussimus communiri. Datum in Valleoleti, die septima decembris, anno Domini millesimo quadringentesimo octavo.

Yo La Reyna.   Yo el Infante.

(Signum notarii). Et ego Johannes Roderici de Villaleo, clericus Legionensis diocesis, publicus apostolica auctoritate notarius, premissis tractatibus, stipulacionibus, acceptacionibus, firmacionibus, excepcionibus, promissionibus, juramentis, submissionibus et revocacionibus omnibusque aliis et singulis, dum sic ut premittitur agerentur et fierent, una cum infrascriptis testibus ad hoc vocatis specialiter et rogatis, videlicet reverendo in Christo patre et domino domino Johanne, episcopo Segobiensi, magnificis et potentibus viris dominis Frederico de Trastamara, Henrico de Montejocundo, comitibus ac egregiis militibus dominis Petro Affan de Ribera, Didaco Fernandi de Corduba, marescallo necnon magne auctoritatis viris dominis Guterrio Gomecii, archidiacono de Guadalfajara in decretis, Johanne de Salamantica, Petro Yanes ac Johanne Gundisalvi de Azevedo in legibus doctoribus, presens interfui et de mandato dictorum dominorum regine et infantis, tutorum dicti regis suorumque regnorum gubernatorum, hoc presens publicum

instrumentum, me, aliis arduis occupato negociis, aliena manu fideliter scriptum in publicam formam reddegi signoque meo signavi rogatus pariter et requisitus, in fidem et testimonium omnium et singulorum premissorum.

(Bulle de plomb de Jean II sur lacs de soie; sceau de l'infant D. Fernando sur lacs de soie; celui de Catherine de Lancastre manque.)

Archives Nat., J 604, n° 76.

55

Charles VI approuve le traité de paix conclu entre la Castille et le Portugal.

Paris, 15 juillet 1411.

Charles par la grace de Dieu, roy de France, a tous ceulx qui ces présentes lettres verront, salut. Comme nostre tres chier et tres amé frere le roy de Castelle et de Léon nous ait nagaires par ses lettres et messaiges signifié et fait savoir que le roy de Portugal et d'Alguarbe avecques lequel et ses royaumes et subgiez nostredit frere, ses prédécesseurs, royaumes et subgiez ont eu par long temps guerre et discension, a plusieurs foiz fait requérir nostredit frere de continuer le traittié ja pieça encomencié entre feu de noble mémoire le roy Henry derrenierement trespassé, nostre tres chier frere, que Dieux absoille, et pere de nostredit frere et ledit de Portugal et d'avoir paix et accord avecques lui et sesdiz royaumes et subgiez, et que sur ce avoit et a esté tant procédé par grand et meure déliberacion de conseil que pour mettre et nourrir bonne amour entre eulx et leurs diz subgiez, et afin que en la guerre que nostredit frere a l'encontre des Mores, Sarrazins et autres ennemis de la foy catholique, ledit de Portugal lui soit aidant comme il lui a offert et promis et prengne bonne et briefve conclusion en telle maniere qu'il les puist subjuguer et apres vivre en paix et gouverner ses royaumes et subgiez dessusdiz soubz bonne justice en bonne transquilité, et attendu aussi que l'occasion et tiltre que avoit eu ledit feu roy Jehan de Castelle, nostre frere, a faire guerre audit de Portugal et a ses subgiez estoit pour le fait de la royne Bietrix qui avoit eu et avoit pour ce ses accords et traittiez a part, ne nostredit frere en ce n'a de présent grant interest, ilz ont esté et sont d'accord que en restituant par ledit de Portugal aux Portugaloys qui du temps dudit feu le roy Jehan passerent ou royaume de Castelle les biens qui leur furent pris et ostez ou la vraye valeur et estimacion qu'ilz povoyent lors valoir et semblablement aux Castilliens ausquelx a l'encommencement de ladicte guerre furent pris et ostez les biens qu'ilz avoyent oudit royaume de Portugal, yceulx biens ou la dicte vraye valeur, nostredit frere et ledit de Portugal sont venus et viennent pour eulx, leurs royaumes et subgiez a bonne paix et accord sanz ce que ycellui nostre frere obstant les aliances que ledit de Portugal et ses prédécesseurs ont tousjours eues avecques noz adversaires de la partie d'Angleterre, ait fait, voulu ne vueille faire avecques ycellui de Portugal aucunes autres aliances, pactions ou convenances, en nous requérant que comme selon les aliances et confédéracions de longtemps a faictes et observées entre nous et noz prédécesseurs roys de France, noz royaume et subgiez et nostredit frere et ses prédécesseurs roys de Castelle et de Léon et ses diz royaumes et subgiez, quant l'un de nous deux a guerre contre qui ne pour quelxconques causes que ce soit, l'autre la doit prendre et en faire comme de son propre fait et guerre sanz faire paix, ne prendre longues treves sanz le faire savoir l'un a l'autre et avoir son consentement, nous voulsissions sur ce, pour le bien et paix de nous et de nostredit royaume et de cellui de nostredit frere bailler nostre consentement et la dicte paix et traittié avoir agréable et la faire tenir et garder par tous nosdiz subgiez : pourquoy savoir faisons que nous, qui de tout nostre cuer avons tousjours désiré et désirons nostredit frere vivre paisiblement et en bonne transquilité et afin qu'il puist plus aisiément subjuguer et destruire lesdiz Mores et Sarrazins et autres ennemis de la foy catholique, les choses dessusdictes considerées et eu sur ce grant et meure delibéracion de conseil avecques aucuns de nostre sang et lignage et autres de nostre grant conseil, avons, en tant qu'il nous peut touchier, consentu et consentons de nostre certaine science et plaine puissance par ces présentes aux accord et paix dont dessus est faicte mencion, ainsi traittiez et accordez entre nostredit frere le roy de Castelle pour lui et ses royaumes et subgiez dessusdiz et ledit roy de Portugal pour lui et sesdiz royaumes et subgiez, et yceulx accord et paix avons eu et avons agréables et les promettons tenir et garder par tous nosdiz subgiez sanz enfraindre, pourveu toutes voies que ladicte paix et accord ayent esté et soyent sanz préjudice des aliances et confédéracions que nous et nosdiz prédécesseurs avons eu et avons pour nous et nosdiz royaume et subgiez avecques nostre dit frere et sesdiz royaumes et subgiez, et ycelles aliances demourans tousjours en leur force et vertu. En tesmoing de ce, nous avons fait mettre nostre seel a ces présentes lettres. Donné a Paris, le xv° jour de juillet l'an de grace mil cccc et onze et de nostre regne le xxxi°.

(Sur le repli): Par le Roy en son conseil ouquel monseigneur le duc de Bar, le conte de Saint-Pol, vous, les évesques de Saint-Brieuc et de Tournay le maistre des arbalestriers, les seigneurs d'Omont, de Runancourt, de Louroy et de Florensac, messire Colart de Cailleville, messire Charles de Savoisi et plusieurs autres.
Dupplicata.

(Scellé sur double queue de parchemin.)

Archives Nat., J 604, n° 77.

56

Amboise, 1ᵉʳ septembre (1421).

Instructions pour messire Bertran de Goulart, chevalier et maistre Guillaume de Quiefville, envoiez de par monseigneur le régent dauphin devers le roy de Castille et de Léon.

Premierement ;
Apres la présentacion des lettres et les salutacions accoustumées, remercyeront de par mondit seigneur ledit roy de Castille de la bonne voulenté qu'il a tousjours euee et encores a a mondit seigneur le régent en luy priant que en icelle vueille continuer.

Item, communiqueront audit roy de Castille les choses survenues en ce royaume au prouffit de mondit seigneur, puis le retour des ambaxadeurs derrenierement envoyez devers luy.

Premierement, comme le duc de Bretaigne et son pais est determiné servir mondit seigneur le régent et de fait a envoyé son frere Richart devers mondit seigneur, acompaignié de grant nombre de chevaliers et d'escuiers et combien que le conte de Richemont autre frere dudit duc de Bretaigne soit venu audit pais pour cuidier avoir gens d'armes en faveur de l'adversaire d'Engleterre, touteffois il n'y a riens fait.

Item, luy diront l'espérance de la venue de nouveaulx Escoz.

Item, le retour dudit adversaire en France et comme il avoit entreprins faire moult de choses, a quoy il a failly et n'a pas tant grevé mondit seigneur, ne les siens comme il cuidoit, mais a perdu moult de ses gens et n'est pas venu a Vendosme ou estoient assemblez les gens de mondit seigneur, combien qu'il en fist la maniere, et en vint a cinq ou six lieues prez, dont il se retourna, sachant les gens de mondit seigneur l'atendre audit lieu et environ, et depuis print son chemin vers le pais par lui occupé en France.

Item, luy diront comme pour ses causes les gens de mondit seigneur assemblez audit lieu de Vendosme et environ, qui bonnement ne se povoient tenir ensemble pour les grans vivres et logis dont avoient besoing, ne sont pas demourez ensemble, mais se sont mis en plusers parties et sont les aucuns allez vers la Basse Normendie, les autres vers Gyen et selon la riviere de Loire, et les autres vers Angoumois pour asségier une plasse nommée Montberon.

Item, luy diront la destrousse du duc de Bourgoingne par noz gens qui sont de la Saine.

Item, ces choses declarées, requerront audit roy de Castille que en continuant son bon vouloir et propos, en acomplissant la responce par luy faicte a l'archevesque de Reims et ledit de Quiefdeville, il vueille envoier a l'aide et secours de mondit seigneur contre ledit adversaire d'Engleterre et ancien ennemi de France et de Castille, aucune notable armée par terre tout le plus tost que faire se pourra et a telle temps qu'elle puisse faire service et prouffit a mondit seigneur et au reboutement dudit adversaire, au grant honneur du roy de Castille.

Item, luy prieront que pour icelle conduire, il envoye les infans d'Arragon, ses cousins, ou au moins l'un, lequel mieulx luy plaira.

Item, et se ledit roy n'estoit conseillié d'envoier l'un des infans, luy requerront que pour conduire ladite armée, envoie aucun duc ou conte tel que bon luy semblera, et a part feront diligence qu'il envoye homme notable, chevallereux et de qui mondit seigneur se puisse servir.

Item, et appart requerront lesdits infans et chacun d'iceulx qu'ilz veuillent tenir la main a ce que ledit roy envoye la dite armée et que ilz prennent la charge de la conduire en leur remonstrant, se mestier est, honneur et prouffit que par ce pourroit avoir et acquérir.

Item, et se pour avoir ladite armée et pour le souldoiement de ceulx qui seront envoyez, on leur demandoit argent, prieront au dit roy qu'il vueille faire la premiere mise en les poiant de six moys ou aultre temps tel qu'ilz pourront obtenir et a ce l'induiront par toutes manieres qu'ilz sauront, en remonstrant les grans affaires mondit seigneur, et se mestier est ramenteneront *(sic)* les services et courtoisies plusieurs foiz faictes par les François aux Castillans et mesmement par le roy qui est a présent, come autrefois a esté fait.

Item, et se pour l'acomplissement desdites requestes et pour la seurté de recouvrer l'argent que ledit roy de Castille despendra pour le fait de la dite armée, on leur demandoit obligacion ou nom de mondit seigneur le régent, ilz la feront selon la teneur de leur povoir tel que ledit roy et son conseil en soient contens, et se mestier est, selon la forme et maniere que autresfois a esté faicte par messire Jehan d'Angennes, Bertran Campion et ledit de Quiefdeville, se d'icelle se veullent contenter.

Item, oultre et pardessus ces choses, requerront audit roy de Castille que il face signiffier a tous ses subjiez, alliez, voisins et ailleurs ou sera expedient, comme il est determiné aidier et secourir mondit seigneur le régent contre tous, par espécial contre le dit commun adversaire de France et de Castille, ses aidans et favorisans et fait et fera guerre au dessusdits, mande a ses vassaulx et subgiez que a icellui adversaire et a tous ses aidans et favorisans facent guerre et s'emploient par toutes voies et manieres a eulx possibles au recouvrement de son frere et alié le roy de France, détenu par ledit commun adversaire.

Item, et ou cas qu'il sera d'accord faire notiffier sadite déterminacion, sauront secretement a aucun du conseil dudit roy ceulx qui penseront vouloir le bien de mondit seigneur le régent, se il seroit le plaisir dudit roy envoier aucun clerc ou gentilhomme a aucunes citez, bonnes villes ou seigneuries de par deça pour notiffier sadite intencion.

Item, et se par le conseil de ceulx, trouvent que ledit roy y voulsist envoier, requerront que aucun y soit envoyé, feront diligence de son expédicion qu'il ait lettres contenans ladite déterminacion, soit bien instruit de parler se mestier est et nommeront les citez, villes et seigneries ainsy que dit leur a esté.

Item, et se ainsy estoit que icelles citez, villes ou seigneuries ne feissent pas response souffisant ou missent aucun trouble ou fissent aucun destourbier a mondit seigneur le régent, aidassent ou favorisassent ledit adversaire, prieront audit roy que de fait il envoye aucune armée contre lesdites citez, villes ou seigneuries desdits aidans ou favorisans, grande ou moienne selon que besoing en seroit, eussent commandement les cappitaines, gens d'armes et de trait et autres qui y seroient envoyez faire guerre aux dessus dits comme ilz feroient audit principal adversaire, sans les espargnier en aucune maniere.

Item, et se pour ce fault faire mise ou despense, prieront audit roy qu'il luy plaise la faire et en feront obligacion se requis en sont, telle que ledit roy en soit content et selon la teneur de leur povoir.

Item, et se on parloit ausdits ambaxadeurs du retour des gallées, ilz ne irriteront point les chevaliers et escuiers qui estoient en icelles, mais pourront bien dire que mondit seigneur le régent fut bien desplaisant de leur retour pour ce que ou temps qu'ilz retournerent, ilz luy povoient faire tres grant service, se ilz feussent allez es costes de Normendie, de Picardie ou d'Engleterre, ou n'en parleront plus avant.

Item, en toutes les choses dessus dites, leurs circonstances et despendances, lesdits ambaxadeurs adjousteront ou dimminueront selon ce qu'ilz verront estre affaire, pour le bien, honneur, prouffit de mondit seigneur le régent, au mieulx que faire le pourront, ainsy que mondit seigneur en a en eulx la fiance.

Item, et afin qu'il appere que ces instructions procedent de la voulenté et certaine science de mondit seigneur, il a escript cy son nom et fait plaquer son scel de segret.

Donné a Amboyse, le premier jour de septembre.

(Copie sur papier.)

Bibl. Nat., ms. lat. 6024, f° 12.

57

Montluçon, 28 mars 1426, n. st.

Instrucions pour l'evesque de Bésiers, le vicomte de Carmain et maistre Guillaume de Quiefdeville, conseillers du roy nostre sire, lesquelz sont ordonnez par ledit seigneur aler par devers le roy de Castille et de Léon, son frere et alié pour faire ce qui s'ensuit.

Premierement, présenteront les lettres du roy nostredit seigneur audit roy de Castille son frere et alié, le salueront comme il appartient et lui diront l'estat et bonne prosperité du roy et de la royne et de monseigneur le daulphin et des seigneurs de son sang, et aussi la grant voulenté que a le roy et la royne de oïr et savoir de la bonne prosperité et estat du roy de Castille, de la royne et leurs enffans et ceulx de leur sanc et lignage.

Item, et apres ce, se c'est le bon plaisir dudit roy, diront ce qui leur est encharge incontinent, et se il ne estoit a point, pourchasseront que ilz ayent audience le plus tost que faire se pourra.

Item, et en icelle audience, diront comme le roy a tant fait que monseigneur de Bretaigne et ses freres sont du tout unis et joings avec le roy, par le conseil et deliberacion des barons et gens des trois estas du pays de Bretaigne.

Item, et que aussi Charles, monseigneur de Bourbon est présentement devers le roy, prest de soy employer a tout ce que le roy lui vouldra commander, et aussi le conte de Foys acompaigné du seigneur de Labret, des contes de Cominge, de Strac et plusieurs autres grans et notables seigneurs.

Item, diront aussi que le roy est enclin a la paix d'entre lui et le duc de Bourgogne et que messeigneurs les ducs de Bretaigne et de Savoye s'i emploient, qui sont tres convenables moyens de la y mettre, attendu l'aliance qu'ilz ont au roy et audit duc de Bourgogne, et que tout le peuple tant d'un costé que d'autre est tres enclin a ce et aussi que mondit seigneur de Bourgogne est en guerre ouverte avec le duc de Glocestre et a destroussé en Hollande grant nombre d'Engloys.

Item, et apres ce, se il leur semble que mestier soit, excuseront le roy que plus tost n'a envoié devers ledit roy de Castille puis le trespas de son feu pere, que Dieu pardoint! et principalment pour les grans affaires qu'il a eus pour le fait des communs adversaires de France et de Castille, les Engloys, qui occupent grant partie de son royaume comme scet ledit roy de Castille.

Item, et que a present et le plus tost que faire se peut, le roy envoye devers ledit roy ses ambaxadeurs avec plain povoir de confermer, ratiffier et approuver ou faire de nouvel, se mestier est, les aliances d'entre lui et son dit frere et alié en la maniere que ont esté le temps passé entre leurs prédécesseurs.

Item, et pour ce que a présent n'ont peu recouvrer des lettres des aliances que fist le roy de France, que Dieu pardoint! avec le roy de Castille, requerront les avoir de par dela, et es aliances qu'ilz feront a present excepteront ceulx qui sont nommez et exceptez es dites lettres d'aliances, et quant aux lettres qu'ilz feront pour le royau-

roy de Castille, ilz les feront selon le contenu des derrenieres aliances que fist le roy, que Dieu pardoint ! avecques le roy de Castille qui est a présent, dont ilz ont la coppie ou en autre forme, ainsi qu'il sera advisé.

Item, et se mestier est, promettront que le roy ratiffiera et approuvera tout ce que par lesdits ambaxadeurs sera passé et acordé et en vauldra ses lettres toutes foiz que requis en sera.

Item, et apres ce, diront la grant voulenté que le roy a de soy emploier ceste saison nouvelle au recouvrement de sa seigneurie et reboutement desdits communs adversaires, a l'aide des dessus nommez et de ses autres amis et aliez, entre lesquelx le roy de Castille est le premier et le plus principal.

Item, et pour ce et affin que il soit participant a l'onneur que auront ceulx qui lui aideront a rebouter les diz ennemis, le requerront que ceste saison il lui vueille aidier de II^M hommes d'armes bien montez et armez, et en icellui nombre de gens d'armes ait deux ou trois cens hommes a la genete, se il semble audit roy expédient que ainsi se face.

Item, et se présentement n'en povoit avoir si grant nombre, requerront que a tout le moins ledit roy en vueille envoier v ou VI^C et feront toute dilligence possible qu'ilz viengnent le plus tost que faire se pourra.

Item, requerront qu'il plaise audit roy de Castille soubdoyer *(sic)* iceulx hommes d'armes pour six mois entiers.

Item, et traicteront avec ceulx qu'il appartendra du jour que commencera ledit paiement et combien de temps l'on comptera pour leur venue jusques devers le roy.

Item, requerront audit roy de Castille que a l'année prouchaine venue, il lui plaise aidier a sondit frere le roy au reboutement des diz adversaires par toutes les voyes et manieres qu'il lui semblera estre expédient.

Item, et se il ne se determinoit a aucune aide particuliere, tendront affin que ledit roy envoye III^M ou au moins II^M hommes d'armes, lesquelz feussent prestz de partir de si bonne heure qu'ilz peussent estre par deça en la fin d'avril IIII^C XXVII au plus tart, pour tout le moys de may ensuivant.

Item, et que il plaise audit roy de Castille les soubdoyer pour VI moys entiers, comme dit est devant.

Item, et se il sembloit au dit roy de Castille qu'il deust faire aide par mer et se c'estoit son bon plaisir de les soubdoyer pareillement, ilz en seroient d'accord.

Item, et pour ce, auront lesdiz ambaxadeurs povoir de obliger le roy a rendre et restituer les sommes de deniers emploiées audit secours ou armées tant pour ceste présente année que pour celle advenir, et aussi celles qui se feront par mer, selon ce que advisé sera par ledit roy de Castille ou ses commis ad ce et lesdiz ambaxadeurs.

Item, et sera le roy content que on face obligacion telle que autrefoiz fu faite pour l'aide des gallées ou autre tout au bon plaisir dudit roy et ceulx que il commettra ad ce.

Item, et que en tous et chascuns les articles dessus escrips, lesdiz ambaxadeurs pourront adjouster, croistre ou diminuer selon ce qu'ilz verront estre a faire pour le bien, prouffit et honneur du roy, et ad ce se attent du tout et remet a leurs discrécions.

Item, et affin qu'il appere que ces présentes instructions procedent de la certaine science et voulenté du roy, il les a signées de sa main et fait seeller de son seel de secret.

Fait a Monlusson, le xxviiie jour de mars, l'an mil cccc vint et cincq avant Pasques.

Charles.   (Locus sigilli.)   Bude M.

Bibl. Nat., ms. lat. 6024, f° 18.

58

Lettre de Charles VII à D. Fadrique, duc d'Arjona.

Montluçon, 28 mars 1426.

Charles par la grace de Dieu, roy de France. A nostre tres chier et amé cousin dom Fadrique duc d'Argonne, salut et dilection. Nous envoyons présentement par devers nostre tres chier et tres amé frere et alié le roy de Castille noz amez et féaulx conseillers l'evesque de Bésiers, le vicomte de Carmain et maistre Guillaume de Quiefdeville pour aucunes choses touchans le bien et honneur de nous et de nostredit frere et de noz royaumes et seigneuries, ausquelz noz conseillers avons chargé vous dire aucunes choses de par nous. Si vous prions que a iceulx vueillez aidier en tout ce qu'ilz auront a faire devers nostredit frere et alié et les croirre en ce qu'ilz vous diront de nostre part.

Donné a Mont Lusson, le xxviii° jours de mars.

   CHARLES.   Bude M.
(Lettre close sur parchemin.)
         Bibl. Nat., ms. lat. 6024, f° 21.

           Loches, 28 juin 1428.
    59

Instructions pour l'évesque de Tuelle et maistre Guillaume de Quiefdeville, conseillers du roy, envoyez présentement de par ledit seigneur devers le roy de Castille et de Léon, son frere et alié.

 Premierement, apres la présentacion de leurs lettres, saluz, recommandacions acoustumées et significacion de l'estat du roy, de la royne, de monseigneur le daulphin et ceulx de leur sang et lignage avec toutes les bonnes paroles qui en telle matiere affierent et appartiennent, diront que ja pieça le roy ordona aler par devers le dit roy de Castille son frere et alié ses messages et ambaxadeurs l'évesque de Bésiers, le viconte de Carmain et ledit de Quiefdeville, lesquelx évesque et viconte n'y pourent aler pour maladie qui leur survint sur le chemin, mais demourerent a Montpellier ou estoient lors le conte de Foix, l'évesque de Laon et plusieurs des conseillers du roy a l'assemblée qui lors se faisoit audit lieu de Montpellier des trois estaz de Languedoc, lesquelz conte de Foix et autres du conseil ordonnerent que ledit Quiefdeville yroit par dela pour excuser lesdiz évesque de Bésiers et viconte et pour signiffier au dit roy de Castille les causes pourquoy sondit frere le roy les envoioit par dela, lequel de Quiefdeville, arrivé devers ledit roy de Castille, dist en effet les chouses qui s'ensuivent et fist plusieurs requestes.

 C'est assavoir qu'il pleust au dit roy de Castille avoir pour excusez lesdiz évesque et viconte pour les causes dessusdites.

 Item, dist que lesdiz ambaxadeurs avoient charge entre autres choses de dire audit roy de Castille que combien que es aliances pieça faites entre le roy de France, que Dieu pardoint! et ledit roy de Castille feussent et soient comprins les roys de France et de Castille qui sont a présent, néantmoins vouloit bien et désiroit le roy de sa part, icelles aliances estre renouvellées et confermées ou faites de nouvel en tant que besoing est et donner ses lettres selon la forme et teneur que ledit roy son pere les donna audit roy de Castille, et de ce faire avoient povoir lesdiz messages, troiz ou deux d'iceulx, et pour l'empeschement desdiz évesque et viconte ne povoit estre procédé plus avant, maiz toutesfoiz certiffia ledit de Quiefdeville ledit roy de Castille que toutes et quantesfoiz qu'il lui plairoit renouveler ou conferer lesdites aliances, le roy aussi en seroit content et le feroit de sa part.

Item, apres ce, il declara audit roy de Castille la nécessité en quoy estoit lors le roy par le fait des Engloiz qui occuppoient et encores occuppent grant partie de sa seigneurie.

Item, declara aussi la grant charge que avoit le roy ou soustenement des gens d'armes et de trait qu'il a tousjours soubdoiez puis que lesdiz Englois descendirent en France.

Item, requist au dit roy de Castille donner au roy sondit frere aide et secours, tant de navire que de gens d'armes et de trait, et en espécial requist qu'il lui pleust envoyer au secours de sondit frere deux ou troiz mil hommes d'armes par terre ou autre nombre compétent, tel comme il lui plairoit et que ceulx qu'il lui plairoit y envoier paiast et stipendiast pour aucun temps, tel comme il seroit advisé par les conseillers dudit roy de Castille et ledit de Quiefdeville, en prenant toutesfoiz obligacion que le roy de France rendroit et restitueroit audit roy de Castille dedens certain temps qui seroit advisé, l'argent qu'il avoit despendu pour le payement des gens qu'il envoyeroit.

Ausquelles requestes ainsi faites par ledit de Quiefdeville, fu respondu par les docteurs Pierre Jehan et Diego Rodrigues et premierement que le roy de Castille avoit agréable l'excusacion desdiz évesque et viconte. Item, quant au fait du secours demandé par ledit de Quiefdeville, fu respondu que le roy de Castille aideroit et secourroit voulentiers le roy de France, non pas seulement du secours qu'il demandoit mais de plus grant, se faire le povoit, aussi voulentiers comme a son propre frere charnel, considérées les bonnes œuvres et services que les roys de France ont faiz aux roys de Castille; toutesfoiz, veu les manieres estans en Castille et les divisions passées lesquelles ne sont pas encores de touz poins passifiées et aussi que le roy de Castille a levé grant argent sur son peuple pour cause desdites divisions, il ne vouldroit pas asseurer son frere le roy de France de lui faire secours, sinon selon la teneur des aliances, c'est assavoir a ses dépens, mais s'il plaisoit a Dieu que la division fut cessée et eust bon accort entr'eulx, ledit roy de Castille feroit son loyal povoir de secourir sondit frere le roy de France.

Item, diront lesdiz évesque et Quiefdeville que icellui de Quiefdeville, retourné devers le roy, il fit son rapport des choses dessus dites et que le roy fu bien joieulx de savoir du bon estat et prosperité de sondit frere, de la royne et de leur filz et du bon vouloir qu'il lui faisoit savoir de lui aidier et secourir contre ses ennemis en la forme et maniere que lui a rapporté ledit de Quiefdeville, de toutes lesquelles choses le remercieront lesdiz évesque et Quiefdeville de par le roy moult chierement o toutes les bonnes paroles en tel cas acoustumées, en lui signiffiant le bon vouloir que a le roy de lui faire pareil et mutuel service toutes foiz que par lui ou les siens en sera requis, quant il plaira a Dieu qu'il soit deschargé de la guerre qu'il a a soustenir de présent.

Item, diront lesdiz messages que le roy a eu délibéracion o son conseil sur les rapport et choses dessusdites, pourquoy il renvoye présentement lesdiz ambaxadeurs devers sondit frere pour le continuel désir qu'il a de savoir du bon estat de son dit frere et bonne prosperité de ses affaires et aussi pour la bonne voulenté qu'il a d'entretenir les dites aliances anciennes d'entre leurs prédécesseurs et mesurément faites par le roy, que Dieu pardoint! avec le roy de Castille qui est a présent et icelles conserver ou faire de nouvel se mestier est, garnis de povoir a ce convenable.

Item, et pour ce que la coppie desdites lettres d'aliance faites par le roy, que Dieu pardoint! demourerent a Paris et ne les a l'en peu avoir ne recouvrer par deça, en requerront avoir la coppie de par dela, et selon la teneur d'icelles feront et procéderont a confermer ou faire tout de nouvel lesdites aliances.

Item, et se c'estoit le plaisir dudit roy de Castille ainsi le faire de sa part, c'est assavoir de confermer ou faire de nouvel lesdites aliances, iceulx ambax[ad]eurs en feront lettres par vertu de leur povoir, telles que autresfoiz furent faites par le roy, que Dieu pardoint! ou telles autres qu'il appartendra.

Item, et ce fait, requerront par vertu desdites aliances que le dit roy de Castille face publier la guerre contre les Angloiz, leurs aliez et adhérens en son royaume par touz les lieux ou il appartendra et selon la forme et teneur desdites aliances aussi contre touz les rebelles et désobéissans au roy de quelque condicion qu'ilz soient.

Item, et apres ce, communiqueront audit roy de Castille les autres affaires du roy et feront savoir les choses survenues en ce royaume depuis le retour dudit de Quiefdeville par deça.

Et premierement comme lesdiz Anglois ont tousjours continué puis le retour dudit de Quiefdeville a porter et faire guerre et touz les dommages qu'ilz ont peu au roy et sa seigneurie.

Item, et comme en continuant leurs diz maulx se assemblerent environ le mois de juillet derrein passé et vindrent devant une notable ville nommée Montargiz et la mistrent le siege a grant nombre de gens d'armes et de trait, desquelx estoient chiefz les contes de Vavrric et de Suffort et le sire de la Poulle.

Item, et comme pour secourir ladite ville, le roy fist assembler les gens de ses garnisons et autres estans a son service, desquelz bailla la charge a messire Guillaume de Lebret, le bastart d'Orliens et au sire de Graville, maistre des arbalestriers de France, lesquelx en bonne ordonnance vindrent férir sur ledit siege et par la grace de Dieu desconfirent lesdiz Angloys et en y ot mors et prins jusques au nombre de mil et v^c ou environ et les autres s'en alerent et mirent en fuyte.

Item, et comme depuis les gens d'armes des garnisons estans sur les frontieres ont prins et remis en l'obéissance du roy plusieurs villes et forteresses.

Item, et comme aussi depuis le retour dudit de Quiefdeville, le duc de Bretaigne a esté devers le roy et fait plusieurs promesses et seremens de le servir envers tous et contre tous comme bon parent, vassal et subjet doit faire.

Item, et ce nonobstant, par le moien et pourchaz d'aucuns qui sont environ ledit duc et pardonner a entendre choses qui au plaisir Dieu n'avendront ja, ledit duc s'est substrait de l'obéissance du roy et a fait le serment aux Engloys et contraint plusieurs des nobles et autres du dit duchié a pareillement faire ledit serment, toutesfoiz n'a il esté en son povoir de le faire faire a plusieurs grans seigneurs dudit pays, mais en ce luy ont desobey pour garder leur loyaulté, en espécial la dame et enffans de Laval, le seigneur de Rez, le vicomte Rohan et l'évesque de Saint-Malo.

Item, et que a l'occasion de la désobeyssance que a faite ledit duc, le roy a eu et encores a grandement a faire contre sesdiz adversaires qui apres ladite desconfiture faite a Montargiz estoient tres fort aflebis *(sic)* et avoient tres petite puissance et tant que se n'eust esté la désobeissance dudit duc, il est vraysemblable que le roy eust a présent recouvert grant partie de sa seigneurie occuppée par lesdiz Angloys.

Item, et que ce nonobstant, le roy a entencion au plaisir de Dieu, a la bonne aide de sondit frere et autres aliez rebouter lesdiz Engloys et remettre en son obéissance ses vassaulx et subgiez.

Item, et pour ce faire, requerront audit roy de Castille qu'il lui plaise donner conseil, conffort et aide a sondit frere le roy, par toutes les voyes et manieres qu'il lui semblera estre a faire.

Item, et oultre lui requerront que pour rebouter lesdiz ennemis et aussi pour réduire et remettre en l'obéissance du roy touz ses vassaulx et subgiez, il plaise audit roy de Castille envoier par deça aucune armée par terre telle que bon lui semblera et se pour ceste présente année n'y povoit envoyer, que il lui plaise a la saison nouvelle en envoyer jusques au nombre de II a III^M des nobles de son pays et aussi arbalestriers et pavoisiez jusques au nombre de v a vi^M ou tel autre nombre qu'ilz pourront obtenir.

Item, et qu'il plaise audit roy de Castille soubdoier ceulx qu'il envoyera par deça pour vi moys ou autre tel temps qu'ilz pourront obtenir.

Item, et se mestier est, obligeront le roy par vertu de leur povoir de rendre et restituer au dit roy de Castille ou a son certain commandement tout ce qu'il despendra a cause de ladite armée et en feront obligacion ainsi que autrefoiz fu faite audit roy de Castille pour la venue des XL navires et galées qui furent envoyez par deça par ledit roy de Castille.

Item, en toutes et chacunes les choses dessusdites, les diz évesque et Quiefdeville adjousteront ou diminueront selon ce qu'ilz verront estre a faire pour le bien, honneur et prouffit du roy et de sa seigneurie.

Item, et affin qu'il appere que les choses dessusdites procedent de la voulenté du roy, il a signé ces présentes instructions de sa main et fait seeller de son seel de secret.

Donné a Loches, le xxviiie jour de juing l'an de grace mil CCCXXVIII.

CHARLES.   (Locus sigilli.)   N. Fresnoy N.
Bibl. Nat., ms. lat. 6024, f° 26.

60

Loches, 28 juin 1428.

Le roy a ordonné l'évesque de Tuelle et maistre Guillaume de Quiefdeville, ses conseillers, aler devers le roy de Castille son frere et alié pour lui requerir aide et secours, comme appert par les instructions a eulx baillées de par ledit seigneur. Et pource que le duc de Bretaigne s'est substrait de l'obéissance dudit seigneur et a fait le serement aux Anglois, le roy veult et commande ausdiz évesque et Quiefdeville que par vertu de leur créance, ilz requierent audit roy de Castille qu'il lui plaise le plus tost que faire se pourra faire mettre sus aucuns navires d'armée et jusques au nombre de xl ou l, se tant en puet obtenir pour faire et porter guerre audit duc de Bretaigne et ses subgez jusques a ce qu'il soit réduit et remis en l'obéissance dudit seigneur et qu'il plaise audit roy de Castille faire la despence qui sera necessaire pour ledit navire.

Item, et qui demanderoit ausdiz évesque et Quiefdeville se le roy s'est mis en guerre contre ledit duc et se icelle guerre a fait publier en son royaume, respondront que non, pour doubte que aucuns dudit duchié, bienvueillans du roy qui n'ont pas volu faire le serement a la requeste dudit duc, ne se meissent en defendant contre le roy.

Item, et semble que se c'est le plaisir dudit roy de Castille envoyer aucune armée devant Bretaigne avec ung homme de bien, qu'il pourra estre cause de rendre ledit duc avec toute sa duchié en l'obéissance du roy pour doubte qu'il aura que le roy de Castille ne lui face guerre.

Item, et se on [demande] ausdiz évesque et Quiefdeville se le plaisir du roy seroit que ledit roy de Castille envoyast devers ledit duc ambaxade, respondront que non, synon quant ladite armée yroit devant Bretaigne.

Item, et s'il estoit besoing bailler aucuns vivres jusques a cent tonneaulx de vin, ii^c de blé, lesdiz évesque et Quiefdeville le feront savoir hastivement a La Rochelle et le roy en fera hastivement faire diligence.

Item, et se mestier est, lesdiz évesque et Quiefdeville feront obligation par vertu de leur povoir que le roy restituera audit roy de Castille tout ce qu'il aura despendu a cause de ladite armée.

Item, requerront lesdiz évesque et Quiefdeville audit roy de Castille qu'il ne face aucun traictié, convenance, aliance, treves, abstinence ou souffrance avec ledit duc de Bretaigne sans le sceu du roy, et que si aucuns en a fait, il les casse et adnulle du tout par vertu des aliances anciennes des deux royaulmes de France et de Castille, et de ce certiffieront le roy.

Item, et si ledit roy de Castille demandoit ausdiz évesque et Quiefdeville se seroit le plaisir du roy qu'il feist en son pays crier et publier la guerre contre ledit duc de Bretaigne, respondront lesdiz évesque et Quiefdeville que bien seroit a la voulenté du roy s'il plaisoit audit roy de Castille que la guerre se feist sans publication pour la cause que dessus, et sy autrement ledit roy de Castille ne vouloit faire ladite guerre, diront que le roy vouldroit que en ladite publicacion de guerre feussent exceptez lesdiz seigneurs et nobles dudit pais de Bretaigne qui n'ont voulu faire le serement aux Angloys avecques ledit duc de Bretaigne.

Item, et se mestier est, lesdiz évesque et Quiefdeville adjousteront ou diminueront a ce que dit est dessus, ainsi qu'ilz verront estre a faire pour le bien du roy.

Item, et affin qu'il appere que les choses dessusdites procedent de la voulenté du roy, il a signé ces présentes instructions de sa main et fait seeller de son seel de secret.

Donné a Loches, le xxviii° jour de juing l'an mil cccc xxviii.

CHARLES.   (Locus sigilli.)   N. Fresnoy N.

Bibl. Nat., ms. lat. 6024, f° 28.

61

Jean II charge Juan Carrillo, archidiacre de Cuenca de porter le traité dernièrement signé à Charles VII et il lui confie en outre une mission spéciale.

Madrid, 31 janvier 1435.

. . . .

Ideo ad plenum confidentes de fidelitate, circumspectione et diligentia dilecti et fidelis nostri Johannis Carrillo, archidiaconi ecclesie Conchensis, nostrarum exhibitoris presentium litterarum, ipsum quem destinamus ad prefatum fratrem, consanguineum et confederatum nostrum Francorum regem, ex nostra certa scientia et matura consilii deliberatione, stabilivimus, constituimus, fecimus et ordinavimus stabilimusque, constituimus, facimus et ordinamus per presentes procuratorem et nuntium, dantes eidem plenam, generalem et liberam potestatem, facultatem, auctoritatem et mandatum speciale, predictas nostras litteras dictarum ligarum, amicitiarum confederationumque confirmationis et approbationis prefato Francorum regi fratri nostro karissimo, nomine et vice nostris intimare, presentare et notificare similesque seu conformes litteras ac ejusdem virtutis et efficacie juramentum, obligationes et stipulationes, confirmationes, approbationes predictarum ligarum, pactionum, amicitiarum, compositionum, conventionum, tractatuum, promissionum confederationumque continentes, a predicto fratre nostro Francorum rege et a suis quorum intererit requirendi, petendi, exigendi solemniter stipulandi ac recipiendi, habendi, acceptandi nostrasque supradictas sibi tradendi ac reintegrandi, insuper prefatum regem karissimum fratrem nostrum vice et nomine nostri requirendi ut in ipso et in ejus personam guerram que est inter nos et reges Aragonum et Navarre tanquam propriam suam recipiat et ut caput guerre in regno, patriis, dominiis suis tanquam suam propriam adversus et contra predictos reges Aragonum et Navarre eorumque regna et sequaces ac complices, in locis publicis suorum regnorum atque ditionum cum sono tube ac aliis modis debitis preconizari ac publicari faciat, statimque post beati Jacobi festum primo venturum, in quo treuge facte inter nos et predictos reges Aragonum et Navarre cessabunt sive adimplebuntur, ipsam executioni mandari faciat eumque circa hec omnia et eorum qualibet requirere et contra ipsum protestari et insuper ad omnia alia et singula exercendi, gerendi, disponendi, faciendi et expediendi, requirendi et protestandi que in premissis et circa ea fuerint necessaria seu etiam opportuna et que nos faceremus, requireremus, disponeremus et protestaremur, seu facere et disponere ac requirere et protestari possemus, si presentes et personaliter interessemus, etiam si talia essent que mandatum specialius exigerent, promittentes cum bona fide et in verbo regio ac sub obligatione omnium bonorum nostrorum quorumcumque, pro nobis heredibusque, successoribus et causam habituris, ac regnis, subditis, amicis et benivolis nostris, nobis adherentibus et adhesuris, nos gratum, firmum et stabile habere et perpetuo habituros quidquid per dictum nuntium ac procuratorem nostrum fuerit factum, actum, dictum, gestum, requisitum, acceptatum, stipulatum, procuratum, conclusum, dispositumve fuerit in premissis et eorum quolibet vel circa ea, una vice aut iteratis et diversis, eaque omnia et singula irrefragabiliter observaturos, tenturos et expleturos. In quorum omnium testimonium, presentes nostras litteras per notarium et secretarium nostrum infrascriptum fieri et publicari mandavimus ac nominis sigillique regii majori nostri plumbei munimine roborari, consiliariis nostris, videlicet nobili ac fideli nostro Alvaro de Luna, nostri comitestabulario Castelle ac sancti Stephani comite reverendisque in Christo patribus Johanne archiepiscopo Ispalensi, ecclesie Toletane electo confirmato, ac Petro episcopo Exomensi, avunculo et nobilibus Roderico Alfonsi Pimentel, comite de Benavento ac Garcia (?) Manrrique, comite de Castañeda, Petro Manrrique, preside majori regni nostri Legionis, Petro Niño, comite de Buelna, Petro Alvari de Osorio, custodi majori nostri corporis, Petro Manuel, avunculo, Roderico Didaci de Mendoça, majordomo, Ferrando Luppi de Saldaña, majori nostro rationario, doctore Petro Johannis et pluribus aliis presentibus, ad hoc specialiter vocatis et rogatis.

Datum in opido nostro de Majorito, anno a nativitate Domini millesimo quadringentesimo tricesimo quinto, more yspanico et regnorum nostrorum vicesimo nono, die vero ultima januarii.

Yo el Rey.

(Scellé de plomb sur lacs de soie.)

Archives Nat., J 604, n° 80.

62

Réponse de Charles VII à l'archidiacre de Cuenca

(1435.)

Pour advertir l'arcedyacre de Conche, ambassadeur du roy d'Espaigne sur aucunes requestes, sommacions et protestacions qui lui sont enchargées de par ledit seigneur estre faites au roy a cause des alyances qui sont entre lesdits .II. roys et leurs royaumes.

Primo, doit préssuposer ledit arcedyacre que le roy ayme le roy d'Espaigne et ses seignuries devant touz autres roys et que le roy veult entretenir de tout son povoir et en tant qui lui est possible, en toute honnesteté, lesdites amyttiez et allyances.

Item, doit préssuposer ledit arcedyacre les grans guerres et divisions qui sont et ont esté en ce royaume passé à l'espace de xxx ans continuellement, par lesquelles guerres, le roy et le royaume ont esté et sont fort opprimez par les parties adverses qui sont grans et puissans comme par le roy d'Engleterre et principalment par le duc de Bourgongne qui lui a fait et fait guerre avec ledit roy d'Engleterre et par divers moyens lui a séduit et miz hors de son obéyssance plusieurs citez, villes, forteresses, chasteaulx, gens d'eglise, nobles et autres et icelles citez, villes et forteresses, partie appliquié a son profit et l'autre partie mise en la puissance des Anglais.

Item, que par le moyen dudit duc de Bourgongne, lesdites villes ainsi mises en la puissance des Anglaiz, lesdits Anglaiz ont levé et lievent grans finances du royaume, de laquelle ilz ont soustenu et soustiennent leur guerre contre le roy et se aident en leur guerre des nobles et autres que ledit duc de Bourgongne a miz en leur puissance, et dont les finances du roy sont moult appetitiées et sa puissance diminuée, et lui a convenu et convient soustenir sa guerre du résidu de la seigneurie de son royaume qui est demouré en son obéyssance.

Item que la guerre a esté et est si grande que elle est partout son pays de Languedoyl et son Dalphiné et ne lui est demouré pays ou la dite guerre ne soit, excepté son pays de Languedoc, lequel pays lui a convenu conquester tant par amour que par force, parce que ledit duc de Bourgongne par sédicion l'avoit appliquié à son proufit. Et encores est partie dudit pays de Languedoc en guerre contre les Angloys de Bordeloys.

Item, que la mercy Nostre Seigneur, le roy d'Espaigne tient touz ses pays et seignuries sanz guerre, paisiblement et est puissant tant de gent que de finance pour résister soit au roy d'Arragon, a Navarre et a autres qui lui veuldreient faire guerre; par quoy semble que a présent, attendu les extremes nécessitez que a le roy, il se peut bien déporter de sommer ni réquerir le roy, de deffier le roy d'Arragon et le roy de Navarre et a iceulx faire guerre, laquelle chose, se faire le convenoit, seroit mettre le roy en adventure de la totale perdicion de son royaume.

Item, doit considérer ledit arcedyacre que ja longtemps a le roy d'Espaigne n'a fait guerre au roys d'Arragon ne de Navarre, maiz ont esté et sont en treves et doit on avoir ferme espérance que icelles treves seront alongées, veu mesmement que le roy d'Arragon est absent de son royaume, par quoy semble véritablement qu'il n'a voulenté de faire guerre au roy d'Espaigne.

Item, s'il convenoit au roy faire icelles déffyances, il convendroit que icelles feussent de peu de proufit au roy d'Espaigne et moult nuysans au roy, car le roy est contraint de soy aidier des nobles et des finances de son pays de Languedoc a l'encontre des Angloys et Bourguignons et ne s'en peut passer; ainsi peut veoir ledit arcedyacre que lesdites déffyance[s] seroient au grant dommage du roy et a peu de profit au roy d'Espaigne.

Item, les choses dessusdites et autres bien considérées, le roy prie et requiert au roy d'Espaigne que a présent il veille bien considérer la vraye amour que le roy et ses prédécesseurs ont eu aux roys d'Espaigne et celle que le roy a au roy d'Espaigne qui a présent est, auquel en nulle maniere il ne vouldroit faillir de secours et aide a lui possibles, selon le contenu des alyances et mieulx, se le temps le donnoit. Et que, attenduz les grans affaires du roy et l'estat du royaume et aussy qu'il n'est pas grant apparence qu'il y doie avoir guerre avec les roys d'Arragon et de Navarre, qu'il se veille déporter de faire lesdites requestes, sommacions et protestacions.

Item, a le roy ferme espérance que le roy d'Espaigne, bien informé des affaires et néccessitez du roy, il sera content a présent de soy depporter desdites déffyances, et prie le roy audit arcedyacre, lequel peut veoir par expérience les affaires du roy dessusdites estre véritables, que se veille depporter de faire lesdites requestes, sommacions et protestacions, et le roy escripra au roy d'Espaigne du bon devoir que ledit arcedyacre a fait de toute son ambaxade.

Bibl. Nat., ms. lat. 6024, f°s 32 et 33.

63

Demandes adressées par les ambassadeurs français à Jean II.

(1450.)

Secuntur requeste facte per ambaxiotores regis Francie regi Yspanie.

Primo, quod dictus rex Yspanie sit contentus et habeat acceptabilem guerram quam rex Francie fecit Anglicis, suis antiquis inimicis, in recuperando et reducendo ad suam obedienciam ducatum Normanie sibi pertinentem et alias partes sui regni occupatas ab ipsis Anglicis dicto regi Francie pertinentes, et eciam de guerra quam intendit facere dictis Anglicis in recuperando ducatum Aquitanie et alias partes regni Francie occupatas ab ipsis Anglicis et dicto regi Francie pertinentes, et de hoc dare litteram dictis ambaxiatoribus, sigillatam suo magno sigillo et signatam signo relatoris sui.

Requirunt eciam dicti ambaxiatores quod in tenendo et observando antiquas confederaciones et amicicias que a longo tempore retroacto fuerunt observate inter reges Francie et Yspanie et quod rex Francie reputat factum regis Yspanie proprium suum factum, ita confidit rex Francie quod rex Yspanie ita faciat de sua parte. Placeat dicto regi Yspanie precipere suis subditis ut noceant et guerram faciant per mare et per terram et omnibus aliis viis eis possbilibus Anglicis, antiquis inimicis amborum regum Francie et Yspanie, et quod hoc faciat notificare in toto suo regno et in tota costa maris sui regni et alibi ubi pertinebit, et quod ex toto posse suo et cum effectu ipse velit se exponere, sicut rex Francie in hoc habet perfectam fiduciam et sicut dictus rex Yspanie vellet quod rex Francie faceret pro eo in pari casu.

Requirunt eciam dicti ambaxiatores quod sicut reges Francie predecessores sua liberalitate spontanea, voluntate, gracia speciali et auctoritate regia, ad requestam regis Yspanie tunc existentis, concesserunt quod omnes mercatores Yspanie essent quiti et inmunes ab omnibus pedagiis et subvencionibus in toto regno Francie, ita eciam requirunt dictum regem Yspanie ut pariter mercatores regni Francie sint quiti et inmunes in regno Yspanie de omnibus mercaturis quas adducent in dicto regno Yspanie.

Requirunt eciam dicti ambaxiatores ex parte dicti regis Francie quod, cum quedam guerra voluntaria inita fuit inter Yspanos et Almanos, occasione cujus guerre Almani non audent venire ad partes regni Francie portare aliquas mercaturas, dubitantes ut Yspani eos invadant, quod est in magnum prejudicium et dampnum regis Francie et subditorum suorum, placeat dicto domino regi Yspanie, contemplacione dicti regis Francie hoc requirentis, ut Almani possint secure venire et redire in villa Rupelle et omnibus aliis locis regni Francie vendere suas mercaturas et in navibus eorum reportare vina et alias mercaturas sicut et alii aliarum nacionum venientes in dicta villa Rupelle et alibi in dicto regno Francie faciunt, et sicut faciebant dicti Almani antequam guerra inita esset inter ipsos Yspanos et Almanos, et quod precipiat omnibus suis subditis sub magnis penis ne impediant, dampnum faciant nec permittant dampnum facere dictis Almanis nec in corpore, bonis, mercaturis et navigiis eorum, nec eundo, redeundo nec moram faciendo in dicta villa Rupelle et aliis portis *(sic)* maris regni Francie.

Requirunt eciam dicti ambaxiatores ex parte dicti regis Francie quod cum aliqui mercatores ville Rothomagensis sub confidencia treugarum, pro tunc existencium inter reges Francie et Anglie, ipsi venerunt in insula de Brouaige ad emendum sal et portandum in suo navigio, et ipsis existentibus in portu maris illius insule, supervenerunt aliqui de villa de Vermieu in uno navigio armato et erant ibi septuaginta vel octuaginta homines armati qui acceperunt dictam navim et omnia bona infra existencia et eis fecerunt dampnum tam in navigio quam in omnibus bonis in dicto navigio exsitentibus, usque ad sumnam duorum millium scutorum auri : placeat dicto domino regi Yspanie, considerato quod dicti mercatores erant ibi sub confidencia treugarum, quod erant in portu maris illius insule infra consuetudines et franchisias dicti regis Francie et in securitate officiariorum dicti regis, dare dictis mercatoribus talem provisionem contra illos ville de Vermieu qui acceperunt navigium eorum quod possint recuperare dampna eorum vel alias eis providere taliter quod ipsi mercatores sint contenti, et facere in ista materia sicut dictus dominus rex Yspanie vellet quod rex Francie faceret pro eo in pari casu.

Requirunt eciam dicti ambaxiatores, quia venit ad noticiam regis Francie de novo quod Anglici continue se tenent super mare et quod ibi faciunt multa mala mercatoribus regni Francie et Yspanie et eciam Britanie; ideo requirunt dicto domino regi Yspanie ut certum numerum navigiorum habeat tenere super mare, vel septem vel octo navigia armata, et rex de sua parte pariter tenebit parem numerum et pariter dux Britanie, ut mare possit esse securum et quod mercatores possint ire et redire secure per mare. Et super hoc eciam, placeat dicto domino regi Yspanie advisare et responsionem eis facere, ut possint nunciare dicto regi Francie ut dictus dominus rex Francie se preparet.

Requirunt eciam dicti ambaxiatores ex parte dicti regis Francie regi Yspanie, ut habeat sex galeas promptas et paratas, ut si dictus rex Francie habeat agere, possit se adjuvare.

Bibl. Nat., ms. lat. 6024, f°s 61 et 62.

64

Réponses faites au nom de Jean II aux ambassadeurs français.

(1450.)

S'ensuit la response que le roy d'Espagne fait a la préposicion *(sic)* des ambaxeurs du roy de France, son tres chier et tres amé frere et alyé.

Quant est au premier article, respond le roy qu'il est tres joyeulx et a eu grant plaisir de oir et estre acertenné de la bonne victoire et conqueste que, par la grace Dieu, ledit roy de France son frere et alyé a eu contre les Anglois pour avoir recouvrée sa duchié de Normendie et qu'il aura plus grant joye quant il saura que de tous poins il aura recouverte sa duchié de Guienne, et croit bien que sondit frere et alyé, comme catholique prince, en la guerre qu'il dit avoir faite et entend faire ausdiz Anglois, qu'il l'a faite ainsi qu'il appartient au service de Dieu et en gardant sa conscience, et ce qu'il a fait, il a fait justement et deuement. Mais, a ce que touche l'acceptation que lesdiz ambaxeurs demandent que le roy face par ses lettres patentes ayant pour bonne et acceptable ladite guerre que ledit roy de France a faicte et entend faire ausdiz Anglois, il ne se tienne par les traictiez de la paix confermez entre lesdiz roys que eulx ne nul d'eulx soient tenuz ne obligiez a faire telle acceptation, ne donner pour ce leurs lettres, comme a présent demandent et requierent iceulx ambaxeurs, ne fut demandée, ne faicte, ne acoustumée de demander jusques icy; pour ce, cecy seroit chose nouvelle et n'est neccessaire de ce demander ne faire, puis qu'il est contenu es diz traictiez que chacun des roys doit avoir la guerre l'un de l'autre comme sienne propre, ainsi que le roy a eu et a pour propre la guerre de sondit frere contre lesdiz Anglois, selon qu'il est a tous notoire et l'expérience l'a ainsi monstré et le monstre.

Au second article, respond le roy qu'il lui plaist de commander a ses subgiez naturelz qu'ilz facent guerre aux Anglois pour ce que ledit roy de France l'en a requis de ainsi le faire, nonobstant que de bonne raison sondit frere lui deust avoir fait notifier de bonne heure la rompture de la treve qu'il dit que les Angloys lui firent, pourquoy le roy l'eust fait notifier a ses subgiez et si eussent esté advisez de non aler en Angleterre ne ailleurs par la mer avecques leurs marchandises et n'eussent pas tant souffert de maulx et dommaiges qu'ilz ont receuz qui leur a esté fait sur la seurté de la treve faicte et confermée entre lesdiz roys de France et d'Angleterre, en laquelle le roy fut comprins, ainsi que sondit frere et alyé le comprint en elle, dont au roy, pour la requeste dudit roy de France son frere lui pleut d'estre comprins en elle. Parquoy est raison qu'il s'y donne telle provision par ledit roy de France son frere, que les subgiez du roy soient satisfaiz et réparez de leurs dommaiges afin qu'ilz ne demeurent ainsi endommaigiez, nonobstant qu'il scet bien que ou temps passé, ayant le roy commencié guerre avecques les roys d'Arragon et de Navarre et icelle lui a esté notiffiée par ses ambaxeurs selon la forme desdites aliances, a quoy il a respondu que en icelle saison en son royaume avoit aucunes nécessitez et ne lui pleust commander ne faire crier la dite guerre contre lesdiz roys d'Aragon et de Navarre, ne ordonna a ses subgiez leur faire guerre, nonobstant que ledit roy tousjours avoit secoru sondit frere en ses néccessitez et affaires, luy envoyant de grans armées de galées et autres navires, combien que pour lors avoit esté requis du roy d'Angleterre qui est son prouchain parent, comme chacun scet, qu'il laissast les aliances de France ou au moins qu'il eust abstinence de guerre par aucun temps, lui offrant qu'il lui aideroit pour sa conqueste de Grenade avecques cent nefz et dix mil combatans paiez de gaiges pour deux ans, laquelle offre lui fut faicte estans les Anglois en leur prosperité et le royaume de France en tres grande néccessité. Et néantmoins, le roy voulant garder la fraternité et grant amour que tousjours a a sondit frere, n'a volu condescendre a la dite requeste et aussi est chose bien notoire et certaine que a présent surviennent et sont survenues guerres avecques les ennemis de la sainte foy et autres roys ses prouchains voisins et ont dedens leurs royaumes aucuns de ses subgiez qui lui sont fort rebelles et désobéissans, a quoy lui convient de nécessité pourvoir. Et mesmement, les subgiez du roy se sont plaints et plaignent chacun jour de beaucop de dommaiges et tributs nouveaulx que contre les privileiges qu'ilz ont ou royaume de France, confermez par sondit frere, leur sont faiz et font chacun jour contre raison et justice et mesmes a cause de son argentier en plusieurs et diverses manieres, lesquelles choses ne peuent ne le doivent faire, surquoy les subgiez du roy a grant instance lui ont requis et requierent chacun jour de leur donner congié de eulx récompenser sur les subgiez de sondit frere et aussi qu'ilz puissent aler es autres lieux la ou ilz seront plus bénignement traictiez et ne leur seront faiz semblables dommaiges ne demandez iceulx truaiges que selon, et ne seroit pas desraisonnable veoir, délibérer, et pratiquer sur tout ce qui se devroit faire. Combien que la notificacion de la guerre ne lui eust esté faicte ainsi que es dictes aliances est contenu et laquelle notificacion jusques icy n'a esté monstrée, mesmement pour ce que es traictiez desdictes confédéracions est contenu expressement comme se doit faire ladite notificacion de ladite guerre par chacun desdiz roys quant il vouldroit faire guerre a quelconques de ses ennemis, est assavoir que incontinent l'un des roys doit envoier notifier a l'autre par ces lettres patentes et scellées de son scel, laquelle notificacion n'a esté monstrée par lesdiz ambaxeurs ainsi qu'il est contenu es dictes confederacions, et est raison pour la descharge du roy et de sa conscience et afin que se garde la forme et teneur des dictes confédéracions, que la dicte notificacion et certificacion lui eust esté monstrée par telles lettres patentes et scellées comme de necessité requiert par les dites confederacions.

Au troisyesme article, respond le roy que les exempcions, franchises et privileiges octroiez oudit royaume de France aux Espaignolz ses subgiez par les roys de France de bonne mémoire et confermez et aprouvez par sondit frere et alyé sont tres anciens et encores est certain qu'ilz furent donnez et octroiez pour causes légitimes et raisonnables, par espécial pour moult de services que les subgiez du roy firent ausdiz roys de France, et mesmes a la requeste et suplicacion d'aucunes villes et lieux dudit royaume de France, pour les grans intéretz et prouffiz qui d'eulx leur venoit et aussi bien pour les oster qu'ilz ne participassent avecques leurs marchandises ou royaume d'Angleterre, et lesdiz roys de France tousjours furent contens de garder et mander garder ausdiz Espaignolz lesdites franchises et exempcions oudit royaume de France. Mesmement, sondit frere et alyé, qui a présent est, les a gardées et fait garder sans ce demander que depuis pou de temps en ça, laquelle demande selon que le roy est informé par aucuns de ses subgiez qui avecques leurs marchandises vont oudit royaume de France a esté mené de la part de ceulx de la ville de La Rochelle, lesquelz non contens ne mémoratifz des grans honneurs, plaisirs et prouffiz qu'ilz ont receu et reçoivent de jour en jour desdiz Espaignolz et des aides qu'ilz leur ont fait par la mer ou temps qu'ilz avoient tres grant besoing, ont solicité et solicitent ceste novalité, ne se tenans contens que a sa conté de Biscaye qui est le pais dont ceulx du royaume de France communiquent et participent le plus par marchandise plus que en autres parties de ses royaumes, ou quel pais ne se demandent nulz droiz des marchandises des subgiez dudit roy de France ne n'en paient aucune chose; et ne seroit chose consonante entre roys freres et aliez ainsi qu'ilz sont, que maintenant de nouvel apres que ont esté confermees et jurees lesdites confédéracions et aliances entre eulx, de telles choses demander ne estre requises, ne demandées, et icelles raisonnablement doivent cesser.

Au quatriesme article, respond le roy qu'il ne scet que a présent soit meue nulle guerre voluntaire ne autre chose entre ses subgiez et les Almans, ainçois croit qu'ilz soient en bonne paix et transquillité et lesdiz Almans sont venuz, viennent et demeurent en la dicte ville de La Rochelle et en tous les autres ports du royaume de France et vendent libéralement leurs marchandises sans leur estre fait nul empeschement par les subgiez du roy, et de ce est informé par ses subgiez comme dessus qui vont marchandalment par dela. Et quant est au portaige des vins et autres marchandises, bien croit qu'il se firent aucunes convenances entre les parties de leur propre consentement, et telles et par telle forme 'que lesdites parties sont bien contens. Et pour tant cesse en ce, ce que de la part desdiz ambaxeurs a esté requis.

Au cinquiesme article, respond le roy qu'il n'est point acertenné ne n'en scet nulle chose jusques a présent, mais scet bien que plusieurs de ses subgiez lui ont donné moult de complaintes des pilleries et prinses de gens et forses que lesdiz Anglois leur ont fait en leurs corps, biens et marchandises durant ladite treve en laquelle le roy a esté comprins par sondit frere, dont n'ont eu aucune amende ni restitucion, mais au roy plaist et est bien content pour honneur et contemplacion de sondit frere de la partie duquel les ambaxeurs l'ont requis, de en donner ses lettres, afin que la verité sceue se face aux parties acomplissans de justice icy a la court du roy ou au pais de la ou sont les parties qui ont commis le fait ou la ou lesdiz ambaxeurs vouldront.

Au sixiesme article, respond le roy qu'il a entencion d'envoier notifier ces choses a ceulx de la coste de la mer et, eue sa deliberacion avecques eulx, se face et se donne telle provision tout ainsi que besoing sera.

Bibl. Nat., ms. lat. 6024, f°* 63, 64, 65.

65

Jean II déclare accepter et considérer comme sienne la guerre que Charles VII fait aux Anglais.

Arevalo, 12 novembre 1450.

Don Johan, par la gracia de Dios rey de Castilla, de Leon, de

Toledo, de Gallizia, de Cordova, de Murcia, de Jahen, del Algarbe, de Algesira, señor de Viscaya et de Molina. Por quanto el muy alto e muy poderoso principe Don Carrlos por esa mesma gracia rey de Françia, nuestro muy caro e muy amado hermano, primo e aliado, nos enbio una su letra cerrada, firmada de su nonbre y sellada con su sello secreto por laqual se contiene que, dias ha pasados, el nos fiziera saber por su fiel cavallero Johan Leborsier, señor d'Esternay la tregua que avia tomado asaz luengo tienpo, avia por sy e por sus parientes y amigos y aliados y subjectos de la una parte con su sobrino e sus ancianos enemigos e adversarios de Inglaterra e por el e por sus onbres e subjectos e aliados; e que commoquierque el dicto rey de Françia, nuestro muy caro e muy amado hermano, primo y aliado avia entretenido e fecho entretener de su parte la dicta tregua sin aquella algunamente ronper, e esto nonenbargante los dichos Ingleses non lo avian asi fecho, antes avian fecho muy muchos agravios e excesos y atentamientos contra la dicha tregua e menguando sus omes e subditos, furtando e robando los unos e tomando los otros presos e metiendo fuegos en sus casas y rreparando plaças demolidas y metiendo en ellas gruesas guarniçiones a la grant carga e follamiento y daño del dicho rey, nuestro muy caro e muy amado hermano, primo e aliado y de los sus subditos; e non contentos desto, que tomaran postrimeramente en aquellas treguas rronpiendo de aquellas notariamente la villa e castillo de Fojeras, onde ellos fizieron males e daños yrreparabiles sin aver querido fazer reparacion de alguna cosa, aunque sobre ello fueran requiridos, por la qual causa, por acuerdo e deliberacion de los señores de su sangre e linaje e de los varones e nobles de su regno e gentes de su grant consejo, el dicho rey, nuestro muy caro e muy amado hermano, primo e aliado, como costreñido por la piedat e opresion que veya de su pueblo, se metio de suso con poderio por contrastar e resistir a las enterpresas de sus enemigos y en aquello avia en tal manera proçedido que, gracias a Nuestro Señor, el avia puesto e traydo por fuerça de armas en su obediencia cerca todo el su ducado de Normandia, por lasquales cosas nos notificar e otros nos dezir e requirir de su parte enbiava presentemente por delante de nos los sus amados e fieles consejeros maestre Girardo Le Borsier, maestro general de las requestas de su casa e a Yñigo Darçeo, escudero, a los quales avia encargado que nos dixesen sobre esto bien a largo su voluntad e entencion, rogando nos que los quisiesemos creer e fazer todo aquello que de su parte nos dirian y requeririan por esta ves, asi como y el avia perfecta confiança, por virtud de laqual letra de creençia los dichos anbaxadores nos explicaron de parte del dicho rey de França, nuestro muy caro, e muy amado hermano, primo e aliado, çiertas cosas tocantes a la materia susodicha, en especial nos requerieron que nos fuesemos contento e oviesemos açeptable la guerra del dicho rey de França, nuestro muy caro e muy amado hermano, primo e aliado, contra los dichos Ingleses para recobrar e reduzir a su obediençia el ducado de Normandia a el pertenesçiente e las otras partes de su regno ocupadas por los dichos Ingleses al dicho rey de Francia pertenesçientes e asi mesmo el su ducado de Guiana e las otras partes de su regno de França ocupadas por los dichos Ingleses e al dicho rey de França, nuestro muy caro e muy amado hermano, primo y aliado pertenesçientes, e que desto mandasemos dar nuestra letra a los dichos anbaxadores, sellada con nuestro grant sello y signada del signo del nuestro relator, de laqual dicha vitoria e buenos subçesos, por la graçia de Dios acaesçidos al dicho rey de França, nuestro muy caro e muy amado hermano, primo e aliado, nos avemos syngular plazer e comoquierque por los tractos de la amiçiçia e confederaçion entre nosotros amos los dichos reyes fechos, firmados e jurados, esta declarada la forma de la dicha certificaçion e notificaçion e que aquella se deva fazer por letras patentes del dicho rey, nuestro muy caro e muy amado hermano, primo e aliado, selladas con su sello, lasquales a nos non son mostradas, pero, queriendo satisfazer a lo susodicho e nos conformar e conformando nos en esta parte con el dicho rey, nuestro muy caro e muy amado hermano, primo e aliado, satisfaziendo a lo que los dichos anbaxadores sobre esto de su parte nos requerieron, nos, por la presente somos contento e avemos aceptable la guerra del dicho rey de França, nuestro muy caro e muy amado hermano, primo e aliado, contra los Ingleses para recobrar e reduzir a su obediencia el ducado de Normandia a el pertenesçiente e las otras partes de su regno ocupadas por los dichos Ingleses, al dicho rey de Francia pertenesçientes, e asimesmo el su ducado de Guiana e las otras partes del dicho regno de França ocupadas por los dichos Ingleses e al dicho rey de França, nuestro muy caro e muy amado hermano, primo e aliado, pertenesçientes, de loqual mandamos dar a los dichos anbaxadores esta nuestra letra sellada con nuestro grand sello e signada del signo del nuestro relator y secretario, por laqual rogamos al dicho rey, nuestro muy caro e muy amado hermano, primo e aliado, que sobre esto nos enbie luego por sus letras patentes selladas con su sello la notificaçion y certificaçion de la dicha guerra, como se requiere e deve ser fecho, segund el tenor e forma contenidos en las dichas confederaçiones e alianças entre nos otros firmadas e juradas, porque sienpre aquellas sean guardadas, non menguadas nin violadas en cosa alguna. Dada en la villa de Arevalo, doze dias de noviembre, año del nascimiento del Nuestro Señor Jesu Christo de mill e quatroçientos e çinquenta años.

Yo el Rey.

Fernando Diaz de Toledo, oydor y referendario del rey y del su consejo y su relator, y secretario la fize escribr por su mandado e en testimonio de verdat, fize aqueste my sig + no.

Yo el doctor.
Fernandus referendarius Doctor et secretarius.

Bibl. Nat., ms. lat. 6024, f° 85.

66

Henri IV charge D. Juan Manuel, Ortun Velasquez de Cuellar et le docteur Alfonso Alvarez de se rendre en France, avec pouvoir de régler toutes les difficultés pendantes entre les deux couronnes.

Avila, 10 janvier 1456.

Enricus, Dey gracia Castelle et Legionis rex, universis et singulis presentes litteras inspecturis, salutem cum gloria Dey illuminatam. Nuper phedus laudabile amicicie ligeque et confederacionis per meos ad hoc specialiter constitutos procuratores una cum serenissimi principis karissimi fratris et consanguinei nostri Karoli regis Francie ambaxiatoribus, procuratoribus et ejus nunciis specialibus, peracte initeque fuerunt et concordate, quarumquidem confederacionum litteras serie formatas nominibusque suis propriis roboratas et aposicione suorum sigilorum munitas, ut per eas constat evidenter prefacti nostri procuratores consimiles a predictis ambaxiatoribus, nunciis serenissimi regis Francie predicti recipiendo tradiderunt, et quia nos postea, volentes promissioni pro nobis et nostro nomine per prefactos procuratores nostros facte, pro robore et firmitate tan *(sic)* sinceri tanque preclari phederis et contractus convenienter satisfacere, confirmavimus aprobavimusque et ratificavimus insuper et juravimus omnia et singula per eosdem facta, gesta, concordata et inita ut in instrumento nostre confirmacionis lacius continetur, quod predicto serenissimo regi Francie tradendum est, simileque ab eo et in eodem contextu recipiendum, quibus desuper necnon super nonnullis diferenciis, videlicet de salvis conductibus anglicis et alamanis datis et dandis et de privilegiis nostris subditis in regno et dominiis predicti serenissimi regis Francie nostris subditis fractis et super aliquarum represaliarum et injuriarum aliquibus et nostris subditis per oficiarios aliosque subditos suos illatarum, restitucione ac satisfacione procuranda, necnon ad sedandas guerras et dissensiones causa turris que noviter edificabatur in riparia que est inter nostram villam de Fonterabia et de Labort et Urtubia sequtas hucusque errandicandas ac sedandas et super hiis aliquod bonum medium inveniendum et dandum ac ad predictarum dissensionum extirpacionem et determinacionem, prout hec omnia et singula novissime tacta fuerunt et colocuta inter ambaxiatores prefacti serenissimi regis Francie et doctores, patricios et consilliarios nostros, prout eorum manibus propriis signata fuerunt ; super quibus omnibus et singulis et alliis cujuscumque qualitatis, vigoris et sustancie que possunt evenire et contingere, ad ea ac super ipsis et ea utrumque directe vel indirecte tangentibus et eadem concernentibus et de ipsis jan *(sic)* tactis sive eorum altero seu alteris dependentibus, emergentibus, anexis et conexis, nos, confidentes ad plenum de prudencia, fidelitate, pericia, probitate et solercia dilectorum et fidelium nostrorum reverendi patris Fortuni Velasci de Cuellar, Sedis appostolice prothonotarii, decretorum doctoris necnon decani Segobiensis, nostreque audiencie auditoris, verum eciam dopni Johanis Manuel nostreque guardie majoris, ac doctoris Alfonsi Alvari, secretarii nostri nostreque auditoris audiencie, ad eundem serenissimum regem Francie, fratrem, consanguineum et confederatum nostrum, eos deliberavimus destinare. Idcirco, ex nostra certa sciencia et matura nostri consilii deliberacione constituimus, facimus et ordinamus per presentes nostros ambaxiatores, oratores, procuratores nunciosque generales et speciales predictos Fortunium, prothonotarium et Dopnum Johanem Manuel, et Alfonssum Alvari, doctorem et secretarium, dantes eisdem plenam, generalem et liberam potestatem, facultatem, auctoritatem et mandatum speciale signanter et precipue dandi, tradendi persone ipsi predicti serenissimi regis Francie, fratris, consanguinei nostri karissimi et confederati predictarum confederacionum et ligarum nostrorum confirmacionem et ejus instrumentum, dummodo simili parique modo et in ipso et eodem contextu realiter et in actu ab ipso conformes literas recipiant sue videlicet confirmacionis et aprobacionis, insuper ad inteligendum, tractandum, procurandum, notificandum, intimandum, et si opus fuerit, requirendum super omnibus et singulis pretactis cujuscumque qualitatis, vigoris et sustancie existant, casus predictos concernentibus et ab eisdem emergentibus anexis et conexis, et ad concordandum, pacificandum, conveniendum, equandum, transigendum et amicabiliter componendum cum eis predictas diferencias, et quamcumque vel quascumque earum tan *(sic)* in parte quam in toto conjuntim vel divisim in perpetuum vel ad tempus certum et limitatum, eciam ad quemcumque ramusculum discordie evelendum et in omnibus et quibuscumque ita gerendum et procurandum, ut nostro phedere penitus et amicicia firmiter suo in vigore permanentibus illesis, equalitas inter nos, regna et dominia et subditos nostros et predictum serenissimum regem Francie suaque regna et dominia et ejus subditos omnimodo in omnibus et singulis observetur, et ad ministrandum que ad predicta spectant et pertinent et spectare et pertinere possint, et que merita causarum predictarum omnium postulant et requirunt, prout ipsis ambaxiatoribus et procuratoribus videbitur expedire, eciam si tallia essent que mandatum specialius exigerent, jurandumque in animam nostram et in verbo regio promitendum predicta omnia et singula per eos tractata et concordata atque concordanda et tractanda per nos firmiter teneri et inmobiliter observari, simileque juramentum, obligaciones et stipulaciones a predicto fratre nostro rege Francie et a suis quorum intererit requirendum, petendum, exigendum et recipiendum, promitimus eciam bona fide et in verbo regio et sub obligacione bonorum nostrorum quorumcumque, pro nobis heredibusque, successoribus, ac regno, subditis, amicis et benivolis nostris, nobis adherentibus et adhesuris, nos ratum, gratum, firmum et stabille habere et perpetuo habituros queque per dictos ambaxiatores et procuratores nostros fuerint inita, tractata, petita, requitasi, concordata, declarata, promissa, acta, dicta, gesta, conclusa, facta ut fuerint in premissis et eorum quolibet vel circa ea una vice aut iterato, inefragabiliter *(sic)* observaturos, tenturos, explecturos et confirmaturos, nostras litteras super hiis quocienscumque erimus requisiti sepedicto fratri nostro daturos, ab eodem conformes rescipiendo *(sic)*. In quorum omnium fidem et testimonium premissorum, sigilum nostrum literis presentibus duximus apponendum.

Datum in civitate nostra Abulensi, in regio palacio et domibus residencie nostre, x^a die januarii, anno Domini milesimo quadrigentesimo quinquagesimo sexto et regni nostri anno secundo. Presentibus ibidem magnifico viro dopno Johanne Pacheco, marchione de Villena et Didaco Arie de Avila, computatore majore nostro necnon licenciato Andrea de la Cadena, consilliariis nostris, testibus ad premissa vocatis specialiter et rogatis.

Copie sur papier.

Bibl. Nat., ms. lat. 5956*, f°⁵ 221-222.

67

Mémoire adressé au duc de Guyenne par le protonotaire Luis Gonzales de Atienza.

(1470.)

Muy alto e muy excelente principe de Asturias, primogenito de Castilla e de Leon, duque de Guiana, las cosas que por parte del muy alto e muy poderoso principe rey de Castilla e de Leon e de la esclarecida señora reyna, vuestros padres, yo el prothonotario e chanceller mayor de la yllustrissima princesa vuestra esposa, tengo de explicar a vuestra serenidad, son las siguientes :

Primeramente que la aprovacion e ratificacion del matrimonio fecho por poder bastante que para esto tovo de vuestra alteza el ynclito conde de Bolonia, vos plega de la fazer segund e por la forma quo fue acordado entre el rey mi señor, vuestro padre e los anbaxadores del christianissimo rey de Françia e vuestros, sobre loqual entre las otras cosas yo e el doctor de Madrid e el bolsyer traxiemos caso de lo solicitar a vuestra alteza, etc...

Item, el rey mi señor e la señora reyna, vuestros padres, tanto quanto con instancia e calor, deseo e voluntad pueden juntamente e cada uno de por sy, vos ruegan que todas las otras cosas e faziendas que al presente tengays en Françia las postpongays e dexeys para su tiempo, e luego con la mas puxança de gente que ser puede, entredes personalmente en sus reynos mano armada como fijo verdadero suyo e primogenito de sus reynos, porque asy, los cavalleros e Grandes de sus reynos, orden eclesyastica, nobleza e pueblos vos desean ver e obedecer e servir como a su primogenito, de quien tantos loores e virtudes se predice, los quales tres estados, exceptos aquellos que van en rebelion e son en alguna voluntad del rey de Sçiçilia dan gracias a Dios e del rey mi señor, vuestro padre cree aver resçebido muy grande e singular merced en les aver dado por suçesor de sus reynos a vuestra alteza, teniendose por creydos que la justiçia e execuçion dellos que al presente esta flaca en las Ispañas, por vuestra alteza sera recobrada, reparada, favoresçida e sostenida, que es el fin de amar a vuestra serenidad los tres estados, por tanto todavia vos enbian rogar que luego pongays en efecto vuestra partida, sobre loqual escrive al rey de França su hermano e primo, aliado e manda a mi que vaya a su alteza a procurar vuestra partida etc...

Iten *(sic)* vos enbia dezir que como la conclusyon vuestra alteza en ello dara, me parta a su alteza con vuestras letras porque luego el rey, vuestro padre con el maestro de Santiago, arçobispo de Sevilla, obispo de Sigüença, duque de Truxillo e Conde de Haro e otros Grandes vengan a vos resçebir a las fronteras por donde vuestra alteza acordara de entrar a fin que vuestra serenidad sea resçibido como la razon requiere, etc.

Iten *(sic)* enbia vos dezir que sy el contrario se fiziese e dilacion se diese en vuestra yda a Castilla, que Dios non quera, se podrian seguir grandes ynconvenientes que aun aquellos que siguen al rey de Sçiçilia divulgan que saben vuestra entrada a Castilla non sera asy presta e que es la guerra rota con Borgoña por donde cesa al presente por las fazíendas del señor rey de França y con estas novellas e otras de erradas calidades, ynduzen los pueblos e aun a otras gentes porque en ellos no sera entera constançia en este negoçio, etc...

Esto de suso contenido, despues de lo enbiar rogar el rey et la señora reyna, vuestros padres, el maestre de Santiago padre destos negoçios e vuestro honor con los otros susodichos e Grandes con toda devida e omill reverençia besan vuestras manos e se encomiendan en vuestra merçed e vos suplican que asy se faga como el rey vos enbia rogar, que grand razon es que visyteys con tiempo tanto grande señoria e poder que Dios e vuestros meryçimientos vos dieron encaminantelo los señores reyes de Francia et de Castilla con los otros que antes en ello yntervinieron, sobre loqual e otras cosas que a vuestra alteza explicare, me mando el rey vuestro padre quedar algunos dias despues que el doctor de Madrid e bolsier partieron e para la venida del conde de Haro a su alteza et cœtera...

Bibl. Nat., ms. lat. 6024, f° 154.

68

Traité d'alliance entre Alphonse roi de Castille, de Léon et de Portugal, et Louis XI roi de France.

Paris, 23 septembre 1475.

Dominus Alvarus de Thaide, miles, consanguineus illustrissimi ac inclitissimi domini nostri Alphonsi Dei gracia regis Castelle, Legionis et Portugallie ejusque consiliarius et Johannes Delvas, miles, in jure civilli licenciatus, dicti excellentissimi regis consiliarius ejusque fisci advocatus, ambo pariter sui ambassiatores, oratores, procuratores et commissarii ad infrascripta specialiter deputati, salutem in omni salvatore. Quoniam pium propositum recte regnancium finalisque intencio juste principancium esse debet bonum commune subditorum privatis prestari commodis, quod revera tunc caucius procurari speratur cum christianissimi reges et principes in vera unitate et obediencia sacrosancte romane ecclesie persistentes, in unam mentis consonanciam conveniunt et invicem indissolubilis amoris federe colligantur : hoc equidem serenissimus et dominus noster excellentissimus supradictus, in profunde sue mentis revolvens examine, conjectansque quod antique lige, confederaciones et amicicie, priscis jam temporibus, inter excellentissimos et christianissimos Francorum reges et preclarissimos reges Castelle et Legionis dictaque regna, inite, convente, tractate, finite et confirmate et hactenus inviolabiliter observate fuere, optansque quod predicte lige, uniones et antique amicicie et confederaciones confirmentur, corroborentur et in dies incommutabiliter observentur, nobis prefatis domino Alvaro de Thaide et Johanni Delvas, suis oratoribus et procuratoribus auctoritatem, potestatem, facultatem et mandatum dedit, cessit et concessit speciale, nomine suo dictorumque regnorum Castelle et Legionis confirmandi, corroborandi et convalidandi et de novo faciendi et tractandi antedictas ligas, confederaciones et antiquas amicicias inter illustrissimum et christianissimum dominum Ludovicum Francorum regem, suum consanguineum, fratrem et amicum fidelissimum et ipsum dominum Alphonsum regem supradictum dictaque sua regna, prout in litteris mandati et procuratorii suo nomine et manu roboratis suoque sigillo communitis que infrascribentur, luculenter apparebit, quarum antiquarum ligarum, confideracionum et amiciciarum tenor de verbo ad verbum sequitur et talis est :

Henricus Dei gracia rex Castelle et Legionis, universis et singulis harum seriem inspecturis presentibus et futuris....,etc....,etc.

In quorum omnium testinonium, presentes nostras litteras per secretarium ac notarium nostrum supra et infrascriptum fieri et publicari mandavimus ac nominis sigillique nostri regii majoris plombei munimine roborare. Datum et actum in civitate nostra Cordubensi, in ecclesia majori, die decima mensis julii, anno Domini millesimo quadringentesimo quinquagesimo quinto et regni nostri anno primo. Yo el rey. Per regem in suo magno consilio, relator ego Fernandus Didaci, doctor, consiliarius etc....... Sic signatum : Fernandus doctor apostolicus secretarius et notarius ac regni referendarius et secretarius.

Tenor vero facultatis et protestatis predictorum procuratorum et ambaxiatorum ipsius fratris et consanguinei nostri Alfonsi Castelle, Legionis et Portugalie regis sequitur et est talis :

Alfonsus Dei gracia rex Castelle, Legionis et Portugalie, etc..... Universis presentibus pariter et futuris has nostras litteras inspecturis post salutem et graciam, notum facimus quod nos confidentes de legalitate, fidelitate et magna prudencia dilecti consanguinei nostri donni *(sic)* Alvari de Attaide, consiliarii nostri fidelissimi, necnon egregii viri licenciati Johannis Delvas, fiscalis procuratoris, ex nostra certa sciencia maturaque consilii nostri deliberacione constituimus, facimus, et ordinamus per presentes procuratores, tactatores et oratores nostros generales et speciales, dantes eisdem plenam, generalem et liberam potestatem, facultatem, auctoritatem et mandatum speciale amicicias, confederaciones et ligas inter nostros ac serenissimi consanguinei et fratris nostri karissimi regis Francie predecessores initas et confirmatas, vice et nomine nostro et pro nobis, heredibus et successoribus nostris ac regnis Castelle et Legionis et dicionibus, subditis et vassallis nostris et nobis adherentibus et adhesuris, una cum prefato serenissimo rege Francie fratre nostro carissimo pro et suis heredibus et successoribus, regnis, dominiis et subditis vel cum ejus ambaxiatoribus, procuratoribus et oratoribus ejus nomine, confirmandi, tractandi, faciendi et perficiendi imperpetuum vel ad certum tempus sub antiquarum confederacionum vel alterius tenoris forma, prout ipsis videbitur expedire, necnon declarandi, interpretandi, mutandi, addendi, diminuendi si qua in dictis confederacionibus aut verbis ambigua, obscura, imperfecta aut alias mutanda videantur, jurandique in animam nostram et in verbo regio pro nobis promittendi predicta omnia et singula per eos tractata, concordata et confirmata per nos firmiter teneri et inviolabiliter observari, simileque juramentum, obligaciones et stipulaciones a predicto rege vel ejus ambaxiatoribus et oratoribus prefati carissimi regis Francie fratris nostri requirendi, petendi, exigendi ac recipiendi et super omnia alia et singula exercendi, gerendi et disponendi ac expediendi que in premissis et circa ea fuerint necessaria, utilia seu eciam opportuna et que faceremus et disponeremus seu facere et disponere possemus si actum in propria persona gereremus, eciam si talia sint que mandatum specialius exigerent. Promittimus eciam bona fide et in verbo regio et sub obligacione bonorum nostrorum quorumcunque, pro nobis heredibusque et successoribus ac regno, subditis, amicis et benivolis nostris, adherentibus et adhesuris, ratum, gratum, firmum et stabile habere et perpetuo habituros quicquid per prefatos procuratores nostros confirmatum, declaratum, interpretatum, mutatum, additum, diminutum, obligatum, juratum, promissum, actum et conclusum, factumve fuerit in premissis et eorum quolibet vel circa ea, una vice aut iteratis et diversis, eaque omnia et singula irrefragabiliter observaturos, explecturos et confirmaturos, eciam nostras patentes litteras super hiis quociens erimus requisiti prefato carissimo fratri nostro daturos, a prefatis ambaxiatoribus conformes recipiendo. In quorum omnium fidem et testimonium premissorum, sigillum nostrum in absencia magni ordinatum litteris presentibus manu propria firmatis, duximus apponendum. Datum in civitate Plazentina, tercia die junii, anno a nativitate Domini millesimo quadringentesimo septuagesimo quinto, et signatum : yo el rey ; de mandato domini nostri regis in suo consilio, Eduardus Galvo, secretarius.

Nos itaque oratores, ambaxiatores, procuratores predicti ad hoc predicto sufficienti mandato sufulti et communiti, vice et nomine prefati principis domini nostri Alfonsi ac vice et nomine illustrissime, auguste et regine dictorum regnorum Castelle et Legionis et Portugalie, excellentissime domine Johanne ejus predicte et amantissime sponse quam pollicemur, spondemus, promitimus et juramus grata, rata, firma, illibata habitura et confirmatura omnia per nos et ejus vice et nomine gesta, acta, tractata et firmata pro ipsis rege et regina et pro suo filio primogenito nascituro sive pro

primo dictorum regnorum suorum Castelle et Legionis herede, ac
pro dictorum regnorum terris, dominiis proque suis subditis et
vassalis et sibi adherentibus et adhesuris aliisque omnibus quorum
interest vel interesse poterit quomodolibet in futurum, prefato
christianissimo ac excellentissimo Francorum regi Ludovico ac
pro suo primogenito nato vel nascituro aut primo regni sui heredi,
necnon pro regno, terris, dominiis, subditis et adherentibus suis et
adhesuris aliisque omnibus et singulis quorum interest vel interesse poterit quomodolibet in futurum, confederaciones, tractatus,
composiciones, pactiones, ligas, fraternitates, amicicias et firmi-
tates ac omnia et singula in preinsertis litteris contenta et expressata, laudamus iterumque et de novo tractamus, inimus, facimus
et firmamus sub penis, forma, modis, obligacionibus, qualitatibus,
submissionibus et clausulis ac omnibus aliis suprascriptis, et juravimus per nos corporaliter tactis sacrosanctis Euvangeliis et sanctis
scripturis, coram sacra magestate predicti excellentissimi Ludovici
Francorum regis et in conspectu sue celsitudinis in prescnciarum
constituti, pro ipso rege et pro suo filio primogenito aut nascituro
seu pro primo dicti sui regni herede, promittimusque et juramus
nos facturos et curaturos, prout realiter faciemus et accurabimus,
quod prefatus rex Alfonsus ejusque predilecta et amantissima
sponssa regina domina Johanna ratificabunt, approbabunt, lauda-
bunt, confirmabunt et jurabunt predictas ligas et confederaciones
et omnia et singula preinserta per nos suos oratores et ambaxiatores, acta et tractata, firmata, et jurata, promitimus insuper, bona
fide cessantibusque fraude et malo ingenio quibuscunque pollicemur et juramentum prestamus in aninam dicti domini regis Castelle
et Legionis et sub ypotheca, obligacione omnium bonorum heredumque ac successorum suorum presencium et futurorum necnon
et sub pena perjurii quam rex incurrere potest tali casu et centum
milium marcharum auri, omnia et singula premissa, prout et
quemadmodum per nos quibus supra vice et nomine firmata, inita,
facta et tractata sunt, teneri et tenendi ac de puncto in punctum
adimpleri et adimplenda atque inviolabiliter observari et observanda
per dictum dominum nostrum regem Castelle et Legionis ac dictam
dominam Johannam ejus sponsam, pro se et primogenito suo nascituro aut primo regnorum suorum herede ac dictorum regnorum
Castelle et Legionis, terris, dominiis, subditis et adherentibus suis
et adhesuris ac eciam per eos et eorum patentes litteras suis magnis
sigillis et omni majori solennitate communitas acceptanda, apro-
benda *(sic)* et confirmanda easque litteras dandas et tradendas

sepefacto christianissimo regi aut ejus ambaxiatoribus seu nunciis a cujus serenitate similes seu conformes et ejusdem tenoris, virtutis et efficacie litteris jam recepimus, atque omnia adimplenda et observenda (sic) nos eosdem dominum nostrum regem et dominam reginam Castelle et Legionis, regna pariter et sua suorumque heredum, successorum bona quecunque christianissimo Francorum regi ejusque primogenito nato vel nascituro aut primo regni sui heredi et erga eum tamquam pro judicato, confessato et condempnato teneri et in ipsas penas ipsos dominum regem et reginam Castelle et Legionis primogenitumque suum nasciturum vel primum regnorum suorum heredem, si contra predicta fecerit aut fecerint, confitemur incurrisse et tam de jure quam de facto adjudicavimus totaliter incurisse et ipsum primogenitumque suum nasciturum aut primum regnorum suorum heredem et successores suos ejusque regna, dominia, terras et bona ac heredum et successorum suorum presencia et futura pro premissis firmiter adimplendis, subposuimus et supponimus cohercioni et compulsioni camere apostolice, volumusque et consentimus quod ad majorem firmitatem predictorum omnium et singulorum, litteras apostolicas super ipsis forciores et meliores dicto sapiencium, substencia non mutata, idem dominus noster rex seu primogenitus suus nasciturus sive primus regnorum suorum heres dicto domino regi Francorum ejusque primogenito nato vel nascituro aut primo regni sui heredi, facere et concedere teneatur ac eciam teneantur, quociens per ipsum dominum regem Francorum vel ejus primogenitum natum vel nasciturum aut primum regni sui heredem, item dominus noster rex Castelle et Legionis aut primogenitus suus nasciturus sive primus dictorum regnorum suorum heres fuerit requisitus vel fuerint requisiti. Verumptamen nos, prefati ambaxatores, nomine predicti domini nostri regis Castelle ejusque predilecte sponse regine domine Johanne annullamus, cassamus et irritamus illam clausulam et excepcionem que in preinsertis antiquis ligis erat exceptuatus rex Arragonum et filius suus primogenitus natus aut nasciturus et primus sui regni heres, et eam habemus pro cassa, non apposita, irrita et inani. In quorum omnium testimonium, has presentes litteras manibus et nominibus nostris signavimus et firmavimus et nostris sigillis comminimus (sic) et roborari fecimus signis et subscripcionibus notariorum publicorum et apostolicorum infrascriptorum.

Datum et actum Parisius in domo claustrali scienciati viri magistri Francisci Halle, archidiaconi Parisiensis, sub anno Domini millesimo quadringentesimo septuagesimo quinto, indictione octava, mensis vero septembris die vicesima tercia, pontificatus sanctissimi in Christo Patris et domini nostri domini Sixti divina providencia pape quarti, anno quarto.

Alvaro. Johanes legum (?).

(*Signum notarii:*) Et ego Franciscus Ferrebouc, presbyter Parisiensis, in jure canonico licenciatus, publicus apostolica et imperiali, etc....., apposui requisitus.

(*Signum notarii:*) Et ego Johannes Merati de Parisiis oriundus, in decretis bacalarius, publicus apostolica, etc....., apposui requisitus.

Et ad premissa peragenda fuerunt presentes nobilis ac generosus vir dominus Karolus de Gaucourt, miles, ejusdem loci dominus et prefatus dominus archidiaconus Parisiensis ac Balastus de Souze, capitaneus ville Credulii, magister Robertus Luillier, magnus vicarius ecclesie Parisiensis, Paulus Fumet, scutifer, Karolus de Goulat et Karolus de Furnelles necnon etiam Johannes de Montemor, Didacus Prato, Johannes Ludovici, Johannes Alvery, Didacus Roderici et Stephanus Fernandi, testes ad hec vocati et rogati.

(Deux sceaux en cire rouge sur double queue de parchemin.)

Archives Nat., J 605, n° 81.

TABLE DES NOMS DE PERSONNES
ET
DES NOMS DE LIEUX

A

Afan de Ribera (D. Pedro), p. 219.
Aigues-Mortes. p. 30.
Aimeri IX, vicomte de Narbonne, p. 24.
Alain VIII. vicomte de Rohan, p. 232.
Albi (évêque d'), voy. Louis d'Amboise.
Albornoz (D. Alvar García de), p. 21, 22, 162.
Albornoz (D. García de), p. 12 note 2.
Albornoz (D. Gil Alvarez Carrillo de). archevêque de Tolède, cardinal. p. 11, 12, 15, 17, 20, 135, 137-139, 149, 150, 153-155.
Alburquerque (D. Juan Alfonso de), p. 15, 17, 20, 21, 23, 44 note 2, 154, 155.
Alburquerque (D. Lope de), chevalier portugais, p. 119.
Alcalá de Henares, p. 58, 179.
Alcana (Hugo de), chevalier castillan, p. 4, 129.
Alfaro, p. 27.
Alfonso (l'infant D.), fils de Jean II roi de Castille, p. 96 note 3, 113.
Alfonso (l'infant D.), fils de Jean II roi de Portugal, p. 118, note 2.
Alfonso de Acuña Carrillo (D.), archevêque de Tolède. p. 105, 107, 108.

Alfonso de Castille (D.), comte de Gijon et de Noroña, p. 62, 63, 64, 86, 194, 195-201.
Alfonso (fray), confesseur de Henri III, roi de Castille, p. 66, 208.
Alfonso (Juan), docteur ès lois, p. 44.
Alfonso Barrosa (D.), évêque de Salamanque, p. 38, 39.
Alfonso de Exea (D.), évêque de Zamora, p. 60-62, 181, 182, 186-192.
Alfonso de Fonseca (D.), archevêque de Séville, p. 98, 111, 113.
Alfonso de Palenzuela (D.), évêque de Ciudad Rodrigo, p. 109.
Alfonso de Valencia (D.), évêque de Zamora, p. 25.
Alfonso Velasquez de Acuña (D.), évêque de Mondoñedo, p. 96.
Algana (Alfonso de), docteur ès lois, p. 46, 170-172.
Algeziras, p. 9.
Aljubarrota, p. 44 note 2, 47.
Allemagne (marchands d'), p. 90, 92, 99, 240, 245.
Almazan, p. 106.
Alphonse V, roi d'Aragon, p. 76, 82, 85, 88, 89, 101, 236, 238, 239, 243.
Alphonse X, roi de Castille, p. 3 note 6, 9.

ALPHONSE XI, roi de Castille, p. VIII, X, XI, 1-22, 23 note 3, 26, 55, 80 note 1, 122, 125-127, 129-146, 148, 149, 151-160.

ALPHONSE IV, roi de Portugal, p. 5, 6.

ALPHONSE V, roi de Portugal, p. X, 119-123, 253-258.

ALVAREZ (le docteur Alfonso), p. 97, 248-250.

ALVAREZ DE OSORIO (D. Pedro), p. 237.

ALVAREZ DE TOLEDO (Fernand), chevalier, p. 60, 184.

ALVERY (Johannes), p. 258.

Amboise, p. 75, 112.

AMBOISE (maître Jean d'), protonotaire apostolique, p. 117.

AMBRANE (Guillaume d'), chevalier, p. 21, 161.

AMÉDÉE VIII, duc de Savoie, p. 78, 226.

Amiens, p. 49, 174.

ANCEL, sire de Joinville, p. 4, 129.

Angoumois (l'), p. 223.

ANNE, dame de Laval, p. 232.

Antequera, p. 69 note 3, 71.

ANTOINE, comte de Rethel, p. 205.

Aragon (les infants d'), p. 75, 223.

ARCHAMBAUD DE GRAILLY, comte de Foix, p. 66.

Arevalo, p. 92, 248.

AREVALO (duc d'), p. 113.

ARIAS (Vicente), archidiacre de Tolède, p. 63, 195, 198, 199.

ARIAS DE AVILA (Diego), « contador mayor », p. 251.

Arjona, p. 80 note.

ARJONA (duc d'), voy. FADRIQUE (D.), duc d'Arjona.

Arnedo, p. 52.

ARTHUR, comte de Richemont, p. 222.

Artois (l'), p. 37.

Asturies (les), p. 195, 196.

ATTAIDE (D. Alvaro de), chevalier portugais, p. 122, 253-258.

AUDREHEM (Arnoul d'), maréchal de France, p. 26, 27.

Autun (évêque d'), voy. GUY DE LA CHAUME.

Auvergne (l'), p. 37.

Avignon, p. 29, 50, 56, 146-148, 152, 153, 158-161, 168.

Avila, p. 97, 118 note 4, 250 ; — (évêque d'), voy.: DIEGO DE LOS ROELES (D.).

AYALA (Dª Aldonza de), p. 60 note.

AYALA, voy. LOPEZ DE AYALA (D. Pedro), PEREZ DE AYALA (D. Fernan).

B

Badajoz, p. 205.

BAISY (Jean de), p. 61, 190.

Baléares (îles), p. 122.

Bañares, p. 37.

Barcelone, p. 50.

BARNABAS (D.), évêque d'Osma, p. 15, 154, 155, 157.

BARRIENTOS (fray Lope de), p. 84 note 2.

BARRIÈRE (Guillaume de), chevalier, p. 21, 24, 161.

BATAILLE (Guillaume), chevalier, p. 76, 77, 78.

Bayonne, p. 2, 28, 37, 38, 51, 77, 102, 103, 104, 107, 109, 118.

Bayonnais (les), p. 9.

BÉATRICE, reine de Castille, p. 47.

BÉATRICE, reine de Portugal, p. 33 note 2.

BEAUCHAMP (Richard de), comte de Warwick, p. 232.

BEAUMONT (Geoffroi de), chambellan, p. 4, 129.

Belle-Isle, p. 74.

BENAVENTE (comte de), p. 113.

BENAVIDES (Juan Alfonso de), p. 154.

Beni-Merin ou Bellmarin, p. 13, 144.

BENOIT XII, p. 5, 7, 8, 9, 129, 130.

BENOIT XIII, p. 210, 216.

BERGUETTES (Jean de), p. 33 note 1.

BERNARD (maître Ruy), p. 60, 61, 182, 183, 186-192.
BERNARD VII, comte d'Armagnac, p. 66, 72.
BERNARD D'ALBI, évêque de Rodez, cardinal, p. 5, 6.
BERNARD DE LA TOUR D'AUVERGNE, évêque de Langres, p. 58, 59, 180.
BERNARD-EZI II, sire d'Albret, p. 3.
BERTRAND, évêque de Senez, p. 25.
BERTRAND (Pierre), professeur de droit civil et canonique, p. 2.
BERTRAND (Robert), sire de Briquebec, maréchal de France, p. 4, 5, 125, 126, 128, 131.
BERTRAND II de la Tour, comte d'Auvergne et de Boulogne, p. 251.
Bermeo (Vermieu), p. 38, 241.
Béziers, p. 50.
Bidassoa (la), p. 97, 107, 108.
Biscaye (la), p. 9, 37, 62, 89, 92, 122 note 1, 244.
BLANCHE DE BOURBON, reine de Castille, p. IX, 22-28.
BLANCHE DE NAVARRE, p. 11, 14, 16, 22, 139, 140, 147, 148, 150, 152, 153, 154.
BLAS (D.), archevêque de Tolède, p. 24 note 3, 25.
BLAS (D.), évêque de Palencia, p. 15, 154, 155.
BOCCANERA (Egidio), amiral de Castille, p. 18.
BOCCANERA (Leone), amiral de Castille, p. 33, 35, 169.
BONNAY (Jean de), sénéchal de Toulouse, p. 83, 85.
Bordeaux, p. 17, 28, 37, 102, 103, 104.
Bordelais (le), p. 238.
Bourges, p. 75 note 3.
Bourgogne (la), p. 37.
BRAQUEMONT (Robert Robinet de), sire de Graville, p. 60, 61, 69, 70, 181, 184, 191, 192, 212, 218.
Bretagne (la), p. 63, 66.

Brétigny (traité de), p. 26.
BRIENNE (Raoul de), connétable de France, p. 4, 129.
BRIGIANOS (D. Alonso de), p. 87.
Brouage (le), p. 240.
Bruges, p. 38.
Buitrago, p. 113.
Burgos, p. 21, 27, 30, 35, 40, 43, 51, 56, 112; — (évêque de), voy. GONZALO DE HINOJOSA (D.), GARCIA DE TORRES SOTOSCUEVA (D.).

C

CABARET D'ORVILLE, p. 39, 40.
CABEZA DE VACA, p. 35.
CADENA (Andrea de la), licencié, p. 251.
Calais, p. 17, 18, 36, 67.
Calahorra, p. 27, 30, 44 note 2.
CALEVILLE (Colart de), chevalier, p. 64, 202, 203.
CAMPION (Bertrand), écuyer, p. 74, 224.
Cangas (comté de), p. 86, 87.
Capestang, p. 50, 175.
Carcassonne, p. 50, 87.
Carcassonne (sénéchaussée de), p. 26.
CARLOS (D.), prince de Viana, p. 90, 98.
CARMAING (vicomte de), p. 78, 79, 225, 228.
CARRILLO (D. Juan), archidiacre de Cuenca, p. 85, 86, 235-238.
CASTAÑEDA (comte de), p. 84.
CASTRO (Dª Juana de), p. 24.
CATALINA (Dª), fille de Henri III roi de Castille, p. 78 note.
CATHERINE DE LANCASTRE, femme de Henri III roi de Castille, p. 54, 55, 67, 69-71, 73, 211, 218, 219.
Cerdagne (la), p. X, 106, 115-118, 121, 122.
Cessenon (Hérault, arrondissement de Saint-Pons, canton de Saint-Chinian), p. 29.

Châlons-sur-Marne, p. 53, 178.
Champagne (la), p. 37.
Champs (Gilles des), maître en théologie, p. 64, 202, 203.
Charles IV, empereur, p. 167, 171.
Charles V, — dauphin, p. 26, 27, — roi de France, ix, x, 1, 29-38, 40-47, 55. 95, 163-171, 180, 188, 190, 193, 203, 211-220.
Charles VI, roi de France, p. ix, x, 46 76, 170-194, 198, 200-211, 220, 226, 229-231.
Charles VII. — dauphin, p. 73-76, 205, 209, 222-224 ; — roi de France, p. 76-104, 225-250.
Charles, dauphin de France, depuis Charles VIII, p. 117, 118.
Charles II, roi de Navarre, p. 20, 28, 30, 36, 40, 41, 160.
Charles III, roi de Navarre, p. 66.
Charles II, comte d'Alençon, p. 4, 129.
Charles, duc de Guyenne, p. 111-114, 251, 252.
Charles II, sire d'Albret, p. 78, 226.
Charles de Bourbon, p. 78, 226.
Charles le Téméraire, duc de Bourgogne, p. ix, 110.
Charlotte de Savoie, femme de Louis XI roi de France, p. 112.
Chastellain (Georges), p. 100, 110.
Chatillon (Jean de), p. 4, 129.
Cherbourg, p. 41.
Ciudad Rodrigo, p. 121; — (évêque de) voy. Alfonso de Palenzuela (D.).
Clément VI, p. 10-12, 14, 15, 17, 20-22, 134-139, 146-148, 152, 153, 158-162.
Clément VII, p. 45, 50, 62, 173, 187, 189.
Commines (Philippe de), p. 108.
Comminges (comté de), p. 86 note 1.
Couflans, p. 22.
Constanza (Dª), fille de Pierre le Cruel, p. 34, 36, 48.

Coquerelle (maître Firmin), doyen de l'église de Paris, p. 11, 139.
Corbie (Arnaud de), chancelier de France, p. 63, 196, 198, 200.
Cordelier (maître Robert), p. 46, 49, 170, 174.
Cordoue, p. 95, 96, 254 ; — (évêque de), voy. Martin Ximenez Argote (D.).
Cordoue (archidiacre de), p. 53, 176.
Cordoue (traité de), p. 97.
Coronel (D. Alfonso Fernandez), voy. Fernandez Coronel (D. Alfonso).
Crécy (bataille de), p. 17, 47.
Crillon (Claude de), p. 118 note 3, 121.
Cuenca, p. 86 note 2.

D

Dangennes (Jean), chevalier, p. 73, 74, 224.
Darceo (Iñigo), p. 87-92, 95, 96, 100, 109, 246, 247.
Darcy (Robert), p. 10 note 3.
Daunoy (maître Guillaume), secrétaire, p. 51, 176.
Dauphiné (le), p. 98, 238.
Denis Du Moulin, archevêque de Toulouse, p. 83-85.
Diaz de Gamez (Gutierre), p. 68.
Diaz de Mendoza (D. Rodrigo), p. 237.
Diaz de Rojas (Ruy), p. 35, 36.
Diaz de Toledo (Fernan), « relator » de Henri IV, p. 96, 248, 254.
Diego de Añaya (D.), archevêque de Séville, p. 75.
Diego Ramirez de Guzman (D.), évêque de Léon, p. 7, 8, 25.
Diego de los Ruelas (D.), évêque d'Avila, p. 170.
Dominique de Florence, évêque de Saint-Pons, p. 59, 60, 181, 184.

Droyn (Jean), p. 181.
Du Breuil (Nicolas), secrétaire, p. 95, 96, 97, 104.
Du Fresnoy (Hervé), secrétaire, p. 83.
Duguesclin (Bertrand), connétable de France, p. 27, 28, 29, 31, 33, 34, 110.
Duguesclin (Olivier), p. 48.

E

Écluse (combat de l'), p. 7.
Écossais (les), p. 3, 7, 223.
Écosse (l'), p. 74, 75, 106.
Edmond, comte de Cambridge puis duc d'York, p. 34.
Édouard III, roi d'Angleterre, p. VIII, IX, 3, 6-8, 13, 16, 17, 19, 25, 28 note 3, 29, 32, 34, 36, 41, 142, 145, 165, 166.
Édouard IV, roi d'Angleterre, p. 105, 106, 109, 110, 112.
Édouard, prince de Galles, p. 28-30, 36, 165, 166.
Elvas (João d'), procureur fiscal, p. 122, 253-258.
Enguerrand VII, sire de Coucy, p. 56.
Enrique (D.), infant d'Aragon, p. 77, 82, 88.
Enrique (D.), infant de Castille, p. 54, 57, voy. Henri III, roi de Castille.
Enrique (D.), infant de Castille, p. 93; voy. Henri IV, roi de Castille.
Enrique (D.), comte de Trastamara, p. IX, X, 24, 26-32, 42, 55; voy. Henri II, roi de Castille.
Enriquez (D. Martin), p. 86.
Espléchin (trêve d'), p. 7.
Estaing (Guillaume d'), sénéchal de Rouergue, p. 95, 96, 97.
Estella, p. 108.
Estout d'Estouteville, sire de Torcy, p. 112.

F

Fadrique d'Aragon (D.) comte de Luna, p. 80 note 1.
Fadrique de Castille (D.), duc d'Arjona, comte de Trastamara, p. 78 note 2, 80 note 1, 219, 228.
Fadrique de Castille (D.), duc de Benavente, p. 59, 60 note, 184, 185.
Fadrique de Castille (D.), seigneur de Haro, grand-maître de Santiago, p. 80 note 1.
Farbus (Johannes de), prêtre du diocèse d'Arras, p. 187, 189, 192.
Ferdinand V, roi de Castille, p. 115-123, 252, 257, voy. Fernando (D.), infant d'Aragon, roi de Sicile.
Ferdinand Ier, roi de Portugal, p. 33, 34, 40, 44, 169, 186, 187.
Fernandi (Stephanus), p. 258.
Fernando (D.), infant d'Aragon, marquis de Tortosa, p. 20, 21, 25, 161.
Fernando (D.), infant d'Aragon, roi de Sicile, p. 111, 113, 114; voy. Ferdinand V, roi de Castille.
Fernando (D.), infant de Castille, puis roi d'Aragon, p. 69-73, 77 note 1, 80 note 1, 211, 218, 219.
Fernando (fray), confesseur de Jean Ier, roi de Castille, p. 64, 171, 203.
Fernandez (Alfonso), délégué de la ville de Léon, p. 181.
Fernandez (Benito), délégué de la ville de Salamanque, p. 181.
Fernandez (D. Diego), maréchal, p. 60, 181, 182, 188.
Fernandez (Domingo), trésorier de l'église d'Oviedo, p. 63, 195, 198, 199.
Fernandez (D. Juan), « camarero » de l'infant D. Juan, p. 33, 69.
Fernandez (D. Martin), p. 15, 154, 157.

FERNANDEZ (Pedro), chanoine de Zamora, p. 187, 189, 192.
FERNANDEZ CORONEL (D. Alfonso), p. 15, 17, 149, 150.
FERNANDEZ DE CÓRDOBA (D. Diego). p. 219.
FERNANDEZ DE MENDOZA (Diego), délégué de la ville de Séville, p. 181.
FERNANDEZ DE VELASCO (D. Pero), « camarero mayor » de Henri II, 37-39, 172.
FERNANDEZ DE VILLEGAS (Pedro), délégué de la ville de Burgos, p. 181.
FERRANDEZ, voy. FERNANDEZ.
FERREBOUC (François), notaire. p. 258.
FITZ-WARYN (William), p. 3.
FLOTE (Guillaume), sire de Revel, p. 4, 21, 22, 129, 163.
Fontarabie, p. 100, 102, 103, 107, 108, 123, 249.
Forez (le), p. 37.
Fougères, p. 246.
FRANÇOIS I, duc de Bretagne, p. 90, 92, 241.
FRANÇOIS II, duc de Bretagne, p. 102, 103.
FUMET (Paul), p. 258.
FURNELLES (Charles de), p. 258.

G

Galice (la), p. 28, 48.
Galles (pays de), p. 210.
Gannat (convention de), p. 97, 99, 100, 101, 102.
GARCÍA (le docteur Sancho), p. 107.
GARCÍA DE TORRES SOTOSCUEVA (D.), évêque de Burgos, p. 16.
Gascogne (la), p. VIII, 77.
GASTON, comte de Canaples, second fils du comte de Foix, p. 71.
GASTON IV, comte de Foix, p. 82, 88, 98, 99, 105.

GAUCOURT (Charles de), p. 258.
Gênes, p. 18, 66, 101, 210.
GÉRARD DU PUY, évêque de Saint-Flour, p. 69, 70, 212, 218.
Gibraltar, p. 19.
Gien, p. 223.
GIL ALVAREZ CARRILLO DE ALBORNOZ, voy. ALBORNOZ (Gil Alvarez de).
GOMEZ (Gutierre), archidiacre de Guadalajara, p. 219.
GOMEZ (Juan), marchand espagnol, p. 6.
GOMEZ (Lope), délégué de la ville de Cordoue, p. 181.
GOMEZ DE CIUDAD REAL (Alvar), secrétaire, p. 108.
GOMEZ DE SANDOVAL (D. Diego), comte de Castro, p. 81.
GOMEZ MANRIQUE (D.), archevêque de Compostelle, p. 25.
GONZALEZ DE ATIENZA (Luis), protonotaire apostolique, p. 114, 251.
GONZALEZ DE AVELLANEDA (D. Juan), p. 181.
GONZALEZ DE AZEVEDO (Juan), docteur ès lois, p. 219.
GONZALEZ DE MENDOZA (D. Pero), p. 60 note.
GONZALO DE AGUILAR (D.), évêque de Sigüenza, p. 12, 14, 20, 139, 140, 143, 144, 146, 150.
GONZALO DE HINOJOSA (D.), évêque de Burgos, p. 1.
GOULAIN (Jean), p. 1 note 1.
GOULARD (Bertrand de), p. 75, 222.
GOULAT (Charles de), p. 258.
GRANTMONT (Roger sire de), p. 117.
Gravesend, p. 45.
GRÉGOIRE XI, p. 33, 168.
Grenade, p. 89, 243.
GRISEGNAC (Bernard de), chevalier, p. 101.
Guadalajara, p. 60.
Guernesey, p. 44.
GUILLAUME II, vicomte de Narbonne, p. 72.

Guillaume d'Albret, p. 232.
Guillaume IV de Champeaux, évêque de Laon, p. 79, 229.
Guillaume Durand II, évêque de Mende, p. 1.
Guillaume III de Montfort, évêque de Saint-Malo, p. 80, 232.
Guillaume de Montjoie, évêque de Béziers, p. 78, 79, 225, 228.
Guipuzcoa (le), p. 37.
Gutierre de Toledo (D.), évêque d'Oviedo, p. 170.
Guy Baudet, évêque de Langres, chancelier de France, p. 4, 129.
Guy de la Chaume, évêque d'Autun, p. 21, 161, 163.
Guyenne (la), p. 37, 38, 66, 89, 92, 102, 239, 242, 246, 247.
Guzman (Dª Leonor de), p. 13, 16, 17 note 3, 19, 21, 22, 26, 80 note 1, 143.

H

Halle (François), archidiacre de Paris, p. 257, 258.
Harfleur, p. 47, 72.
Haro (comte de), p. 252.
Hastings (John de), comte de Pembroke, p. 35.
Hastings, p. 45.
Henri II, roi de Castille, p. ix, xi, 32-41, 43, 44, 45 note 3, 46, 55, 59, note, 60 note, 62 note 5, 84 note 1, 95, 163-169, 171, 172, 182-184, 193, 203, 211, voy. Enrique (D.), comte de Trastamara.
Henri III, roi de Castille, p. ix, x, xi, 44 note 2, 51, 58-69, 179-204, 206-211, 220, voy. Enrique (D.), infant de Castille.
Henri IV, roi de Castille, p. ix, x, xi, 86 note 2, 94-117, 119, 120, 122, 248-252, 254, voy. Enrique (D.), infant de Castille.

Henry III, roi d'Angleterre, p. 9.
Henry IV, roi d'Angleterre, p. 66, 213, 215.
Henry V, roi d'Angleterre, p. 72, 73, 75, 77, 222-225.
Henry VI, roi d'Angleterre, p. 82, 89, 102, 105, 112, 237, 242.
Hesdin, p. 100.
Hocie (Thibaut), secrétaire, p. 30, 46, 49, 58, 64, 168, 170, 174, 180, 187, 189, 192, 202, 203.
Huelgas (monastère de las), p. 27.
Hugues d'Arci, évêque de Laon, p. 21, 163.
Humfrey, duc de Gloucester, p. 78, 226.
Huon (Jean), archidiacre d'Avalon, p. 69, 70, 212, 218.

I

Innocent VI, p. 24, 25.
Iñiguez de Vega (Dª Elvira), p. 62 note 5.
Isabeau de Bavière, reine de France, p. 205, 209.
Isabel (Dª), fille de Pierre le Cruel, p. 34, 36.
Isabelle, infante de Castille, p. 111, 113, 114, 117, 118 ; — reine de Castille, p. viii, x, 86 note 2, 115-123.
Isabelle, fille aînée d'Edouard III, p. 3.
Isabelle, troisième fille de Philippe V roi de France, p. 2.
Isabelle d'Armagnac, p. 99 note 1.

J

Jacques de Bourbon, comte de la Marche, p. 28.
Jacques Gélu, archevêque de Tours, p. 76-78.

JEAN Ier, roi de Castille, p. ix, x, xi, 13-60, 69 note 3, 96 note 3, 169-180, 183-186, 188, 190, 191, 193, 203, 211, 220, 221, voy. D. JUAN, infant de Castille.

JEAN II, roi de Castille, p. ix, x, xi, 69-96, 210-248, voy. D. JUAN infant de Castille.

JEAN II, — duc de Normandie, p. 4, 129, 134-136, 140; — roi de France, p. viii, 21-25, 161-163.

JEAN II, roi de Navarre puis d'Aragon, p. 81, 82, 85, 87-89, 98, 100, 104-106, 111, 115, 116, 118, 121, 236, 238, 239, 242, 257.

JEAN Ier, roi de Portugal, p. 49, 62, 65, 66, 72, 183, 186, 187, 205-207, 220-221.

JEAN II, abbé de Colombs, p. 10, 132, 140, 143, 144, 146, 150.

JEAN IV, comte d'Armagnac, p. 86-89.

JEAN V, comte d'Armagnac, p. 99, 104, 105.

JEAN III, comte d'Astarac, p. 78, 226.

JEAN, bâtard d'Armagnac, comte de Comminges, p. 107, 108.

JEAN, comte de Clermont, p. 66, 70, 71, 210.

JEAN, comte de Dunois, bâtard d'Orléans, p. 232.

JEAN, duc de Calabre, p. 101 note 2, 106.

JEAN, duc de Berry, p. 48, 51, 54, 205, 209.

JEAN IV, duc de Bretagne, p. 44.

JEAN V, duc de Bretagne, p. 75, 78, 80, 81, 222, 226, 232, 234, 235.

JEAN III BERNARD, archevêque de Tours, p. 95-97.

JEAN DE CLUYS, évêque de Tulle, p. 80, 81, 229-235.

JEAN DE VIENNE, archevêque de Reims, p. 4-6, 10-12, 15, 129-132, 134, 137-140, 143, 144, 146, 148-150.

JEAN DE GAND, duc de Lancastre, p. ix, 34-37, 42, 46, 48-50, 54, 55, 172-174.

JEAN DE GRAILLY, captal de Buch, p. 36.

JEAN DE GRAILLY, comte de Foix, p. 78, 79, 226.

JEAN SANS PEUR, duc de Bourgogne, p. 209.

JEAN, sire de Foleville, p. 46, 49, 170, 174.

JEANNE, fille aînée de Philippe V, roi de France, p. 2.

JEANNE, fille de Philippe d'Évreux, roi de Navarre, p. 20, 160.

JEANNE, seconde fille d'Édouard III, p. viii, 9, 17, 19.

JEANNE, seconde fille du duc de Normandie, p. 10, 133, 135, 136.

JEANNE, femme de Jean II roi d'Aragon, p. 108.

JEANNE II, reine de Navarre, p. 14, 143, 150, 152.

JEANNE D'AUVERGNE, femme de Jean II roi de France, p. 22.

JEANNE DE BOURGOGNE, femme de Philippe V roi de France, p. 2.

JEANNE DE BOURGOGNE, femme de Philippe VI, roi de France, p. 140.

Jersey, p. 44.

JOÃO (D.), infant de Portugal, p. 119.

JOÃO (D.), grand-maître d'Avis, p. 47, 48, voy. JEAN Ier, roi de Portugal.

JOHN, prieur de Rochester, p. 10.

JOUFFROY (Jean), cardinal, évêque d'Albi, p. 110, 111, 112, 113.

JUAN (D.), évêque de Badajoz, p. 33, 168.

JUAN (D.), fils de l'infant D. Manuel, p. 15.

JUAN (D.), infant de Castille, p. 1.

JUAN (D.), infant de Castille, p. 41, voy. JEAN Ier, roi de Castille.

JUAN (D.), infant de Castille, p. 67, voy. JEAN II, roi de Castille.

Juan de Cerezuela (D.), archevêque de Séville, puis de Tolède, p. 84, 85, 237.
Juan de Villacrescentia (D.), évêque de Calahorra, p. 62, 194.
Juan Manuel (D.), p. 15, 29 note 3, 154, 155.
Juan Sanchez de las Roelas (D.), évêque de Ségovie, p. 21, 22, 162.
Juan Vasquez Zepeda, (D.), évêque de Ségovie, p. 219.
Juana (Dª), femme de Henri II, roi de Castille, p. 29 note 3.
Juana de Portugal (Dª), femme de Henri IV roi de Castille, p. 95, 96, 113, 114, 251, 252.
Juana (Dª), fille naturelle de Henri II roi de Castille, p. 84 note 2.
Juana (Dª), infante de Castille, surnommée la Beltraneja, p. 105, 111-115, 119-121, 251, 252, 255-257.

K

Kaeranbarz (Jean de), p. 33 note 1.

L

Labourd (pays de), p. 100, 249.
La Cerda y Lara (Dª Blanca de), p. 29 note 3.
La Cerda y Lara (D. Fernando II de), p. 3 note 6.
La Corogne, p. 33.
La Réole, p. 38 note 1.
La Rochelle, p. 35, 36, 38, 44, 47, 68, 81, 90, 92, 234, 240, 245.
Larraya, p. 108.
La Trémoille (Guy de), p. 56.
Laval (Gilles de), sire de Raiz, p. 232.
Le Besgue de Villaines (Pierre), p. 27, 48, 61, 181, 191, 192, 196, 198.
Le Boursier (Gérard), maître des requêtes ordinaires de l'hôtel, p. 88-92, 95, 246, 247.
Le Boursier (Jean), p. 87, 246.
Lecomte (Thierry), p. 83.
Léon, p. 15, 34, 143, 146 ; — (évêque de), voy. Diego Ramirez de Guzman (D.).
Léonor (Dª), femme de Charles III, roi de Navarre, p. 60.
Leonor d'Aragon (Dª), femme de Jean Iᵉʳ, roi de Castille, p. 69 note 3.
Leonor de Castille (Dª), femme d'Alphonse IV roi d'Aragon, p. 23, 24.
Leonor Urraca de Castille (Dª), p. 77 note 1, 80 note 1.
Lerma, p. 3, 4, 126.
Le Roux (Olivier), maître de la Chambre des comptes, p. 119, 120, 122.
Lesparre (sire de), p. 38.
Libourne (traité de), p. 28.
Lissebonne, héraut d'armes, p. 119.
Loches, p. 80 note 1, 233, 235.
Londres, p. 45.
Lope de Mendoza (D.), évêque de Mondoñedo, p. 64, 203.
Lopez (Pedro), archidiacre d'Alcaraz, p. 50, 175.
Lopez (Ruy), notaire, p. 195.
Lopez Davalos (D. Ruy), connétable de Castille, p. 80 note 1, 84 note 1.
Lopez de Ayala (D. Pedro), p. 28, 43, 44, 46, 61, 63, 64, 170-172, 181, 190, 194, 195, 198, 199, 203.
Lopez de Estuñiga (D. Diego), chevalier, p. 173, 181, 194.
Lopez de Mendoza (D. Iñigo), marquis de Santillana, p. 84 note 2, 96, 113.
Lopez de Saldaña (Fernando), « contador mayor », p. 237.
Lopez de Villareal (Juan), notaire, p. 195.
Lopez Pacheco (D. Diego), marquis de Villena, p. 119, 120, 121.

LOLRI (Robert de), chambellan, p. 21, 163.
LOUIS XI, — dauphin, p. 86, 97. 98, 100. 226, 229; — roi de France, p. ix, x, 104-123, 252-258.
LOUIS I, duc d'Anjou, p. 29, 30, 37, 38, 39, 43.
LOUIS II, duc d'Anjou, p. 66, 210.
LOUIS I, duc de Bourbon, p. 39, 40, 49, 50.
LOUIS II, duc de Bourbon, p. 66, 70, 71, 207, 209.
LOUIS, duc de Touraine, puis duc d'Orléans, p. 51, 54, 55. 65 note 1, 66, 206, 208-210.
LOUIS D'AMBOISE, évêque d'Albi, p. 117, 118, 225.
LOUIS DE POITIERS, p. 11, 139.
Logroño, p. 41.
Louvre (château du), p. 209.
Louvres-en-Parisis, p. 4, 127, 129.
Lozoya (le), p. 113.
LUDOVICI (Johannes), p. 258.
LUILLIER (Robert), p. 258.
LUNA (D. Alvaro de), connétable de Castille, p. 83-88, 93, 236.
LUNA (comtesse de), p. 40.
Lyon, p. 83, 98, 175.

M

MACÉ DE FRESNES, chevalier, p. 35.
MADELEINE DE FRANCE, sœur de Louis XI, p. 105.
Madrid, p. 15, 17, 58, 62, 74, 83, 104, 109, 151, 179, 194, 237.
Madrigal, p. 111.
MALET (Jean), sire de Graville, p. 232.
MALICORNE (sire de), p. 112.
MANRIQUE (D. Juan García), grand-chancelier de Castille, p. 43, 51, 58, 62, 181, 194.
MANRIQUE (D. García), comte de Castañeda, p. 237.

MANRIQUE (D. Garci Fernandez), p. 59.
MANRIQUE (D. Pedro), « adelantado » de León, p. 84.
Mantoue, p. 101.
MANUEL, roi de Portugal, p. 118 note 2.
MANUEL (D. Juan), « guarda mayor », p. 94, 97-102, 248-250.
MANUEL (D. Pedro), p. 237.
Marans, p. 64 note 1.
MARIE, femme de Sanche IV, roi de Castille, p. 1.
MARIE, fille aînée du duc de Normandie, p. 10, 14, 132, 133, 135, 136, 140.
MARIE D'ANJOU, femme de Charles VII, roi de France, p. 226, 229.
MARIE DE CASTILLE, femme d'Alphonse V, roi d'Aragon, p. 82.
MARIE DE PORTUGAL, femme d'Alphonse XI roi de Castille, p 2, 6, 11, 14, 16, 17, 20, 21, 23, 135, 137, 138, 139, 159, 161.
MARGUERITE, comtesse de Comminges, p. 86 note 1.
MARTIN, roi d'Aragon, p. 69 note 3, 216.
MARTIN (D.), infant d'Aragon, p. 40.
MARTIN XIMENEZ ARGOTE (D.), évêque Cordoue, p. 25.
MARTINEZ (D. Alfonso), chevalier, p. 4, 129.
MARTINEZ DE LEYVA (D. Juan), « guarda mayor », p. 15, 154, 157.
MATHIEU DE FOIX, comte de Comminges, p. 78.
MAUNY (Olivier de), p. 66, 209, 210.
MAXIMILIEN, archiduc d'Autriche, p. 123.
MÉCHIN (Regnaud), abbé de Saint-Jean de Falaise, p. 24.
Medina del Campo, p. 24 note, 46, 110, 113
Mehun-sur-Yèvre, p. 76, 95, 101, 104.
Melun, p. 209.
MENA (Juan de), p. 84 note 2.

MENDOZA (D. Diego Hurtado de), amiral de Castille. p. 59, 60, 96 note 3, 184, 185, 194.
MENDOZA (D. Juan Hurtado de), p. 181.
MENDOZA (D. Juan Hurtado de), chevalier, p. 7, 16.
MENDOZA (Dª Juana de), p. 84 note 3
MENDOZA, voy. DIAZ DE MENDOZA (D. Rodrigo), FERNANDEZ DE MENDOZA. (D. Diego), GONZALEZ DE MENDOZA (D. Pero), LOPE DE MENDOZA (D.), PEDRO GONZALEZ DE MENDOZA (D.).
MÉRAT (Jean), notaire, p. 258.
Merida, p. 6.
MILES, sire de Noyers, bouteiller de France, p. 4, 129.
MIRANDA (comte de), p. 113.
MONTAIGU (Gérard de), notaire, p. 173.
Montargis, p. 73, 80, 232.
Montauban, p. 38.
MONTAUBAN (Jean de), amiral de France, p. 106.
Montberon, p. 223.
MONTEJOCUNDO (Henricus de), p. 219.
Montiel, p. 30.
Montilz-les-Tours, p. 112 note 1.
Montluçon, p. 228-230.
MONTMOR (Jacques de), chambellan, p. 51, 52, 61, 190.
MONTMOR (Jean de), p. 258.
MONTMOR (Moreau de), p. 52, 53, 58, 61, 176-178, 180, 190.
Montpellier, p. 50, 229.
MONTREVEL (Guillaume de), p. 69, 70, 218.
Monzon, p. 27 note 2.
MULET (R.), chevalier, p. 132.
Murcie, p. 36.

N

NAILLAC (Guillaume de), chevalier, p. 49, 50, 61, 175, 190.
Najera (bataille de), p. 29, 44 note 2.
Nancy, p. 87.
Narbonne, p. 50.
NIÑO (Pero), comte de Buelna, p. 67, 68, 237.
Normandie (la), p. 66, 88, 90, 223, 225, 239, 242, 246, 247.
Noyon, p. 51, 52.
NUÑEZ DE GUZMAN (D. Remi), p. 181.
NUÑEZ DE LARA (D. Juan), seigneur de Biscaye, p. 3, 15, 154, 155.
NUÑO (D.), archevêque de Séville, p. 25.

O

Olite, p. 106.
Orense, p. 49.
ORIOLE (Pierre d'), p. 104, 105, 114.
ORTEGA (Jean de), p. 71.
OWEN DE GALLES, p. 35, 36.

P

PACHECO (D. Juan), marquis de Villena, grand-maître de Santiago, p. 94, 96, 105, 107-109, 111-114, 120, 121, 251, 252.
PADILLA (Dª Maria de), p. 23, 24, 34.
Palenzuela, p. 3.
Pampelune, p. 14.
Paris, p. 26, 39, 49, 61, 69, 86, 116, 118, 122, 168, 176, 187, 189, 192, 197, 200, 202, 207, 209, 210, 219, 222, 231, 257; — (évêque de), voy. PIERRE DE LA FORET.
PASSAC (Gaucher de), p. 49, 50, 61, 175, 190.
PAUL II, p. 112.
PAZ (docteur Alfonso de), p. 94, 98, 99, 100.
PEDRO (D.), comte de Trastamara, p. 181, 194.
PEDRO (D), infant d'Aragon, p. 80 note 1.
PEDRO (D), infant de Castille, p. 1.

PEDRO (D.), infant de Castille, p. VIII, 3, 9, 10, 11, 14-17, 23 note 3. 132, 133, 135-150, 152-157, voy. PIERRE Ier, roi de Castille.

PEDRO IV (D.), archevêque de Compostelle, p. 16.

PEDRO DE CASTILLE (D.), évêque d'Osma, p. 84, 237.

PEDRO DE LUNA (D.), archevêque de Tolède, p. 84 note 1.

PEDRO DE PEÑARANDA (D.), évêque de Carthagène, p. 25.

PEDRO ENRIQUEZ (D.), évêque de Salamanque, p. 107.

PEDRO FERNANDEZ DE FRIAS (D.), évêque d'Osma, p. 62, 194.

PEDRO GOMEZ BARROSO (D.), évêque de Sigüenza, p. 25.

PEDRO GONZALEZ DE MENDOZA (D.), évêque de Calahorra, de Sigüenza, puis archevêque de Séville, p. 107, 111, 113, 152.

PEDRO TENORIO (D.), archevêque de Tolède, p. 59, 62, 170, 184, 185, 194.

PERELLOS (Francisco de), p. 30.

PEREZ (Juan), p. 28.

PEREZ DE AYALA (D. Fernan), p. 66, 208.

PEREZ DE AYALA (D. Fernan), p. 44 note 2.

PEREZ DE GUZMAN (D. Alvaro), p. 194.

PEREZ DE VIVERO (D. Alonso), « contador mayor », p. 84 note 1.

Perpignan, p. 50, 121.

PHILIPPE V, roi de France, p. 2.

PHILIPPE VI, roi de France, p. VIII, x, 2-11, 13, 14, 17, 20, 22, 125-146, 148-160.

PHILIPPE D'ÉVREUX, roi de Navarre, p. 11, 135, 147, 148, 150.

PHILIPPE LE BON, duc de Bourgogne, p. 78, 86, 98, 100, 104, 223, 226, 237, 238.

PHILIPPE LE HARDI, duc de Bourgogne, p. 39, 48, 51, 65, 66, 204, 206, 208.

Picardie (la), p. 225.

PIE II, p. 101.

PIERRE Ier, duc de Bourbon, p. 21, 22, 25.

PIERRE, évêque de Clermont, p. 11, 139.

PIERRE IV, roi d'Aragon, p. 26, 27, 28, 30, 31, 167.

PIERRE Ier, roi de Castille, p. VIII, IX, X, XI, 19-34, 36, 40, 44 note 2, 46, 48, 55, 80 note 1, 158-162, 166, 172, voy. D. PEDRO, infant de Castille.

PIERRE Ier, roi de Portugal, p. 33 note 2, 47.

PIERRE DE LA FORET, évêque de Paris, puis archevêque de Rouen, chancelier de France, p. 21, 22, 162.

PIERRE DE VERBERIE, p. 11, 139.

PIMENTEL (D. Alonso de), p. 75.

PIMENTEL (D^a Beatriz), p. 78 note.

PIMENTEL (D. Rodrigo Alfonso), comte de Benavente, p. 84, 85, 237.

Pierre-Pertuse (château de), p. 29.

Plasencia, p. 122.

Poitiers (bataille de), p. 25, 47.

Poitou (le), p. 35.

POLE (William de la), comte de Suffolk, p. 232.

POLONIS (Petrus), légat de Clément VII, p. 181.

PONCE DE LEON (D^a Beatriz), p. 60 note.

PORTO CARRERO (D. Pedro de), p. 97 note, 109.

Portsmouth, p. 45.

PRATO (Didacus), p. 258.

Prully (abbaye de), p. 22.

Puebla de Guadalupe, p. 133 note 1.

Puebla de Montalvan, p. 24.

PULCRIFAMULI (Berthinus), prêtre du diocèse d'Amiens, p. 187, 189, 192.

PULGAR (Fernando del), p. 116, 117, 118, 121.
PUY (Gérard du). p. 3.

Q

QUIEFDEVILLE (Guillaume de), p. 73-81, 222-225, 228-235.
QUIÉRET (Hugues), amiral de France, p. 4, 129.
QUIÑONES (D. Pedro Suero de). p. 181.

R

RADEGONDE, fille de Charles VII, p. 88 note 1.
RAMIREZ DE ARELLANO (D. Juan), p. 37.
RAMIREZ DE LUCENA (D. Juan), protonotaire apostolique, p. 116.
REBOLLI (Gerardus), notaire, p. 185.
Reims, p. 54.
RENAUD, évêque de Châlons, p. 22.
RENAUD III DE CHARTRES, archevêque de Reims, p. 223.
REFFUGE (Pierre du), général des finances, p. 102.
RENÉ D'ANJOU, roi de Sicile, p. 106.
Ribagorza (territoire de). p. 30.
RICHARD, frère de Jean V duc de Bretagne, p. 222.
RICHARD II, roi d'Angleterre, p. 65, 66, 205, 206.
Rio Salado (bataille du), p. 7.
ROBERT DE NOYERS, évêque d'Evora, p. 61, 181, 190.
RODERICI (Didacus), p. 258.
RODIA (Alfonso), docteur ès lois, p. 64, 203.
RODRIGUEZ (Alfonso), p. 196, 198, 200.
RODRIGUEZ (Diego), p. 79, 230.
RODRIGUEZ DE PALENZUELA (Sancho), délégué de la ville de Murcie. p. 181.

RODRIGUEZ DE VILLALEO (Juan), notaire, p. 219.
RODRIGUEZ DE VILLAYCAN (Juan), notaire, p. 187, 189, 192, 194.
Roncevaux, p. 29.
Rouen, p. 74; — (marchands de), p. 240.
Roussillon (le), p. x, 106, 115, 116, 117, 118, 121, 122, 123.
RUFUS DE CRUCE (Johannes), notaire, p. 128, 129.
RUIZ DE AVENDAÑO (D. Martin), p. 67, 68.
RYE (Jean de). p. 30, 47.

S

Sablé (traité de), p. 75 note 3.
SACIERGES (Pierre de), juge-mage de Quercy, p. 117.
Saint-Jean-de-Luz, p. 109.
Saintonge (la), p. 35.
Saint-Pol (comté de), p. 66.
SALAMANCA (Juan de), p. 219.
Salamanque, p. 121; — (évêque de), voy. PEDRO ENRIQUEZ (D.).
SANCHE IV, roi de Castille, p. 33 note 2.
SANCHEZ DE TOVAR (D. Ferrand), amiral de Castille, p. 36, 41, 45, 172.
SANCHEZ DE VALLADOLID (Fernan), « notario mayor » de Castille, p. 3 note 4, 4, 11, 12, 15, 17, 125, 126, 128, 131, 135, 140, 143, 144, 146, 149, 150, 153-155, 157.
SANCHO (D.), bâtard d'Alphonse XI, roi de Castille, p. 26.
Saint-Esteban de Gormaz (comté de), p. 84 note 1.
San Pedro de Yanguas, p. 53, 177.
Santander, p. 35, 44, 67.
SANTANDER (Pedro de), p. 196, 198, 200.
Santiago de Compostelle, p. 28; —

Bibliothèque de l'École des Hautes Études (section des sciences philologiques et historiques). Liste des fascicules parus jusqu'à ce jour.

1. La stratification du langage par Max Müller, traduit par L. Havet. — La chronologie dans la formation des langues indo-européennes, par G. Curtius, traduit par A. Bergaigne, membre de l'Institut. 4 fr.
2. Études sur les Pagi de la Gaule, par A. Longnon, membre de l'Institut, Ire partie : l'Astenois, le Boulonnais et le Ternois. Avec 2 cartes. (Épuisé).
3. Notes critiques sur Colluthus, par Éd. Tournier. 1 fr. 50
4. Nouvel essai sur la formation du pluriel brisé en arabe, par St. Guyard. 2 fr.
5. Anciens glossaires romans, corrigés et expliqués par F. Diez. Traduit par A. Bauer. 4 fr. 75
6. Des formes de la conjugaison en égyptien antique, en démotique et en copte par G. Maspero, membre de l'Institut. 10 fr.
7. La vie de saint Alexis, textes des XIe, XIIe, XIIIe et XIVe siècles, publiés par G. Paris, membre de l'Institut, et L. Pannier. 15 fr.
8. Études critiques sur les sources de l'histoire mérovingienne, 1re partie. Introduction, Grégoire de Tours, Marius d'Avenches, par G. Monod et par les membres de la Conférence d'histoire. 6 fr.
9. Le Bhâmini-Vilâsa, texte sanscrit publié avec une traduction et des notes par A. Bergaigne, membre de l'Institut. 8 fr.
10. Exercices critiques de la conférence de philologie grecque recueillis et rédigés par Éd. Tournier. 10 fr.
11. Études sur les Pagi de la Gaule, par A. Longnon, membre de l'Institut, IIe partie : Les Pagi du diocèse de Reims. Avec 4 cartes. 7 fr. 50
12. Du genre épistolaire chez les anciens Égyptiens de l'époque pharaonique, par G. Maspero, membre de l'Institut. 10 fr.
13. La procédure de la Lex Salica. Étude sur le droit Frank (la fidejussio dans la législation franke ; — les Sacebarons ; — la glosse malbergique), travaux de R. Sohm, professeur à l'Université de Strasbourg, traduits par M. Thévenin. 7 fr.
14. Itinéraire des Dix mille. Étude topographique par F. Robiou. Avec 3 cartes. 6 fr.
15. Étude sur Pline le jeune, par T. Mommsen, traduit par C. Morel. (Épuisé).
16. Du C dans les langues romanes, par C. Joret. 12 fr.
17. Cicéron. Epistolæ ad Familiares. Notice sur un manuscrit du XIIe siècle, par C. Thurot, membre de l'Institut. 3 fr.
18. Études sur les Comtes et Vicomtes de Limoges antérieurs à l'an 1000, par R. de Lasteyrie. 5 fr.
19. De la formation des mots composés en français, par A. Darmesteter. Deuxième édition, revue, corrigée et en partie refondue, avec une préface par G. Paris, membre de l'Institut. 12 fr.
20. Quintilien, institution oratoire, collation d'un manuscrit du Xe siècle, par É. Chatelain et J. Le Coultre. 3 fr.
21. Hymne à Ammon-Ra des papyrus égyptiens du musée de Boulaq, traduit et commenté par E. Grébaut. 22 fr.
22. Pleurs de Philippe le Solitaire, poème en vers politiques publié dans le texte pour la première fois d'après six mss. de la Bibliothèque nationale, par l'abbé E. Auvray. 3 fr. 75
23. Haurvatât et Ameretât. Essai sur la mythologie de l'Avesta, par J. Darmesteter. 4 fr.
24. Précis de la déclinaison latine, par M. F. Bücheler, traduit de l'allemand par L. Havet, enrichi d'additions communiquées par l'auteur, avec une préface du traducteur. (Épuisé, nouvelle édition sous presse).
25. Anis-el-'Ochchâq, traité des termes figurés relatifs à la description de la beauté, par Cheref-eddin-Râmi, traduit du persan et annoté par C. Huart. 5 fr. 50

26. Les Tables Eugubines. Texte, traduction et commentaire, avec une grammaire et une introduction historique, par M. Bréal, membre de l'Institut. Accompagné d'un album de 13 pl. photogravées. 30 fr.
27. Questions homériques, par F. Robiou. Avec 3 cartes. 6 fr.
28. Matériaux pour servir à l'histoire de la philosophie de l'Inde, par P. Regnaud, Ire partie. 9 fr.
29. Ormazd et Ahriman, leurs origines et leur histoire, par J. Darmesteter. Épuisé. Il reste quelques exemplaires sur papier fort. 25 fr.
30. Les métaux dans les inscriptions égyptiennes, par C. R. Lepsius, trad. par W. Berend, avec des additions de l'auteur et accompagné de 2 pl. 12 fr.
31. Histoire de la ville de St-Omer et de ses institutions jusqu'au xive siècle, par A. Giry. 20 fr.
32. Essai sur le règne de Trajan, par C. de la Berge. 12 fr.
33. Études sur l'industrie et la classe industrielle à Paris, au xiiie et au xive siècle, par G. Fagniez. 12 fr.
34. Matériaux pour servir à l'histoire de la philosophie de l'Inde, par P. Regnaud, IIe partie. 10 fr.
35. Mélanges publiés par la section historique et philologique de l'École des Hautes Études pour le dixième anniversaire de sa fondation. Avec 10 planches gravées. 15 fr.
36. La religion védique d'après les hymnes du Rig-Veda, par A. Bergaigne, membre de l'Institut. Tome Ier. Épuisé, ne se vend qu'avec les t. II et III. Les 3 vol. 60 fr.
37. Histoire critique des règnes de Childerich et de Chlodovech, par M. Junghanst, traduit par G. Monod, et augmenté d'une introduction et de notes nouvelles. 6 fr.
38. Les monuments égyptiens de la Bibliothèque nationale (cabinet des médailles et antiques), par E. Ledrain, 1re livraison. 12 fr.
39. L'inscription de Bavian, texte, traduction et commentaire philologique, avec trois appendices et un glossaire, par H. Pognon, 1re partie. 6 fr.
40. Patois de la commune de Vionnaz (Bas-Valais), par J. Gilliéron. Avec une carte. 7 fr. 50
41. Le Querolus, comédie latine anonyme, par L. Havet. 12 fr.
42. L'Inscription de Bavian, texte, traduction et commentaire philologique, avec trois appendices et un glossaire, par H. Pognon, IIe partie. 6 fr.
43. De Saturnio latinorum versu. Inest reliquiarum quotquot supersunt sylloge, scripsit L. Havet. 15 fr.
44. Études d'archéologie orientale, par C. Clermont-Ganneau, membre de l'Institut, tome Ier. Avec nombreuses gravures dans le texte et hors texte. 25 fr.
45. Histoire des institutions municipales de Senlis, par J. Flammermont. 8 fr.
46. Essai sur les origines du fond grec de l'Escurial, par C. Graux. 15 fr.
47. Les monuments égyptiens de la biblioth. nationale, par E. Ledrain, 2e et 3e livr. 25 fr.
48. Etude critique sur le texte de la vie latine de Sainte Geneviève de Paris, par Ch. Kohler. 6 fr.
49. Deux versions hébraïques du Livre de Kalîlâh et Dimnâh, par J. Derenbourg, membre de l'Institut. 20 fr.
50. Recherches critiques sur les relations politiques de la France avec l'Allemagne, de 1292 à 1378, par A. Leroux. 7 fr. 50
51. Les principaux monuments du Musée égyptien de Florence, par W. B. Berend, Ire partie. Stèles, bas-reliefs et fresques. Avec 10 planches photogravées. 50 fr.
52. Les lapidaires français du moyen âge des xiie, xiiie et xive siècles, par L. Pannier, Avec une notice préliminaire par G. Paris, membre de l'Institut. 10 fr.
53 et 54. La religion védique d'après les hymnes du Rig-Veda, par E. Bergaigne, membre de l'Institut. Tomes II et III. 30 fr.
55. Les Établissements de Rouen, par A. Giry. Tome Ier. 15 fr.
56. La métrique naturelle du langage, par P. Pierson. 10 fr.
57. Vocabulaire vieux-breton avec commentaire contenant toutes les gloses en vieux-breton, gallois, cornique, armoricain connues, précédé d'une introduction sur la phonétique du vieux-breton et sur l'âge et la provenance des gloses, par J. Loth. 10 fr.

www.ingramcontent.com/pod-product-compliance
Lightning Source LLC
Chambersburg PA
CBHW060128190426
43200CB00038B/1086